KB085060

면접장에 들고 갈 수 있는 마르는 답변 미니북 제공

면접관이 **5초**만 들어도
합격시키고 싶은
면접 답변

공기업 · 은행편

100문
100답

SD에듀
(주)시대고시기획

어릴 적, 누구나 영한사전을 펴 모르는 영단어를 찾았던 기억이 있을 것이다. 나 역시 모르는 단어가 나올 때면, 사전을 펴 단어를 찾고, 연계된 문장을 공부하며 영어와 가까워졌던 것 같다. 나중에는 '나만의 영어 사전'을 만들기도 했다. 가장 자주 헷갈리는, 자주 나오는 단어들을 정리하고, 내가 암기해야 하는 단어의 뜻과 문장을 정리해 공부하고 암기했다.

은행과 공기업을 준비하는 여러 친구를 만나며, 어릴 적 영한사전 같은 면접사전이 하나쯤 있으면 좋겠다고 생각했다. 면접에서 나오는 질문 수준이 높아졌지만, 결국 묻는 바는 비슷하기 때문에 미리 답변을 정리해 '나만의 사전'을 만들어 둔다면, 어떤 질문에서도 유용하게 이용할 수 있을 것 같았다.

이에, 하루에 한 질문씩 답변을 정리할 수 있는 '하루 한 질문' 콘텐츠를 시작했다. 1일부터 100일까지 하나씩 답변하며, 은행과 공기업에서 원하는 포인트에 맞춰 경험을 정리할 수 있도록 제작했다. 공통 POINT와 소재 선별 POINT를 살펴보며, 지원자가 갖고 있는 모든 경험을 다양한 방면으로 활용할 수 있도록 방향을 제시했다.

이러한 내용을 책에 담아 모든 지원자가 미리 정리하고 준비할 수 있도록 했다. QR 코드 인식을 통해 직접 40초간 답변해보고, POINT를 보며 방향을 잡도록 했다. 템플릿을 통해 괄호 안에 경험만 넣으면 답변이 완성될 수 있도록 하였고, 실제 답변 예시를 보며 답변을 다시 다듬을 수 있도록 했다. 마지막으로, 어떤 질문도 당황하지 않을 수 있도록 이 질문에 나올 수 있는 꼬리 질문 예시까지 함께 정리하였다.

'은준생, 공준생'이 점차 증가하고 있다. 어렵게 필기를 통과해 얻게 된 면접 기회인 만큼 면접 준비가 이전보다 더욱 절실하리라 생각한다. 은행, 공기업 기출 문항을 찾으러 다닐 시간에, 경험 하나라도 더 발굴할 수 있도록, '실제 기출'을 기반으로 답변의 방향을 정리하였다. 아마, 매일 5~10분만 투자하여도, 시간이 흐를수록 새로운 질문을 보아도 어떤 경험을 답변해야 할지 감이 잡힐 수 있을 것이다.

이 책이 나오기까지, 100개의 기출을 제공해 주었던 많은 학생들, 호응해 주시고 모르는 질문을 공유해 주신 면쌤 채널 구독자분들께 감사의 말씀을 드린다. 더불어 많은 응원해주신 아빠, 엄마, 동생 동민이, 정연이에게도 따뜻한 마음을 전하고 싶다. 마지막으로, 취업 준비생을 위한 아이디어를 기꺼이 책으로 만들어주신 SD에듀 출판사에게도 진심으로 감사의 뜻을 표한다.

'경험'이 쌓이면, 곧 '나 자신'이 된다. 모든 지원자가 '나 자신, 나만의 컨셉'을 만들기를 바란다. 나아가 요즘 같은 취업난에 면접과 경험의 갈피를 잡지 못하는 친구들이 이 책 하나로 천군만마와 같은 자신감을 얻어 좋은 성과를 낼 수 있기를 바란다.

저자 면쌤 드림

1 **PART 1을 통해 자기소개와 지원동기, 답변 방법을 먼저 공부한다.**

형용사	안녕하십니까, 매주의 보고서로 고객 성장을 이뤄냈던 지원자 A입니다.
내 경험과 역량, 성과	3년간 과외 아르바이트를 하며, 학생의 성장을 위해 매주 보고서를 작성했습니다. 학생의 이해도, 진도를 정리하여 계획을 수립하고, 교육 정책 변화를 항시 파악해 맞춤형 미래를 설계하며 학부모님과 소통한 결과, 학생 성적 향상은 물론 n명의 학생도 추가로 소개받을 수 있었습니다.
그 외	이러한 고객 지향적 자세로, OO 판매 아르바이트로 근무하고 FP 자격증을 취득하며, 고객을 위한 WM이 되고자 노력하였습니다.
입행 후	입행 후에도, 이러한 자세로 고객과 지속적 관계를 유지해 고객 성장과 OO 은행 성장을 이뤄내는 WM이 되겠습니다.

형용사	✎
내 경험과 역량, 성과	✎
그 외	✎
입행 후	✎

2 Part2를 통해 답변 연습해보기

❶ 위에 질문들을 보고, 먼저 나만의 답변을 채워본다.

❷ 모든 답변을 준비해야 하지만, 혹시 내가 이 경우에 속한다면 더욱 철저히 준비한다.

❸ QR코드를 인식해, 40초간 답해본다.

❶ 주변에서 뭐라고 불리는지?

자신/Q1	주변에서 뭐라고 불리는지?		
혼자 답변해보기		답변에 걸린 시간	초

✎

이 질문은 주로 언제, 누구에게?	▶ 보이는 이미지와 면접 답변의 컨셉이 다르다고 판단될 때 ▶ 대인 관계, 조직 안에서 어떤 사람인지 알고 싶을 때	▼ 강의 보러 가기 ▼

❷ 이 질문은 주로 언제, 누구에게?

❸ ▼ 강의 보러 가기 ▼

4 강의를 들으며 답변 방향을 정리해본다.

면접 답변 POINT	
공통 POINT	• '면접관이 모르는 나'를 나타낼 수 있는 대표적 질문 • 면접 이미지가 잡히지 않을 때에는, 이 질문 답부터 정리하자 • '주변에서 불리는 별명/어떻게 불리는지'로 나눠 정리하기 • 외적인 부분(연예인, 캐릭터 닮은 꼴) 혹은 행동적인 부분을 '공감할 수 있게', '성향을 담아' 만들어보자(예 도라에몽 : 동그랗다, 항상 무언가 챙겨서 다닌다) • 내 강점이 자기소개, 이미지에서 잘 드러났다면, '면접관이 우려할 수 있는 부분'을 별명으로 정해도 좋다(예 도전적인 성격 → '꼼꼼함에 대한 우려'→ 꼼꼼함을 해소하는 별명, 보부상 등). • 전반적으로 직무에 필요한 역량을 갖추고 있는 경우, 기업의 이미지에 맞게 강점을 드러내도 좋다(예 협업, 조직 적응을 중시하는 기업 → 조직과 잘 지낸다는 별명, 불리는 말).
은행 POINT	〈꼼꼼함/고객/신뢰/목표 달성 등 키워드를 기억하자〉 • 고객 자산을 오차 없이, 업무를 실수 없이 처리하는 '꼼꼼함 별명' • 항상 사람과 고객을 친절히, 세세히 응대하는 '고객 응대 자세 별명' • 고객과 은행이 자신을 믿고 맡길 수 있는 '신뢰, 책임감 관련 별명' • (도전적 은행의 경우) 주어진 목표를 달성하는 '목표 지향적 별명' • 조직과 잘 융화하는 '조직 중심적, 협업 관련 별명'
공기업 POINT	〈꼼꼼함/계획적/협업/책임감 등 키워드를 기억하자〉 • 항상 규정을 준수하고, 작은 오류도 찾아내 리스크를 예방하는 '꼼꼼함 별명' • 작은 업무도 계획적이고 체계적으로 처리하는 '계획적 별명' • 조직과 잘 융화하고, 조직을 1순위로 생각하는 '협업 관련 별명' • 어떤 업무든 책임지고 처리하는 '책임감 관련 별명' • 만약, 민원인을 응대한다면 '고객 응대 관련 경험'

5 템플릿을 보며 내 경험을 템플릿에 맞춰 정리해본다.

두괄식	• 네, 저는 주로 (별명/불리는 말)로 불리고 있습니다. • 네, 저는 별명은 따로 없지만, 주로 ~라고 불리고 있습니다.
답변(경험)	(외적/행동적인 부분이 있다면) 아무래도, (외적인 모습이 ~와 닮아서, ~해서, 항상 ~게 행동하기도) 하고, 항상 (별명에 담긴 의미처럼 행동)하기 때문에, (별명, 불리는 말)로 불리고 있습니다.

6 답변 예시를 보며, 내 답변을 다듬어 본다.

답변 예시	네, 저는 주로 '젊은 아재'라고 불리고 있습니다. 아저씨 푸드라고 불리는 국밥을 좋아하기도 하고, 항상 선배나 상사들에게 아재 개그를 하고 어디서든 잘 어울리기 때문에, '아재나 다름없다. 젊은 아재다.'라고 불리고 있습니다.
강조하고 싶은 모습/역량	• 조직과 잘 어우러짐 • 어른들과도 세대 차이 느끼지 않고 잘 지냄

7 나만의 답변을 정리해 본다.

	답변 다시 만들어보기		
	(정리한 답변에서 KEYWORD만 추출해 미니북에 정리한 후, 키워드 중심으로 암기해보세요!)		
답변 1			
답변을 통해 강조하고 싶은 역량		답변에 걸린 시간	초
답변 2			
답변을 통해 강조하고 싶은 역량		답변에 걸린 시간	초

8 나올 수 있는 질문에 대한 답변도 정리하며 답변의 완성도를 높인다!

나올 수 있는 꼬리/다른 질문	• 본인은 그 별명에 대해 어떻게 생각하는지? • 또 다른 별명이나 불렸던 말은 없었는지? • 상사에게 받았던 다른 피드백은 없었는지?

❾ 면접장에는 '미니북'만 들고갈 수 있게, 답변 키워드를 '미니북—암기용 키워드 정리'에 옮겨 적는다.

자신/Q1	주변에서 뭐라고 불리는지?	40초 연습하러 가기

두괄식

• 네, 저는 주로 (별명/불리는 말)로 불리고 있습니다.

• 네, 저는 별명은 따로 없지만, 주로 ~라고 불리고 있습니다.

답변(경험)

(외적/행동적인 부분이 있다면) 아무래도, (외적인 모습이 ~와 닮아서, ~해서, 항상 ~게 행동하기도) 하고, 항상 (별명에 담긴 의미처럼 행동)하기 때문에, (별명, 불리는 말)로 불리고 있습니다.

암기용 키워드 정리하기

CONTENTS
이 책의 목차

CONTENTS
이 책의 목차

CONTENTS
이 책의 목차

면접장에 들고 갈 수 있는 나만의 답변 미니북 제공

면접관이 **5초**만 들어도
합격시키고 싶은
면접 답변

공기업·은행편 | 100문 / 100답

SD에듀
(주)시대고시기획

Name
position

LANGUAGES

english ★★★★★
spanish ★★★☆☆
chinese ★★★★☆

INTERESTS

 DOLORUM VIS U MAZIMDOM
SALUTANDI HAS CANT VOCENT S
TAND UTROQUEPER ASI NAM IM

 DOLORUM VIS U MAZIMDOMIN
SALUTANDI HAS CANT VOCENT S
TAND UTROQUEPER ASI NAM IM

 DOLORUM VIS U MAZI
TAND UTROQUEP

CONTACT

 phon
 e-n
 w ess

Profile

HAS CONSUL NOMINATI EX OMNIS EPICUREI AD SIT EST AMET
TEMPOR MEDIOCREM EA AN QUI WISI REFERRENTUR AT NEC
REQUE NOSTRO, NAM ERREM NIHIL PUTENT AT EST EU VOCENT
ERIPUIT PROPRIAEEA VIS REBUM INTELLEGAM IUS AN TALE NOSTER

DOLORUM VIS U MAZIMDOMING SALUTANDI HAS DUO DICANT
OMNIUM SADIPSCING ET DUO NO DICANT VOCENT SINTAND
UTROQUEPER ASI NAM IMPEDIT PATRIOQUE ACCOMMODARE CUQ

Education

 XXXX-YYYY
DOLORUM VIS U MAZIMDOMING SALUTANDI HAS
CANT VOCENT SINTAND UTROQUEPER ASI NAM IM

 XXXX-YY
DOLORUM VIS U MAZIMDOMING SALUTANDI HAS
DUO DICANT OMNIUM SADIPSCING ET DUO NO DI

 XXXX-YYYY
DOLORUM VIS U MAZIMDOMING SALUTANDI HAS
CANT VOCENT SINTAND UTROQUEPER ASI NAM IM

Work Experience

POSITION / XXXX-YYYY
DOLORUM VIS U MAZIMDOMING SALUTANDI HAS
CANT VOCENT SINTAND UTROQUEPER ASI NAM IM

POSITION / XXXX-YYYY
DOLORUM VIS U MAZIMDOMING SALUTANDI HAS
CANT VOCENT SINTAND UTROQUEPER ASI NAM IM

Professional Skills

 HAS CONSUL NOMINATI EX OMNIS EPICUREI AD SIT
EST AMET TEMPOR MEDIOCREM EA AN QUI WISI RE
FERRENTUR AT NEC REQUE NOSTRO, NAM ERREM N
IHIL PUTENT AT EST EU VOCENT ERIPUIT PROPRIAEE
A VIS REBUM INTELLEGAM IUS AN TALE NOSTER

PART 1
면접 기반 마련하기

CHAPTER

01 면접 컨셉과 자기소개

여러분은 새로운 패션몰의 사장이다. 사장으로서 함께 패션몰을 꾸려갈 영업 사원을 채용하고자 한다. 이 채용에 A, B 두 사람이 지원했고, 둘의 이력과 자기소개는 아래와 같다.

지원자 A

[이력서]

유통관리사 2급, 컴퓨터 활용능력 2급, 토익 950, 오픽 IH, 인서울 상위권 대학 경영학과 졸업

[자기소개]

안녕하십니까, 영업에 준비된 지원자 A입니다.

의류를 유통하는 패션몰의 영업 사원이 되기 위해, 저는 다음의 세 가지를 준비했습니다. 첫째, 경영학과에서 유통에 대해 배우고, 유통관리사 2급을 취득하며 유통에 대한 이해를 쌓았습니다. 둘째, 컴퓨터 활용 능력 2급, 사무보조 아르바이트를 통해 사무 처리 역량도 함양하였습니다. 마지막으로, 토익 950, 오픽 IH 수준의 영어 실력을 통해, 외국인 고객 응대를 위한 전문성을 길러왔습니다. 입사 후, 이러한 세 가지 역량으로 패션몰에 꼭 필요한 인재로 거듭나겠습니다.

지원자 B

[이력서]

타 패션몰 판매 아르바이트 3년, 일 매출 천만 원 달성 경력, 운전면허, 지방 사립대학 어문계열 졸업

[자기소개]

안녕하십니까, 일 매출 1000만 원을 달성했던 지원자 B입니다.

타 패션몰에서 3년간 의류 판매 아르바이트로 근무하였습니다. 매장, 행사 매대에 관계없이 모든 장소에서 고객을 응대하였으며, 주력 상품 세일즈, 의류 체험존 구축, 크로스 셀링 등을 통해 평일 일 매출 최대 1000만 원까지 달성할 수 있었습니다. 이러한 적극적인 자세로 축제 부스 매출 일 300만 원, 매니저 대행, 발주 및 매출 관리 등 의류 영업의 전 과정을 배워왔습니다. 입사 후, 이러한 현장 경험으로 일 목표 두 배 이상을 이뤄내는 영업인이 되겠습니다.

여러분이 사장이라면, 영업 사원 자리에 어떤 사람을 채용하고 싶은가? 물론 고 스펙의 지원자 A를 채용하고 싶을 수도 있다. 하지만 아마 대부분의 사람은 그리고 실제 대부분의 패션몰 사장은 B를 채용할 것이다. 이처럼 자기소개와 면접 컨셉 설정은 물론, 모든 면접 준비의 시작은 '기업'과 '직무'의 이해에서 시작한다. 실제로 면접 컨설팅을 진행하다 보면, 기업과 직무에 대한 기본적인 질문에도 답변을 하지 못하는 경우가 많다. 하지만 나 스스로 '기업'과 '직무'를 제대로 이해하지 못하거나, '기업'과 '직무'가 어떤 사람을 선호하는지 알지 못한 채 면접을 준비하게 된다면 경험 정리와 답변 방향이 아예 다른 곳으로 흘러가게 된다.

이제, '면접 시작 전 반드시 확인해야 할 질문'에 대해 답변해보며 은행과 공기업에서 선호하는 컨셉과 자기소개를 만들어보자.

I 은행용 컨셉과 자기소개 만들기

여러분은 모 은행의 '신입 행원 채용' 면접관이다. 작년에도 신입 행원을 채용했으나, 실적 압박에 힘들어서 꽤 많은 인원이 퇴사했다. 이에, 올해는 이러한 '실적 압박'에도 버틸 수 있는 사람을 찾아 채용하고자 한다. 이번에 면접을 볼 지원자는 아래 A, B이고, 이 둘의 '스펙'은 동일하다. 만약 이 둘이 다음과 같이 자신을 소개할 경우, 여러분이라면 누구를 채용할 것인가?

지원자 A

안녕하십니까, 항상 120% 달성하는 지원자 A입니다. 학원 강사로 근무할 당시, 매 학기 강사마다 정해진 수강 인원을 채워야 했습니다. 이를 달성하기 위해 학생별 진단서와 보고서를 제작해 학부모님과 소통하고 자발적으로 무료 강의와 자료를 제작해 배포하며 발로 뛴 결과, 목표 수강 인원의 120%를 모집할 수 있었습니다. 이러한 적극적인 자세로, AFPK를 취득하고 타 은행 인턴으로 근무하며 금융 전문성도 쌓아왔습니다. 입행 후에도 주어진 목표 120%를 달성하며 모 은행과 함께 성장하는 행원이 되겠습니다.

지원자 B

안녕하십니까, 고객의 이야기로 관계를 쌓아가는 지원자 B입니다. 학원 강사로 근무하며, 학기 당 서른 분의 학부모님과 연락을 이어갔습니다. 학부모님의 이야기를 경청하고, 학생의 소리를 들어 수업 방식을 개선하였으며, 매일 학생의 진척 사항을 정리해 학부모님께 전달해드린 결과 전 학부모님과 견고한 관계를 구축해 다음 학기 수업도 이어갈 수 있었습니다. 이러한 고객 지향적 자세로 AFPK를 취득하고 타은행 인턴으로 근무하며 금융 전문성도 쌓아왔습니다. 입행 후에도 고객의 이야기를 먼저 듣고 관계를 이어 나가는 따뜻한 행원이 되겠습니다.

지원자 A, B 둘 다 '학원 강사' 경험을 전면으로 내세웠고 갖고 있는 자격증, 경험도 동일하다. 또한, 자기소개를 통해 들은 두 지원자 모두 행원에 필요한 역량을 갖고 있다. 여러분이 지원자 A, B의 자기소개를 봤을 때, 어떤 느낌이 드는가? 혹은, 각 지원자는 어떤 성향의 지원자라고 생각되는가?

구 분	예상되는 성향(적어보기)	예상되는 성향(예시)
A	✎	적극적, 도전적, 목표 지향적
B	✎	따뜻함, 고객 지향적, 꼼꼼함

자, 그럼 처음으로 다시 돌아가서, 본인이 '실적 압박을 견디지 못하고 많은 인원이 퇴사했던' 모 은행의 면접관이라면, 지원자 A, B 중 어떤 지원자를 채용하겠는가? 대부분 'A'를 채용할 것이다.

이처럼 '같은 경험을 갖고 있어도, 은행에서 찾는 사람에 맞춰 경험을 각색하는 것'을 '컨셉'이라고 한다. 무엇보다, 처음에 하는 '자기소개'를 통해 내 이미지를 컨셉에 맞춰 각인시킬 수 있기 때문에, 컨셉을 명확히 한 후 자기소개를 정교히 구성하는 일이 모든 면접 과정에서 가장 중요하다고 생각한다.

은행에서 선호하는 사람이 되기 위한 '자기소개와 컨셉' 구성법을 지금부터 알아보도록 하자.

☑ **TIP**

선생님, 각 은행에서 '어떤 사람'을 선호하는지 어떻게 알 수 있나요?

1. 지점 방문 : 가장 좋은 방법입니다! 면접을 보러 가는 은행뿐만 아니라, 다른 은행도 다니다 보면, 각 은행의 고객 응대 방법이 다르다는 걸 알 수 있습니다. 행원분들이 어떤 이미지를 갖고, 어떻게 응대하는지 주의 깊게 지켜봐 주세요.

2. 작년 기출 문항 살펴보기 : 보통 면접 기출 문항을 보면 '어떤 사람'을 선호하는지 파악할 수 있습니다. 은행에서 묻고자 하는 바가 모두 다르니, '도전, 협업, 조직, 고객, 영업 등 '키워드를 정리해두고, 기출 문항별로 카테고리를 나눠 정리해주세요!

3. 작년 합격자 or 면접 보고 온 사람 찾기 : 면접 분위기가 어땠는지, 주로 어떤 답변을 한 사람이 붙었는지, 합격자 이미지가 어떤지 등의 질문을 통해, 은행이 선호하는 이미지를 확인할 수 있습니다!

1. 은행용 컨셉 설정하기

| 컨셉 & 직무 | > | 인정 받는 방법은? | > | 내 경험과 역량 발휘 | > | 자기소개 & 그 외 |

1) 은행 선호 컨셉 발굴 및 직무가 하는 일 정리하기

모든 경험은 '실제 입행해서 할 일과 비슷한 경험'이어야 한다. 기업 금융의 경우 개인 금융보다는 스타트업, 소상공인, 중소기업 등 기업을 응대했거나 관련 일했던 경험을 꺼내야 하고, WM의 경우 보다 한 고객과 오래 관계를 구축하고, 무언가 설계해서 도움을 주었던 경험 등이 나와야 한다. 이처럼 '직무에서 하는 일'과 '은행 선호 컨셉'이 합쳐져서 자기소개와 면접 답변이 구성되어야 한다.

이에, 면접 컨설팅 과정에서 개인의 경험을 완벽히 '컨셉화'시키기 위해 노력한다. 나아가, 소수 직무이거나 직무에 대해 제대로 이해하지 못한 경우, 직무와 경험/이력이 다른 경우, 아래 네 가지 질문을 기본적으로 묻고 수업을 진행한다. 여러분도 아래 네 가지 질문에 답해보기를 바란다.

예시

직무	WM
질문 1	이 직무는 뭐하는 직무라고 생각하는지?
답	다양한 은행 내 상품을 활용해 고객의 자산을 관리하는 직무 등
질문 2	이 은행에서 이 직무를 왜 뽑는다고 생각하는지?
답	전문성 높은 고객 자산관리를 위해, 이를 통해 고객을 확보하기 위해 등
질문 3	이 직무가 하는 일은 무엇인지?
답	고객의 자산을 활용해 미래 설계, 행내 상품과 전문성을 활용한 고객 자산 증식 등(실제 WM 현직자 인터뷰 진행, 일과 이해하기 등)
질문 4	직무에 필요한 역량은 무엇인지?
답	꼼꼼함, 경제 트렌드를 읽는 통찰력, 고객과의 관계 유지 역량, 부동산/세무 등 금융 전 분야에 대한 전문성, 고객 관리 역량 등

직무	✎
질문 1	이 직무는 뭐하는 직무라고 생각하는지?
답	✎
질문 2	이 은행에서 이 직무를 왜 뽑는다고 생각하는지?
답	✎
질문 3	이 직무가 하는 일은 무엇인지?
답	✎
질문 4	직무에 필요한 역량은 무엇인지?
답	✎

이처럼 정리한 내용을, 아래 예시와 같이 각 '은행 선호 컨셉'과 함께 정리해보도록 하자.

은행명	○○은행	은행 선호 컨셉	도전적, 목표 지향적
직무명	WM	직무가 하는 일	✓ 고객 자산 관리 ✓ 고객 자산 설계 ✓ 고객 자산 증식
필요 역량	꼼꼼함, 부동산/세무 등 전 분야 지식, 고객 관리, 관계 이어나가기 등		

은행명		은행 선호 컨셉	
직무명		직무가 하는 일	
필요 역량			

2) 이 은행/직무에서 어떻게 해야 인정받을 수 있을지 생각해 보기

앞선 과정에서 직무가 하는 일에 대해 이해했다면, 이제는 둘을 융합할 차례이다. 융합하기 위해, 직무와 컨셉에 맞춰 '어떤 경험'을 찾아야 하는지 탐색해보도록 하자.

결국 은행에서는 '입행해서, 우리 은행에 도움이 될 수 있는 사람'을 찾는다. 그렇기에 모든 지원자는 '내가 입행해서 인정받기 위해서는 어떻게 해야 할까'를 고민하고, 그와 비슷한 경험을 발굴해야 한다. 그렇다면 다음 표에 따라, '각 역량이 필요한 이유'부터 찾아보자.

	직무	WM
번호	역량	필요 이유
1	통찰력	계속해서 경제, 시사 흐름을 읽고, 상품과 관리 방식을 고민해야 해서
2	전 분야 지식	넓은 범위의 자산을 관리해주기 위해, 금융 외에도 관리해야 해서
3	고객 관리	담당 고객과의 관계를 이어 나가기 위해, 이를 통해 소개받을 수 있음
4		
5		
6		
7		

작성해보기

	직무	🖉
번호	역량	필요 이유
1	🖉	🖉
2		
3		
4		
5		
6		
7		

앞선 예시로 이어왔던 WM을 지속해서 살펴보자. 이를 통해, WM은 '고객 자산 관리를 위해 정보를 지속해서 파악하고, 이를 통해 고객과 관계를 이어가는 것은 물론 다른 고객도 소개받을 수 있을 정도로 전문성과 고객 관리 역량을 갖춰야 하는 직무'라고 이해할 수 있다. 그렇다면, 이에 맞춰 아래와 같이 '찾아야 할 경험'을 정리할 수 있다.

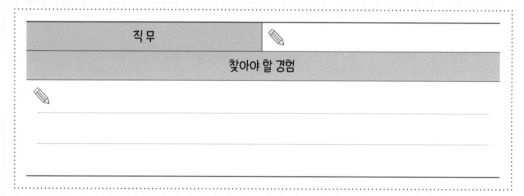

예시

직무	WM
찾아야 할 경험	

• 책임감 있게 정보를 수집하며 고객을 관리했던 경험
• 고객과의 전문적이고 원활한 소통으로 성과를 냈던 경험
• 고객과의 원활한 소통으로 신뢰를 받거나 성과를 냈던 경험

작성해보기

직무	✎
찾아야 할 경험	

✎

제2금융권, 타 은행 등 금융권 경력이 있지 않은 이상, 직접적으로 금융과 관련된 경험을 찾기란 쉽지 않다. 직접적인 금융권 경험이 있다고 좌절하지 말고, '내 성향 자체가 이런 사람이다. 다른 산업에서도 비슷하게 해서 성과 냈던 경험이 있다.'만 보여주면 되는 것이다.

3) 그와 관련된 내 경험과 그 안에서 발휘했던 내 역량 찾기

이제는 '자기소개 작성'과 '컨셉 설정'을 위한 내 경험을 발굴해야 한다. 그러기 위해서는 우리가 앞선 과정에서 찾은 '정리해야 할 경험 내용'을 기반으로 내 경험을 탐색해야 한다. 그리고 그 안에서 '은행 선호 컨셉'에 일치하는 '내 역할, 역량'을 중점적으로 끄집어내야 한다.

직무	WM
찾아야 할 경험	
• 책임감 있게 정보를 수집하며 고객을 관리했던 경험	
• 고객과의 전문적이고 원활한 소통으로 성과를 냈던 경험	
• 고객과의 원활한 소통으로 신뢰를 받거나 성과를 냈던 경험	

우리는 앞서 WM 직무에 대해 위와 같이 정리했다. 이제는 이 분류에 맞춰 내 경험을 정리해보자.

예시

관련 경험	• 과외할 때, 지속적으로 성적 관리를 해줘서 과외 학생이 늘어났던 경험
	• 인턴 당시, 다른 분야 지식도 공부해서 고객에게 도움 줬던 경험
	• H&B 매장 아르바이트할 때, 고객 피부 타입에 맞춰 화장품 사용 설계, 매출 올렸을 때 등

작성해보기

관련 경험	

이 중, 가장 흔한 경험인 '과외 경험'을 활용해, 경험을 구체화해보자.

예 시

경험	과외 경험
내가 한 일과 성과	학생 진도 및 상황 등을 정리하여 매시간 부모님께 전달, 교육 트렌드를 파악해서 전송 및 공부 방향 설정, 이를 통한 고객 n명 추가 확보 등
발휘한 역량	세세함, 고객 관리 역량, 꼼꼼함, 신뢰 확보
기여할 수 있는 부분	고객과 지속적인 소통, 고객 관리, 이를 통한 추가적인 고객 확보

작성해보기

경험	
내가 한 일과 성과	
발휘한 역량	
기여할 수 있는 부분	

4) 은행 선호 컨셉과 경험 연결하고 자기소개 만들기

이제는 '내가 한 일'을 '은행 선호 컨셉'과 연결해서, 자기소개를 만들어 볼 것이다.

경험	과외 경험
내가 한 일과 성과	학생 진도 및 상황 등을 정리하여 매시간 부모님께 전달, 교육 트렌드를 파악해서 전송 및 공부 방향 설정, 이를 통한 고객 n명 추가 확보 등
발휘한 역량	세세함, 고객 관리 역량, 꼼꼼함, 신뢰 확보
기여할 수 있는 부분	고객과 지속적인 소통, 고객 관리, 이를 통한 추가적인 고객 확보

이 경험을 가지고

'꼼꼼함, 신중함'을 선호하는 은행에 지원했거나

은행 선호 성향이 두드러지지 않으나, '꼼꼼함, 신중함'이 부족해 보인다는

피드백을 받은 지원자가 있다고 가정한 후, '꼼꼼함, 신중함'에 맞춰 경험을 정리해보자.

선호 컨셉	꼼꼼함, 신중함
'내가 한 일'에서 '컨셉화'한 부분	• 꼼꼼하게 고객(학생)의 진척 상황 정리 및 분석 • 정보를 파악해 신중하게 미래 설계 및 방향 설정 • 이런 방식이 소문나, 고객(학생) n명 추가 확보
'컨셉화' 구체적으로 정리하기	• 꼼꼼 : 학생의 이해도, 진도를 정리하고 계획 수립 • 신중 : 무작정 진도를 나가기보다는, 교육 정책 변화에 따른 전략적 계획 수립
나올 수 있는 자기소개 '형용사'	• 다각적 고객 분석으로 신뢰를 얻은 • 다각적 고객 분석으로 n배의 성과를 거둔 • 고객과 미래를 분석해 신뢰를 얻는 • 매주의 보고서로 고객 성장을 이뤄냈던

이 표를 보고, 이 지원자는 어떤 성향을 가진 지원자라는 생각이 드는가? 아마,

차분하게 상황을 분석하는 전문적인 사람

꼼꼼한 고객 관리로 고객 신뢰를 쌓는 사람

입행해서도 고객과 진중히 관계를 쌓아 성과를 달성할 것 같은 사람

으로 이해될 것이다. 면접을 오래 준비한 지원자라면, 아마 이에 따라 다음과 같은 걱정도 따라올 것이다. '이렇게 차분하고 꼼꼼하다면, 영업은 잘 할 수 있을지?'

그렇다. 이처럼 주 컨셉을 설정하고 나면, 그에 대한 우려도 따라오게 된다. 즉, 컨셉을 설정하고 나면, 면접관이 나에게 어떤 점을 우려할지를 파악할 수 있다. 이때, 자기소개나 다른 답변에 '걱정 마, 나 꼼꼼한데 영업도 잘해.'라고 알리기 위해 '영업 관련 경험'을 찾아 덧붙여야 한다.

컨셉의 차이를 알아보기 위해, 이번에는 '도전'에 맞춰서 앞서 정리한 표를 다시 정리해보자.

선호 컨셉	도전적, 목표 지향적
'내가 한 일'에서 '컨셉화'한 부분	• 학생 목표 성적 도달을 위한 상황 분석 • 교육 정책 분석을 통한 학생 성적 및 미래 설계 • 고객 추가 확보를 위한 포트폴리오 정리
'컨셉화' 구체적으로 정리하기	• 도전적 : 교육 정책 분석을 통한 미래 교육 방식 설계, 학부모와의 소통을 통한 신뢰 확보 • 목표 지향적 : 학생 성적 목표 설정 후 계획 수립, 매주 보고서 발행을 통한 과외 포트폴리오 마련
나올 수 있는 자기소개 '형용사'	• 고객의 목표를 위해 미래를 설계하는 • 현재에 만족하지 않고 미래로 나아가는 • 현재와 미래를 읽어 00% 성장을 이뤄냈던 • n명의 목표 120% 달성을 도왔던

이 표를 통해서는,

목표를 정하면 포기하지 않고 나아가는 사람

실적을 위해 항상 도전하는 사람

목표 달성을 위해 방법을 가리지 않고 나아가는 진취적인 사람

이라는 생각이 들 수 있을 것이다. 반면, 이 경우 '고객 응대와 친절'에 대한 의문이 생길 수도 있기 때문에, '고객 서비스 아르바이트 경험' 등을 추가로 찾아 덧붙여주면 좋다.

이제는 여러분의 경험을 구체화해서, 자기소개의 토대를 다져보자.

작성해보기

선호 컨셉	
'내가 한 일'에서 '컨셉화'한 부분	
'컨셉화' 구체적으로 정리하기	
나올 수 있는 자기소개 '형용사'	

2. 은행용 자기소개 작성하기

"선생님, 어차피 자기소개해도 면접관은 서류만 보고 있던데요?"

나에게 면접 컨설팅을 처음 오는 많은 학생들이 하는 말이다. 맞다. 대다수 면접관은 지원자가 자기소개를 하고 있을 때, 급하게 이력 및 자기소개서를 파악하며 질문할 거리를 찾는다. 하지만, 여러분이 이 과정에서, 면접관의 시선이 '서류'가 아닌 '나'를 향하게 한다면 어떨까? 또, 이 자기소개를 흥미롭게 듣고 관련된 질문을 던진다면 어떨까?

자기소개를 듣고 서류에서 눈을 떼고, 관련해서 여러분에게 질문을 던진다면, 여러분은 어느 정도 면접에서 분위기를 끌고 온 것이다. 적어도 면접관이 이력보다 여러분의 이야기에 더 관심을 가졌다는 이야기고, 그 경험이 굉장히 흥미롭게 들렸다는 증거이기 때문이다.

이에, 모든 면접 컨설팅에서 가장 많은 시간을 쓰고 공들이는 과정이 '자기소개'를 만드는 과정이다. 또, 이렇게 공들여 만든 자기소개를 준비해 갔을 때, 많은 지원자들이 면접관의 시선을 빼앗아왔고, 질문을 받을 수 있었다. 이처럼, '자기소개'는 해당 면접에서 본인이 가져갈 '컨셉'을 보여주는 가장 중요한 단계이다.

항상 면접관의 시선을 뺏고 관심을 끌었던, 면접장의 분위기를 지원자 본인에게 끌어올 수 있었던 자기소개 구성 방법을 공개하고자 한다.

형용사	'은행 선호 컨셉'과 '직무 특성을 살린 경험'을 잘 드러낼 수 있는 형용사
	★ 시선을 뺏기 위해서는, '숫자, 성과 등'이 들어간 형용사를 추천한다.
내 경험과 역량, 성과	'내가 한 일에서 컨셉화 한 부분'or '컨셉화 구체화하기'를 간략하게
그 외	• 주 컨셉에 따른 약점 보완 사례(예 주 컨셉 : 꼼꼼함 → 보완 : 영업 경험)
	• 그 외 금융 전문성 및 경험 자랑(예 타 은행 인턴, 금융 자격증 취득 등)
입행 후	'기여할 수 있는 부분'으로 입행 후~

시선을 뺏는 자기소개는 이와 같은 네 단계로 구성된다. 앞선 '꼼꼼함, 신중함'의 예시로 자기소개를 만들어보자.

자기소개 예시

선호 컨셉	꼼꼼함, 신중함
'내가 한 일'에서 '컨셉화'한 부분	• 꼼꼼하게 고객(학생)의 진척 상황 정리 및 분석 • 정보를 파악해 신중하게 미래 설계 및 방향 설정 이런 방식이 소문나, 고객(학생) n명 추가 확보
'컨셉화' 구체적으로 정리하기	• 꼼꼼 : 학생의 이해도, 진도를 정리하고 계획 수립 • 신중 : 무작정 진도를 나가기보다는, 교육 정책 변화에 따른 전략적 계획 수립
나올 수 있는 자기소개 '형용사'	• 다각적 고객 분석으로 신뢰를 얻은 • 다각적 고객 분석으로 n배의 성과를 거둔 • 고객과 미래를 분석해 신뢰를 얻는 • 매주의 보고서로 고객 성장을 이뤄냈던

형용사	안녕하십니까, 매주의 보고서로 고객 성장을 이뤄냈던 지원자 A입니다.
내 경험과 역량, 성과	3년간 과외 아르바이트를 하며, 학생의 성장을 위해 매주 보고서를 작성했습니다. 학생의 이해도, 진도를 정리하여 계획을 수립하고, 교육 정책 변화를 항시 파악해 맞춤형 미래를 설계하며 학부모님과 소통한 결과, 학생 성적 향상은 물론 n명의 학생도 추가로 소개받을 수 있었습니다.
그 외	이러한 고객 지향적 자세로, OO 판매 아르바이트로 근무하고 FP 자격증을 취득하며, 고객을 위한 WM이 되고자 노력하였습니다.
입행 후	입행 후에도, 이러한 자세로 고객과 지속적 관계를 유지해 고객 성장과 OO 은행 성장을 이뤄내는 WM이 되겠습니다.

이처럼 경험으로 자기소개를 풀어나가면, '키워드 중심'으로 자기소개를 암기하기에도 수월하다. 예를 들어,

형용사	안녕하십니까, 매주의 보고서로 고객 성장을 이뤄냈던 지원자 A입니다.
내 경험과 역량, 성과	3년간 과외 아르바이트를 하며, 학생의 성장을 위해 매주 보고서를 작성했습니다. 학생의 이해도, 진도를 정리하여 계획을 수립하고, 교육 정책 변화를 항시 파악해 맞춤형 미래를 설계하며 학부모님과 소통한 결과, 학생 성적 향상은 물론 n명의 학생도 추가로 소개받을 수 있었습니다.
그 외	이러한 고객지향적 자세로, OO 판매 아르바이트로 근무하고 FP 자격증을 취득하며, 고객을 위한 WM이 되고자 노력하였습니다.
입행 후	입행 후에도, 이러한 자세로 고객과 지속적 관계를 유지해 고객 성장과 OO 은행 성장을 이뤄내는 WM이 되겠습니다.

'내 경험과 역량, 성과' 부분은 정말 본인의 경험이기 때문에, 굳이 암기하지 않아도 자연스럽게 이야기할 수 있고, 나머지는 빨간 글씨로 표시된 부분만 암기해도, 자연스레 '본인의 이야기'처럼 이어갈 수 있다. 이처럼 자기소개를 구성할 시,

면접관의 이목을 끌어 꼬리 질문을 받을 수 있다.

자연스럽게 내 이야기인 것처럼 (외운 티 나지 않게) 나를 소개할 수 있다.

라는 장점이 있다. 이제, 여러분도 여러분만의 자기소개를 정리해보자.

작성해보기

형용사	
내 경험과 역량, 성과	
그 외	
입행 후	

I. 은행용 컨셉과 자기소개 '예시' 모아보기

직무	WM
질문 1	이 직무는 뭐하는 직무라고 생각하는지?
답	다양한 은행 내 상품을 활용해 고객의 자산을 관리하는 직무 등
질문 2	이 은행에서 이 직무를 왜 뽑는다고 생각하는지?
답	전문성 높은 고객 자산관리를 위해, 이를 통해 고객을 확보하기 위해 등
질문 3	이 직무가 하는 일은 무엇인지?
답	고객의 자산을 활용해 미래 설계, 행내 상품과 전문성을 활용한 고객 자산 증식 등(실제 WM 현직자 인터뷰 진행, 일과 이해하기 등)
질문 4	직무에 필요한 역량은 무엇인지?
답	꼼꼼함, 경제 트렌드를 읽는 통찰력, 고객과의 관계 유지 역량, 부동산/세무 등 금융 전 분야에 대한 전문성, 고객 관리 역량 등

은행명	00은행	은행 선호 컨셉	꼼꼼함, 신중함
직무명	WM	직무가 하는 일	✓ 고객 자산 관리 ✓ 고객 자산 설계 ✓ 고객 자산 증식

번호	역량	필요 이유
1	통찰력	계속해서 경제, 시사 흐름을 읽고, 상품과 관리 방식을 고민해야 해서
2	전 분야 지식	넓은 범위의 자산을 관리해 주기 위해, 금융 외에도 관리해야 해서
3	고객 관리	담당 고객과의 관계를 이어 나가기 위해, 이를 통해 소개받을 수 있음

찾아야 할 경험

- 책임감 있게 정보를 수집하며 고객을 관리했던 경험
- 고객과의 전문적이고 원활한 소통으로 성과를 냈던 경험
- 고객과의 원활한 소통으로 신뢰를 받거나 성과를 냈던 경험

관련 경험	• 과외할 때, 지속적인 성적 관리를 해줘서 과외 학생이 늘어났던 경험
	• 인턴 당시, 다른 분야 지식도 공부해서 고객에게 도움 줬던 경험
	• H&B 매장 아르바이트할 때, 고객 피부 타입에 맞춰 화장품 사용 설계, 매출 올렸을 때 등

경험	과외 경험
내가 한 일과 성과	학생 진도 및 상황 등을 정리하여 매시간 부모님께 전달, 교육 트렌드 파악해서 전송 및 공부 방향 설정, 이를 통한 고객 n명 추가 확보 등
발휘한 역량	세세함, 고객 관리 역량, 꼼꼼함, 신뢰 확보
기여할 수 있는 부분	고객과 지속적인 소통, 고객 관리, 이를 통한 추가적인 고객 확보

선호 컨셉	꼼꼼함, 신중함
'내가 한 일'에서 '컨셉화'한 부분	• 꼼꼼하게 고객(학생)의 진척 상황 정리 및 분석
	• 정보를 파악해 신중하게 미래 설계 및 방향 설정
	• 이런 방식이 소문나, 고객(학생) n명 추가 확보
'컨셉화' 구체적으로 정리하기	• 꼼꼼 : 학생의 이해도, 진도를 정리하고 계획 수립
	• 신중 : 무작정 진도를 나가기보다는, 교육 정책 변화에 따른 전략적 계획 수립
나올 수 있는 자기소개 '형용사'	• 다각적 고객 분석으로 신뢰를 얻은
	• 다각적 고객 분석으로 n배의 성과를 거둔
	• 고객과 미래를 분석해 신뢰를 얻는
	• 매주의 보고서로 고객 성장을 이뤄냈던

형용사	안녕하십니까, 매주의 보고서로 고객 성장을 이뤄냈던 지원자 A입니다.
내 경험과 역량, 성과	3년간 과외 아르바이트를 하며, 학생의 성장을 위해 매주 보고서를 작성했습니다. 학생의 이해도, 진도를 정리하여 계획을 수립하고, 교육 정책 변화를 항시 파악해 맞춤형 미래를 설계하며 학부모님과 소통한 결과, 학생 성적 향상은 물론 n명의 학생도 추가로 소개받을 수 있었습니다.
그 외	이러한 고객 지향적 자세로, oo 판매 아르바이트로 근무하고 FP 자격증을 취득하며, 고객을 위한 WM이 되고자 노력하였습니다.
입행 후	입행 후에도, 이러한 자세로 고객과 지속적 관계를 유지해 고객 성장과 OO 은행 성장을 이뤄내는 WM이 되겠습니다.

Ⅰ. 은행용 컨셉과 자기소개 '표' 정리하기

직무	✎
질문 1	이 직무는 뭐하는 직무라고 생각하는지?
답	✎
질문 2	이 은행에서 이 직무를 왜 뽑는다고 생각하는지?
답	✎
질문 3	이 직무가 하는 일은 무엇인지?
답	✎
질문 4	직무에 필요한 역량은 무엇인지?
답	✎

은행명	✎	은행 선호 컨셉	✎
직무명	✎	직무가 하는 일	✎

번호	역량	필요 이유
1	✎	✎
2	✎	✎
3	✎	✎
4	✎	✎
5	✎	✎
6	✎	✎

찾아야 할 경험
✎

관련 경험	✎

경험	✎
내가 한 일과 성과	✎
발휘한 역량	✎
기여할 수 있는 부분	✎

선호 컨셉	✎
'내가 한 일'에서 '컨셉화'한 부분	✎
'컨셉화' 구체적으로 정리하기	✎
나올 수 있는 자기소개 '형용사'	✎

형용사	✎
내 경험과 역량, 성과	✎
그 외	✎
입행 후	✎

Ⅱ 공기업용 컨셉과 자기소개 만들기

여러분은 모 공기업의 면접관이다. 취업난임에도 불구하고 입사했다가 퇴사하는 사람이 너무 많았고, 특히 작년에 들어온 신입 사원들은 꽤나 큰 규모의 사고들을 쳤다. 퇴사하지 않고, 주어진 업무를 잘 수행할 수 있는 신입 사원을 찾고자 직접 '신입 사원 채용 면접관'으로 참여했다. 스펙이 동일한 A, B 지원자를 두고 고민하고 있는 지금, 다음과 같은 자기소개를 듣는다면 누구를 선택할 것인가?

지원자 A

안녕하십니까, 적극적인 업무 자세로 연 5천만 원의 매출을 냈던 지원자입니다. 지난 3년간 유통 개인 사업을 운영했습니다. 높은 매출 달성을 위해, 직접 거래처를 발굴하고자 뛰어다니고, 공장을 오고 가며 소통 역량을 함양하였습니다. 또한, 온오프라인 판로를 적극적으로 확보한 결과, 연 5천만 원의 매출을 달성할 수 있었습니다. 이 외에도, '가' 자격증, '나' 인턴을 통해 적극적인 업무 자세를 체득하였습니다. 입사 후에도 모든 업무를 위해 발로 뛰며, OO 공사의 성장을 이뤄내겠습니다.

지원자 B

안녕하십니까, 데이터 분석과 능동적 자세로 조직 성장을 이뤄냈던 지원자입니다. 지난 3년간 유통사의 사무 업무를 처리하며, 능동적으로 업무에 임하였습니다. 유통 데이터를 분석하여 판로 선정에 도움을 주고, 체계적인 재고, 예산, 인력 관리로 업무 효율을 개선하였습니다. 나아가, 타 부서와 소통하며 조직 성장 방안을 고안한 결과, 연 매출 5천만 원 성과에 이바지할 수 있었습니다. 이 외에도, '가' 자격증, '나' 인턴을 통해 꼼꼼한 업무 자세를 배울 수 있었습니다. 입사 후에도, 조직 성장을 위해 업무를 효율적으로 처리하며 OO 공사의 성장에 이바지하겠습니다.

여러분이 OO 공사의 면접관이라면 지원자 A와 B 중 누구를 채용할 것인가? 'A'를 선택할 수도 있지만, 대부분의 선택은 'B'일 것이다. 은행과 다르게 공기업은 '기업별로 선호하는 이미지'보다는 '직무별로 선호하는 성향'이 뚜렷한 편이며, 전체적으로 공기업이 원하는 인재상은 동일하다. 그렇기에 자신의 경험을 공기업 형으로 미리 바꿔둔다면 직무가 동일하다는 전제하에 어느 기업을 가든 '지원동기'만 바꿔서 준비하면 될 것이다. 공기업의 '컨셉'은 직무별로 상이하며, 자기소개를 넘어 답변 전반에 '내가 공기업에 맞는 사람'임을 드러내야 한다.

지금 설정한 컨셉과 발굴한 경험이, 추후 모든 면접 답변의 기반이 될 것이다. 지금부터 공기업 면접의 기반을 다져보도록 하자.

1. 공기업용 컨셉 설정하기

공기업이 찾는 사람	기업과 직무	직무 기술서 분석하기

1) 공기업, 어떤 사람을 좋아할까?

앞서 이야기한 것처럼, 공기업이 좋아하는 사람은 어느 공기업이든 비슷하다. 직무에서 요구하는 성향에 따라 경험만 달리 정리하면 될 뿐, 질문마다 답변 하나만 정리해두면 어느 기업을 가더라도 경험에 대한 답변은 비슷하게 할 수 있다.

그렇다면, 대체 공기업은 어떤 사람을 좋아할까?

공기업이 좋아하는 사람
① 쉽게 퇴사하지 않을 사람
② 어떻게 보면 루틴할 수 있는 공기업 업무에 '쉽게 적응하고 질리지 않을' 사람
③ 루틴한 일 안에서도 '능동적으로 문제를 해결'할 수 있는 사람
④ 성향이 꼼꼼하고 계획적인 사람
⑤ 조직과 잘 융화될 수 있는 사람

공기업은 쉽게 변하지 않는 곳이기 때문에, 사기업과는 다른 성향의 사람을 선호한다. '일에 대한 전문성은 있지만, 팔로워로서 조직에 융화할 수 있는 사람, 꼼꼼하고 계획적으로 업무를 처리하고 원칙을 지킬 수 있는 사람, 루틴한 업무 속에서도 질리지 않고 능동적으로 업무를 처리할 수 있는 사람, 성향이 이에 적합해 쉽게 퇴사하지 않을 사람'을 선호한다고 보면 된다.

그렇기에, 전 지원자는 ②~⑤의 경험을 찾아, 나는 퇴사하지 않겠다는(①) 의지를 보여줘야 한다. 이에, 맞춤형 경험을 찾아보도록 하자.

예시

② 루틴한 업무에 쉽게 적응하고 질리지 않는	③ 조직에서 '능동적으로 문제를 해결'하는
✓ 중소기업 사무 보조 업무 ✓ 인턴 당시 단순 고객 응대 업무 ✓ 현장에서 단순한 보수 작업 진행	✓ 사무 보조 업무-관리 장표 개선, 조직성과 증대 ✓ 고객 응대 업무-긴 대기 시간으로 인한 고객 불만, 해결 방안 도모 및 문제 개선 ✓ 단순 보수 작업-상황에 대한 매뉴얼 없었음, 이에 관련 부서와 소통, 매뉴얼 구축
④ 꼼꼼하고 계획적인	⑤ 조직과 잘 융화되는
✓ 인턴 경험-매 보고서 최종 검토 담당자, 오타 찾아내 회사 손실 00% 줄임 ✓ 사무 보조-경영 실적 개선을 위한 업무 계획별 세부 계획 수립, 진척 여부 확인 장표 마련 ✓ 고객 응대-고객이 놓치는 서류 많음, 이를 확인하고자 체크 리스트 정리	✓ 의사소통 방법-회의록 및 서류 모두 검토, 조직 분위기와 주요 사안 파악 후 협업 진행 ✓ 솔선수범-모두가 꺼려 하는 일, 조직을 위해 필요하다고 판단, 내가 함 ✓ 자발적-업무 협업이 필요한 상황, 자발적으로 타 부서 업무를 도와 빠르게 업무 처리

② 루틴한 업무에 쉽게 적응하고 질리지 않는	③ 조직에서 '능동적으로 문제를 해결'하는
✎	✎
④ 꼼꼼하고 계획적인	⑤ 조직과 잘 융화되는
✎	✎

이처럼 루틴한 업무 속에서도 능동적이었고, 성향 자체가 꼼꼼하며 조직에 잘 융화한다는 증거를 하나하나 정리하면, 이 내용들이 여러분의 답변이자 기반 경험이 될 것이다. ②~⑤의 경험은 굳이 연결되지 않아도 된다. 다만 ②의 경험은 '공기업과 성향이 비슷한 조직'에서 업무가 루틴했어도, 질리지 않고 나만의 방법(③)을 찾아 업무 효율을 높였던 경험 중심으로 찾아주면 좋다.

2) 기업과 직무 이해하기

대부분 공기업 지원자는 '특정 공기업'보다는 '직무'가 있는 공기업을 지원하기 때문에, '이 기업이 뭘 하는 기업인지, 이 직무가 이 기업에서는 왜 필요한지'를 제대로 파악하지 못하는 경우가 많다. 하지만, 기본적으로 '이 회사에서 대체 이 직무를 왜 돈 주고 뽑을까?'를 이해하지 못하면, 자기소개부터 모든 답변이 흐트러지게 된다.

그렇기에, 면접 컨설팅 시작 단계에서 웬만하면 아래 네 가지 질문을 먼저 묻고 시작한다. 지원자가 기업과 직무를 제대로 이해했는지 확인하고, 그 이해한 방향에 맞춰 경험을 정리한다. 여러분도 아래 네 질문에 답해보며, '내가 기업과 직무를 잘 이해하고 있는지'를 확인해보자.

예시

기업-직무	한국철도-사무영업
질문 1	이 회사는 뭘 하는 회사라고 생각하는지?
답	• 고객에게 안전하고 편리한 철도 서비스 및 문화 제공 • 국민의 안전한 철도 이용을 위한 기업 • 철도 활성화를 통한 국가 경제 성장, 국민 편의 증대
질문 2	이 회사가 이 직무를 왜 뽑는다고 생각하는지?
답	• 철도 운영에 필요한 사무 업무를 처리하기 위해 • 철도 서비스 기획 및 운영을 통한 고객 만족을 실천하기 위해 • 꼼꼼한 사무 처리로 철도의 안전을 도모하기 위해
질문 3	이 직무가 하는 일은 무엇인지?
답	• 매표·안내 업무 • 열차 조성 업무 • 여행 상품 기획 및 판매 업무 등
질문 4	직무에 필요한 역량은 무엇인지?
답	• 고객 응대 역량 • 꼼꼼한 계획력, 업무 처리 역량 • 창의적인 기획 역량

기업-직무	✎
질문 1	이 회사는 뭐하는 회사라고 생각하는지?
답	✎
질문 2	이 회사가 이 직무를 왜 뽑는다고 생각하는지?
답	✎
질문 3	이 직무가 하는 일은 무엇인지?
답	✎
질문 4	직무에 필요한 역량은 무엇인지?
답	✎

공기업은 친절하다.

'아직 입사도 안 했는데, 질문 3, 4를 어떻게 답하나요?'라고 생각할 수도 있다. 하지만, 공기업은 이런 지원자를 위해, 친절하게 '직무기술서'를 제공해 준다.

질문 3에 대한 내용은 → 직무기술서 내 직무 수행 내용

질문 4에 대한 내용은 → 직무기술서 내 직무 수행 태도

에서 바로 확인할 수 있다. 그리고 우리는, 이제 직무기술서를 분석하며 우리가 직무별로 어떤 컨셉을 설정해야 하는지를 알아볼 것이다.

3) 직무기술서 분석하기

직무기술서 내 '직무 수행 태도'를 보면 '어떤 사람을 선호'하는지 명확히 드러난다. 특히,

기업 내 전 직무기술서를 보고, 공통적이지 않은 '직무 수행 태도'

를 찾으면, '이 직무에게 특히 요구'하는 직무 수행 태도가 무엇인지 바로 파악할 수 있다. 우리 '한국철도' 직

무기술서를 예시로 그 차이를 살펴보자.

직무	직무 수행 태도
사무영업	창의적 사고, 목표 중심적 사고, 도전적이고 적극적인 태도, 종합적 사고, 원활한 의사소통 태도, 논리적/분석적/객관적 사고, 공정성 확보 노력, 고객 지향 태도, 업무 규정 및 일정 계획 준수, 요청 내용에 대한 경청 자세, 정확한 업무 처리 태도
차량	관련 규정 및 지침 준수, 철도차량 정비 품질 확보를 위한 노력, 신지식 습득 및 기술력 향상을 위한 탐구심, 품질을 개선하려는 태도, 품질 요구수준 준수 태도
건축일반	안전 수칙/매뉴얼 수칙/법규 및 규정 준수, 문제 해결에 대한 적극성, 근무에 대한 성실한 태도, 유지보수 및 점검에 대한 책임감, 타인 의견 경청, 합리적인 의사조정 태도, 장기적이고 미래지향적 관점 고려, 체계적 종합적 분석 태도, 효과적인 업무 협업 태도 등

비슷한 역량끼리 색으로 구분해서 정리해보았다.

첫 번째는 '원칙과 규정을 준수하는 자세',

두 번째는 '조직을 위한 능동적이고 적극적인 자세',

세 번째는 '업무를 바라보는 통찰적 시야',

네 번째는 '조직 간 원활한 협업 자세'로 정리할 수 있다.

이는 비단 한국철도 뿐만 아니라 다른 공기업에도 공통적으로 요구되는 역량이자 자세이다.

그럼 이제 체크되지 않은 부분들을 살펴보자. 사무영업의 경우 '논리적/분석적/객관적 사고, 고객 지향 태도, 요청 내용에 대한 경청 자세, 정확한 업무 처리 태도'가 남아있다. 사무영업의 직무 수행 내용이 '매표와 안내, 열차조성, 여행상품 기획 및 판매'라는 점을 고려했을 때, 사무영업은 앞선 네 가지 공통 역량에 '고객 응대 + 꼼꼼한 업무 처리 역량'을 추가적으로 요구한다는 점을 알 수 있다.

"선생님, 그럼 매번 기업 내 전 직무의 기술서를 분석해야 하나요?"

라는 의문이 들 수 있다. 하지만 1분 1초가 아까운 지금, 언제 전 직무기술서를 분석하고 있겠는가. 자신 직무의 직무 수행 태도만 봐도 충분히 파악할 수 있다. 단, 그 전에

공기업이 좋아하는 사람
① 쉽게 퇴사하지 않을 사람
② 어떻게 보면 루틴할 수 있는 공기업 업무에 '쉽게 적응하고 질리지 않을' 사람
③ 루틴한 일 안에서도 '능동적으로 문제를 해결'할 수 있는 사람
④ 성향이 꼼꼼하고 계획적인 사람
⑤ 조직과 잘 융화될 수 있는 사람

공기업이 좋아하는 사람에 대한 이해를 충분히 하고 경험을 찾은 후,

첫 번째는 '원칙과 규정을 준수하는 자세',

두 번째는 '조직을 위한 능동적이고 적극적인 자세',

세 번째는 '업무를 바라보는 통찰적 시야',

네 번째는 '조직 간 원활한 협업 자세'로 정리할 수 있다.

앞서 정리했던 '공통 역량'을 반드시 기억하자. 이 공통 역량은 '한국철도'에만 적용되지 않고, 전 공기업에서 선호하는 역량이니, 이를 기억한 상태로 자신이 지원한 직무의 '직무 수행 태도'를 살펴보자.

기업-직무	직무 수행 태도
심평원-심사직	데이터에 대한 분석적 태도, 총괄적인 관점에서 업무를 바라보는 태도, 문제 해결 의지, 설득적 의사소통, 정확하고 세밀한 일처리, 긍정적 마인드, 논리적 태도, 업무 표준화 및 정형화에 능숙한 태도, 협업 능력, 원활한 의사소통

앞서 정리한 '공통 역량'을 우선적으로 체크한 후, 나머지 역량을 정리해보자. 심평원 심사직의 경우, 직무 수행 태도만 살펴봤을 때, '무언가 데이터를 분석적, 논리적, 총괄적으로 바라본 후, 업무를 표준화하고 정형화할 수 있는 사람', '논리적인 태도와 긍정적 마인드로 이를 설득할 수 있는 사람'을 추가적으로 선호하고 있음을 파악할 수 있다.

이처럼 직무기술서만 보고도, '어떤 사람을 선호'하는지 파악할 수 있다. 어떤 사람을 선호하는지를 파악했다면, 이제는 '이 역량/자세를 발휘했던 이유'를 찾아보자.

예시

기업-직무	한국철도-사무영업
선호하는 성향	필요 이유
고객 응대 + 꼼꼼한 업무 처리	• 매표, 예매 등에서 고객을 응대하기 때문 • 오차 없이 고객을 응대해야 해서 • 꼼꼼하게 처리하지 않으면, 고객 안전 및 편의에 문제가 발생할 수 있어서
원칙 준수	• 철도에서 원칙은 고객 안전과 직결되기 때문에 • 원칙은 조직, 고객, 국민과의 약속이기 때문에
조직을 위한 능동적 자세	• 조직의 업무 처리는 곧 고객 만족, 안전과 이어지기 때문에 • 차일피일 모두가 미루다 보면, 조직에 제대로 운영되지 않아서
업무를 바라보는 통찰적 자세	• 나무가 아닌 숲을 보고 처리해야, 예산 등 자원을 아낄 수 있어서 • 열차 조성 시, 총괄적으로 바라보고 구성해야 혼란이 줄기 때문
원활한 협업, 소통	• 공사는 모든 부서가 협업해서 이뤄지기 때문에 • 고객 응대, 기획, 열차 과정에서 타 부서, 타 직무와 지속 소통해야 하기 때문

기업-직무	✎
선호하는 성향	필요 이유
✎	✎
✎	✎
✎	✎
✎	✎
✎	✎

필요 이유를 정리했다면, 이에 맞춰 나의 경험을 찾아보자.

기업-직무	한국철도-사무영업
선호하는 성향	필요 이유
고객 응대 + 꼼꼼한 업무 처리	• 매표, 예매 등에서 고객을 응대하기 때문 • 오차 없이 고객을 응대해야 해서 • 꼼꼼하게 처리하지 않으면, 고객 안전 및 편의에 문제가 발생할 수 있어서
원칙 준수	• 철도에서 원칙은 고객 안전과 직결되기 때문에 • 원칙은 조직, 고객, 국민과의 약속이기 때문에
조직을 위한 능동적 자세	• 조직의 업무 처리는 곧 고객 만족, 안전과 이어지기 때문에 • 차일피일 모두가 미루다보면, 조직에 제대로 운영되지 않아서
업무를 바라보는 통찰적 자세	• 나무가 아닌 숲을 보고 처리해야, 예산 등 자원을 아낄 수 있어서 • 열차 조성 시, 총괄적으로 바라보고 구성해야 혼란이 줄기 때문
원활한 협업, 소통	• 공사는 모든 부서가 협업해서 이뤄지기 때문에 • 고객 응대, 기획, 열차 과정에서 타 부서, 타 직무와 지속 소통해야 하기 때문

'한국철도-사무영업'의 경우, 총괄적으로 이를 바라보았을 때

고객을 응대한 경험 속에서 꼼꼼함, 능동적 자세

조직과 공사, 대상(고객, 국민)을 위해 능동적으로 일했던 경험

조직과 원활히 협업해서 대상(고객, 국민) 만족이나 조직 효율을 이뤄낸 경험

(원칙은 너무 당연하기 때문에, 굳이 자기소개 경험으로 찾지 않도록 한다)

이 필요하다. 본인의 경험 중, 이 자세를 최대한 많이 반영한 경험을 탐색한다면, 그 경험이 본인의 자기소개가 될 것이다.

기업-직무	직무 수행 태도
심평원-심사직	데이터에 대한 분석적 태도, 총괄적인 관점에서 업무를 바라보는 태도, 문제 해결 의지, 설득적 의사소통, 정확하고 세밀한 일처리, 긍정적 마인드, 논리적 태도, 업무 표준화 및 정형화에 능숙한 태도, 협업 능력, 원활한 의사소통

그렇다면, 심평원의 심사직 지원자는 어떤 경험을 찾아야 할까? 아래 작성해보도록 하자.

직무기술서에 따르면, 심평원의 심사직은

데이터를 분석해 기준, 매뉴얼을 세웠던 경험

데이터를 기반으로 원활히 설득하고 소통했던 경험

문제 해결을 위해 데이터를 분석하고 총괄적으로 처리했던 경험

등을 찾아 정리해야 할 것이다. 그렇다면, 이에 맞춰 경험을 찾아보자.

기업-직무	한국철도-사무영업
찾는 사람	경험
• 고객을 응대한 경험 속에서 꼼꼼함, 능동적 자세 • 조직과 공사, 대상(고객, 국민)을 위해 능동적으로 일했던 경험 • 조직과 원활히 협업해서 대상(고객, 국민) 만족이나 조직 효율을 이뤄낸 경험	타 공사 인턴 당시, 고객 응대 업무 경험, 당시 업무 처리에 많은 서류 필요, 두고 오시는 고객 많음 → 관련 부서 및 상사와 논의해 대기실 전면에 필수 서류 리스트 정리해 부착, 발급법 안내지 제작 → 고객 만족 증가, 서류 미비로 인한 대기 시간 줄어듦

작성해보기

기업-직무	✎
찾는 사람	경험
✎	✎

2. 공기업용 자기소개 작성하기

직무기술서를 분석해 선호하는 경험을 찾았다면, 이제는 이를 활용해 자기소개를 만들어 볼 것이다. 아마 많은 지원자가 '첫째, 둘째' 등 역량 나열형 자기소개를 사용할 것이다. 하지만, 이제는 공기업도 자기소개를 통해 면접관의 이목을 끌고 꼬리 질문을 유도해야 한다.

실제 면접 컨설팅을 통해 모 공단에 합격한 한 학생은

'면접관이 자기소개에 대해서 질문한다면 임팩트 있게 잘 한 거다.'라는 얘기를 들었는데, 실제 면쌤이 만들어 주신 자기소개에서 질문이 들어와서 너무나도 기뻤습니다.'

라는 후기를 남겨주었다. 공기업은 무난해야 한다는 많은 지원자의 생각과 다르게, 공기업 역시 '공기업 맞춤형 컨셉이 잡힌' 임팩트 있는 자기소개를 듣고, 지원자를 파헤쳐 간다. 면접관의 이목을 끌 수 있는 자기소개 작성법을 안내하고자 한다.

형용사	필요한 직무 수행 태도와 공기업이 원하는 자세를 잘 드러낼 수 있는 형용사
	★ 시선을 뺏기 위해서는 '숫자, 성과 등'이 들어간 형용사를 추천한다.
내 경험과 역량, 성과	'내가 한 일'에서 '직무 수행 태도'를 간략히
그 외	요구하는 직무 수행 태도, 전문성을 발휘했던 경험/공익을 위했던 경험
입사 후	'기여할 수 있는 부분'으로 입사 후~

공기업 자기소개의 경우에도 이러한 네 단계로 구성할 수 있다. 그럼 바로, 앞에서 계속 살펴보았던, 한국철도 사무영업 직무 자기소개를 만들어보자.

형용사	안녕하십니까, 하루 50분 고객에게 편의를 드렸던 지원자입니다.
내 경험과 역량, 성과	타 공사 인턴 당시, A 사업을 맡아 민원인을 응대했습니다. n가지의 신청 서류를 미비하시는 고객이 많았습니다. 이에, 관련 매뉴얼을 찾고 상사의 도움을 받아 대기실 초입에 필수 서류 리스트 및 근처에서 발급받는 방법에 대한 안내지를 제작해 부착하였고, 그 결과 대기시간이 줄어들었으며, 업무 속도 역시 빨라져 조직과 고객 만족을 이뤄낼 수 있었습니다.
그 외	이 외에도, 서비스직 아르바이트, 동아리 예산 담당 등을 맡으며 고객 응대 역량과 정확한 업무 처리 자세를 배울 수 있었습니다.
입사 후	입사 후에도, 이처럼 고객과 한국철도의 편의, 효율 증대를 위해 끊임없이 연구하는 철도인이 되겠습니다.

이처럼, 자기소개를 '내 경험' 중심으로 풀어나간다면, 자기소개를 암기할 때에도 키워드 중심으로 편하게 암기할 수 있다. 예를 들어,

형용사	안녕하십니까, 하루 50분 고객에게 편의를 드렸던 지원자입니다.
내 경험과 역량, 성과	타 공사 인턴 당시, A 사업을 맡아 민원인을 응대했습니다. n가지의 신청 서류를 미비하시는 고객이 많았습니다. 이에, 관련 매뉴얼을 찾고 상사의 도움을 받아 대기실 초입에 필수 서류 리스트 및 근처에서 발급받는 방법에 대한 안내지를 제작해 부착하였고, 그 결과 대기시간이 줄어들었으며, 업무 속도 역시 빨라져 조직과 고객 만족을 이뤄낼 수 있었습니다.
그 외	이 외에도, 서비스직 아르바이트, 동아리 예산 담당 등을 맡으며 고객 응대 역량과 정확한 업무 처리 자세를 배울 수 있었습니다.
입사 후	입사 후에도, 이처럼 고객과 한국철도의 편의, 효율 증대를 위해 끊임없이 연구하는 철도인이 되겠습니다.

'내 경험과 역량, 성과'부분은 정말 본인의 경험이기 때문에, 굳이 암기하지 않아도 자연스럽게 이야기할 수 있고, 나머지는 빨간 글씨로 표시된 부분만 암기해도, 자연스레 '본인의 이야기'처럼 이어갈 수 있다. 이처럼 자기소개를 구성할 시,

면접관의 이목을 끌어 꼬리 질문을 받을 수 있다.

자연스럽게 내 이야기인 것처럼 (외운 티 나지 않게) 나를 소개할 수 있다.

라는 장점이 있다. 이제, 여러분도, 여러분만의 자기소개를 정리해보자.

작성해보기

형용사	
내 경험과 역량, 성과	
그 외	
입사 후	

공기업이 좋아하는 사람
① 쉽게 퇴사하지 않을 사람
② 어떻게 보면 루틴할 수 있는 공기업 업무에 '쉽게 적응하고 질리지 않을' 사람
③ 루틴한 일 안에서도 '능동적으로 문제를 해결'할 수 있는 사람
④ 성향이 꼼꼼하고 계획적인 사람
⑤ 조직과 잘 융화될 수 있는 사람

② 루틴한 업무에 쉽게 적응하고 질리지 않는	③ 조직에서 '능동적으로 문제를 해결'하는
✓ 중소기업 사무 보조 업무 ✓ 인턴 당시 단순 고객 응대 업무 ✓ 현장에서 단순한 보수 작업 진행	✓ 사무 보조 업무-관리 장표 개선, 조직성과 증대 ✓ 고객 응대 업무-긴 대기 시간으로 인한 고객 불만, 해결 방안 도모 및 문제 개선 ✓ 단순 보수 작업-상황에 대한 매뉴얼 없었음, 이에 관련 부서와 소통, 매뉴얼 구축
④ 꼼꼼하고 계획적인	⑤ 조직과 잘 융화되는
✓ 인턴 경험-매 보고서 최종 검토 담당자, 오타 찾아내 회사 손실 00% 줄임 ✓ 사무 보조-경영 실적 개선을 위한 업무 계획별 세부 계획 수립, 진척 여부 확인 장표 마련 ✓ 고객 응대-고객이 놓치는 서류 많음, 이를 확인하고자 체크 리스트 정리	✓ 의사소통 방법-회의록 및 서류 모두 검토, 조직 분위기와 주요 사안 파악 후 협업 진행 ✓ 솔선수범-모두가 꺼려하는 일, 조직을 위해 필요하다고 판단, 내가 함 ✓ 자발적-업무 협업이 필요한 상황, 자발적으로 타 부서 업무를 도와 빠르게 업무 처리

기업-직무	한국철도-사무영업
질문 1	이 회사는 뭐 하는 회사라고 생각하는지?
답	• 고객에게 안전하고 편리한 철도 서비스 및 문화 제공 • 국민의 안전한 철도 이용을 위한 기업 • 철도 활성화를 통한 국가 경제 성장, 국민 편의 증대

질문 2	이 회사가 이 직무를 왜 뽑는다고 생각하는지?
답	• 철도 운영에 필요한 사무 업무를 처리하기 위해 • 철도 서비스 기획 및 운영을 통한 고객 만족을 실천하기 위해 • 꼼꼼한 사무 처리로 철도의 안전을 도모하기 위해
질문 3	이 직무가 하는 일은 무엇인지?
답	• 매표 · 안내 업무 • 열차 조성 업무 • 여행 상품 기획 및 판매 업무 등
질문 4	직무에 필요한 역량은 무엇인지?
답	• 고객 응대 역량 • 꼼꼼한 계획력, 업무 처리 역량 • 창의적인 기획 역량

직 무	직무 수행 태도
사무영업	창의적 사고, 목표 중심적 사고, 도전적이고 적극적인 태도, 종합적 사고, 원활한 의사소통 태도, 논리적/분석적/객관적 사고, 공정성 확보 노력, 고객 지향 태도, 업무 규정 및 일정 계획 준수, 요청 내용에 대한 경청 자세, 정확한 업무 처리 태도

첫 번째는 '원칙과 규정을 준수하는 자세',

두 번째는 '조직을 위한 능동적이고 적극적인 자세',

세 번째는 '업무를 바라보는 통찰적 시야',

네 번째는 '조직 간 원활한 협업 자세'로 정리할 수 있다.

기업-직무	한국철도-사무영업	
선호하는 성향	필요 이유	
고객 응대+꼼꼼한 업무 처리	• 매표, 예매 등에서 고객을 응대하기 때문 • 오차 없이 고객을 응대해야 해서 • 꼼꼼하게 처리하지 않으면, 고객 안전 및 편의에 문제가 발생할 수 있어서	

원칙 준수	• 철도에서 원칙은 고객 안전과 직결되기 때문에
	• 원칙은 조직, 고객, 국민과의 약속이기 때문에
조직을 위한 능동적 자세	• 조직의 업무 처리는 곧 고객 만족, 안전과 이어지기 때문에
	• 차일피일 모두가 미루다 보면, 조직에 제대로 운영되지 않아서
업무를 바라보는 통찰적 자세	• 나무가 아닌 숲을 보고 처리해야, 예산 등 자원을 아낄 수 있어서
	• 열차 조성 시, 총괄적으로 바라보고 구성해야 혼란이 줄기 때문
원활한 협업, 소통	• 공사는 모든 부서가 협업해서 이뤄지기 때문에
	• 고객 응대, 기획, 열차 과정에서 타 부서, 타 직무와 지속 소통해야 하기 때문

기업-직무	한국철도-사무영업
찾는 사람	경험
• 고객을 응대한 경험 속에서 꼼꼼함, 능동적 자세 • 조직과 공사, 대상(고객, 국민)을 위해 능동적으로 일했던 경험 • 조직과 원활히 협업해서 대상(고객, 국민) 만족이나 조직 효율을 이뤄낸 경험	타 공사 인턴 당시, 고객 응대 업무 경험, 당시 업무 처리에 많은 서류 필요, 두고 오시는 고객 많음 → 관련 부서 및 상사와 논의해 대기실 전면에 필수 서류 리스트 정리해 부착, 발급법 안내지 제작 → 고객 만족 증가, 서류 미비로 인한 대기 시간 줄어듦

형용사	안녕하십니까, 하루 50분 고객에게 편의를 드렸던 지원자입니다.
내 경험과 역량, 성과	타 공사 인턴 당시, A 사업을 맡아 민원인을 응대했습니다. n가지의 신청 서류를 미비하시는 고객이 많았습니다. 이에, 관련 매뉴얼을 찾고 상사의 도움을 받아 대기실 초입에 필수 서류 리스트 및 근처에서 발급받는 방법에 대한 안내지를 제작해 부착하였고, 그 결과 대기시간이 줄어들었으며, 업무 속도 역시 빨라져 조직과 고객 만족을 이뤄낼 수 있었습니다.
그 외	이 외에도, 서비스직 아르바이트, 동아리 예산 담당 등을 맡으며 고객 응대 역량과 정확한 업무 처리 자세를 배울 수 있었습니다.
입사 후	입사 후에도, 이처럼 고객과 한국철도의 편의, 효율 증대를 위해 끊임없이 연구하는 철도인이 되겠습니다.

II. 공기업용 컨셉과 자기소개 만들기 '표' 정리하기

공기업이 좋아하는 사람
① 쉽게 퇴사하지 않을 사람
② 어떻게 보면 루틴할 수 있는 공기업 업무에 '쉽게 적응하고 질리지 않을' 사람
③ 루틴한 일 안에서도 '능동적으로 문제를 해결'할 수 있는 사람
④ 성향이 꼼꼼하고 계획적인 사람
⑤ 조직과 잘 융화될 수 있는 사람

② 루틴한 업무에 쉽게 적응하고 질리지 않는	③ 조직에서 '능동적으로 문제를 해결'하는
④ 꼼꼼하고 계획적인	⑤ 조직과 잘 융화되는

기업-직무	✎
질문 1	이 회사는 뭐 하는 회사라고 생각하는지?
답	✎
질문 2	이 회사가 이 직무를 왜 뽑는다고 생각하는지?
답	✎
질문 3	이 직무가 하는 일은 무엇인지?
답	✎
질문 4	직무에 필요한 역량은 무엇인지?
답	✎

직무	직무 수행 태도
✎	✎

첫 번째는 '원칙과 규정을 준수하는 자세',

두 번째는 '조직을 위한 능동적이고 적극적인 자세',

세 번째는 '업무를 바라보는 통찰적 시야',

네 번째는 '조직 간 원활한 협업 자세'로 정리할 수 있다.

기업-직무	✎
선호하는 성향	필요 이유
✎	✎
✎	✎
✎	✎
✎	✎
✎	✎

기업-직무	✎
찾는 사람	경험
✎	✎

형용사	✎
내 경험과 역량, 성과	✎
그 외	✎
입사 후	✎

CHAPTER
02 지원동기 만들기

여러분은 또다시 패션몰 사장님이 되었다. 신입 영업 사원 채용 면접을 보며 A, B에게 '왜 우리 패션몰에 지원했는지?'에 대해 물어보았다. 그리고 A와 B는 다음과 같이 답했다. 여러분이 사장님이라면 A, B 중 어느 지원동기가 더 마음에 와닿을지 살펴보자.

지원자 A

네, 저는 패션 아울렛 1위를 선두하고 있는 기업에서 일하고 싶어 지원하였습니다. 현재 OO 패션 아울렛은 다양한 의류 브랜드를 보유하고 있고, 가장 많은 고객이 방문하고 있습니다. 또, 한국인이 가장 사랑하는 패션몰 1위에 꼽혔으며, 국내 패션몰 중 가장 높은 매출을 달성하고 있습니다. 무엇보다, 가장 자주 방문하던 패션몰이었기 때문에 제가 가장 잘 알고 맞춰서 근무할 수 있을 것 같아 지원하게 되었습니다.

지원자 B

네, 저는 스파 브랜드 전문 매니저로 성장하고 싶어 OO 패션몰에 지원하였습니다. 다년간 타 브랜드에서 의류 영업을 하며, ~한 스파 브랜드의 잠재력을 확인할 수 있었습니다. 이에, 스파 브랜드를 주력으로 보유하고 있는 패션몰을 찾던 중, OO 패션몰의 경우 스파 브랜드를 중점으로 아울렛을 구성하고 있으며, 경력을 통해 전문 매니저를 양성하고 있어, 이곳이라면 미래 의류 시장의 중심이 될 스파 브랜드의 전문 매니저로 단계적으로 성장할 수 있을 것 같아 지원하였습니다.

기업의 장점을 열심히 분석해 온 A를 뽑고 싶을 수도 있다. 하지만, 지원동기는 '내가 지원하는 이유'이지, '기업이 대단한 이유'가 아니기 때문에, 면접관에게 크게 와닿지 않는다. 또한, '구체적 목표'를 갖고 입사하는 사람과, 그렇지 않은 채로 입사하는 사람은 다르기 때문에, '구체적인 목표'를 갖고 '성장'하고 싶어 지원한 지원자가, 면접관에게 더욱 매력적으로 느껴질 수밖에 없다.

그렇기에, 우리는 모든 '지원동기'를 앞선 지원자 B처럼 구성해야 한다. '나의 구체적인 목표와 내가 그 목표를 갖게 된 이유, 지원한 기업이 그에 부합한 이유'를 모두 넣어서 구성해야 하는 것이다. 이제 은행과 공기업에 맞춰, 어떻게 내 지원동기를 구성해야 하는지 살펴보도록 하자.

I 은행 지원동기 만들기

대부분 은준생의 경우 공고가 뜨면 대부분 지원하기 때문에, '왜 이 은행인지'를 준비하기가 가장 어렵다. 자기소개에도 은행 지원동기를 작성하지만, 면접에서 내가 지원한 이유를 간략히 줄여 준비하기란 쉽지 않다.

먼저, 여러분이 가장 가고 싶은 은행과 가장 하고 싶은 일을 선정한 다음, 아래에 지원동기를 작성해보자.

내 지원동기 작성해보기			
은 행	✎	직 무	✎

✎

지원동기에 대한 이해도를 보기 위해, 반드시 먼저 지원동기를 작성해보기를 바란다. 지원동기를 작성한 후에는, 아래 피드백 양식에 따라, 내 지원동기의 완성도를 알아보자.

지원동기 완성도 확인해보기		
1	지원동기 안에 구체적 성장 목표가 반영되어 있는가?	O/X
2	그 목표가 설정된 계기인 '경험'이 기재되어 있는가?	O/X
3	기업의 특 · 장점이 기재되어 있는가?	O/X
4	그 특 · 장점이 내 성장 목표와 연관성이 있는가?	O/X
5	1~4번이 하나의 맥락으로 이어지는가?	O/X

몇 개의 O가 있는가? 작성한 지원동기가 '5번 질문'처럼 하나의 맥락으로 이어졌다면, 반은 성공했다고 볼 수 있다. 이처럼, 은행 지원동기에는 '내가 구체적으로 성장하고 싶은 목표와 내 경험'이 필수적으로 들어가 있어야 한다. 그럼 이제, 아래 '지원동기 3요소'에 맞춰 직접 은행 지원동기를 순차적으로 작성해보자.

| 구체적 목표 | → | 목표의 이유(경험) | → | 부합하는 이유 |

1) 구체적 목표 설정

목표가 있는 사람과 그렇지 않은 사람의 업무 몰입도는 확연히 다르다. 공부도 1등 해야지.'라며 목표를 정한 사람과 '대충 상위권이면 되겠다.'하는 사람의 공부 집중도는 다를 것이다. 지원동기도 마찬가지다. 구체적으로 '어떤 목표가 있고 이루고 싶습니다.'라고 말하는 사람과 '대충 이 직무가 되고 싶습니다.'라고 말하는 사람의 업무 몰입도, 기대되는 정도는 큰 차이를 보일 것이다.

이에, 우리는 지원동기를 구성하는 과정에서, 그리고 앞으로의 답변을 구성하는 과정에서 '구체적인 목표'를 우선적으로 정해야 할 것이다. 직무를 구분해서 채용하는 은행이라면 '직무 중에서도 어떤 세부적인 직무'가 될 것인지, '일반, UB' 등으로 뽑는 은행의 경우 '어떤 금융 전문가'가 되고 싶은지를 구체적으로 설정해야 할 것이다.

보통 구체화는 직무에 '대상'을 더해 이루어진다. 예를 들어, WM 직무라면, 일반 WM이 아닌 '자영업자를 위한 WM'과 같이 '특정 대상'을 위한 '직무'로 설정해야 한다. 또, 이 구체적 목표는 '내가 이 목표를 갖게 된 계기'가 될 '경험'과 일맥상통해야 한다.

각 직무 별로, 아래와 같이 나눠볼 수 있을 것이다.

직무	구분
개인 금융	가계 여신 전문가, 직장인을 위한 금융 전문가, 은퇴 관리 전문가 등
기업 금융	스타트업을 위한 기업 금융인, 중소기업을 위한 기업 금융인, 수출 기업을 위한 기업 금융인 등
WM	소상공인을 위한 WM, 직장인을 위한 WM, 고 자산가를 위한 WM 등

이러한 예시처럼, '특정 대상'을 위한 '직무'를 만들어야 하고, 이를 위해, 우리는 먼저 '구체적 목표의 이유'부터 설정한 후에, 그 과정에서 다시 '구체적 목표'를 설정해 볼 것이다.

2) '경험'과 '목표' 찾기

아무리 거창한 목표가 있을지라도, 그를 뒷받침하는 '개인의 경험'이 없다면 무용지물일 것이다. 특히, '지원동기'는 '내가 지원한 이유'를 묻는 질문이기 때문에, 너무도 당연히 '내가 지원한 이유가 되는 경험'이 필수적이다. 하지만, 대부분 지원자는 '내가 지원한 은행이 대단한 이유, 훌륭한 이유'에만 초점을 맞춰 자기소개를 구성한다. 이러한 오류를 범하지 않기 위해, 했던 경험들부터 구체적으로 나열해보자.

예시

구체적으로 했던 일		
경험	구체적으로	연결 짓기
3년간 개인 카페 아르바이트	사장님과 대화, 많은 자영업자 고객님 만남	자영업자, 소상공인, 개인 사업자 은퇴 등
제조업 사무 보조 아르바이트	제조업이 겪는 어려움 확인, 제조업 예산 및 회계 처리 담당, 매출 확인 업무	제조업 전문 기업 금융인, 제조업 종사자 자산관리자 등
모 기업 연말정산 아르바이트	적은 급여로 저축, 소비 제대로 하지 못하는 직장인 다수 확인, 직장인 및 관련 기관과 소통	직장인을 위한 자산관리자, 직장인을 위한 금융인 등

작성해보기

구체적으로 했던 일		
경험	구체적으로	연결 짓기

보통 컨설팅 과정에서 이러한 '경험'을 발굴하자고 이야기하면, 대부분 지원자는 '선생님, 저 아무리 생각해도 경험이 없어요.'라고 이야기하곤 한다. 하지만 막상 파헤쳐 들어가면, 대부분 관련 경험을 갖고 있다.

예를 들어, '제가 다른 경험은 없는데, 진짜 아르바이트는 많이 했어요. 대학 다니는 동안 다섯 개는 한 것 같아요.'의 경우, '그간 많은 사장님을 만나며, 소상공인의 어려움을 들었고, 옆에서 확인했다. 이에 소상공인을 위한 직무가 되겠다.'쪽으로 풀면 된다. 또한, 학부시절 팀 프로젝트에서도 구체적 경험을 도출해낼 수 있다. 예시로, '우리나라 수출 기업의 어려움과 재정적 한계에 대해 파헤치는 팀플을 했었어요.'와 같이 말씀하신다면, 수출 기업과 관련된 금융 전문가로 최대한 연결해 주는 것이다.

금융은 삶과 연결되어 있다. 그렇기에, 내 지난 삶을 돌이켜본다면 반드시 그 안에서 '구체적 목표의 대상'을 발굴할 수 있다. 그 후, '지원한 직무'나 나의 자격증, 경험 등을 종합해 목표를 설정하면 된다. 이제, 경험을 찾고, 내 목표를 설정해보자.

예 시

내 목표	그 이유
자영업자를 위한 자산 관리자	소상공인 간편결제 프로젝트 참여 경험

작성해보기

내 목표	그 이유

3) 은행별 '부합하는 이유' 찾기

앞서 목표를 설정했다면, 이제는 '내가 이 목표를 굳이 이 은행에서 이루고 싶은 이유'를 설정해야 한다. 사실 목표만 뚜렷하다면, 이 과정은 어렵지 않다. 이 은행이 '내가 정한 목표'를 이루기에 적합하다는 근거만 찾으면 되는 것이다.

예를 들어, 앞선 예시처럼, '자영업자를 위한 자산관리자'라고 목표를 설정했다면, 포털 사이트에 '은행 이름 + 대상/직무'를 검색해보면 은행의 장점이 드러날 것이다. 아래와 같은 검색어를 이용하면, 보다 편하게 '이 은행인 이유'를 찾을 수 있을 것이다.

검색 리스트 예시
OO 은행 + 대상(예 OO 은행 자영업자)
OO 은행 + 직무(예 OO 은행 자산관리)
OO 은행 + 대상 + 직무(예 OO 은행 자영업자 자산관리)
OO 은행 + 대상 + 1위(예 OO 은행 자영업자 1위)
OO 은행 + 직무 + 1위(예 OO 은행 자산관리 1위)
OO 은행 + 대상 + 최초(예 OO 은행 자영업자 최초)
OO 은행 + 대상 + 최초(예 OO 은행 자산관리 최초)
그 외 : 오픈, 진출 등

이렇게 찾은 내용을 기반으로, 이제, 템플릿에 맞춰 지원동기를 완성해보자.

4) 템플릿으로 '지원동기' 완성하기

결국, 지원동기는 '**목표 제시 + 이유(경험) + 이 은행인 이유**' 순으로 정리된다. 다만, 이 내용을 40초 내외로 줄여서 말하는 게 관건이다. 다음 템플릿 예시를 바로 살펴보자.

예시

구 분	내 용
목표 제시	네, 저는 자영업자를 위한 WM이 되고자 OO 은행에 지원하게 되었습니다.
이유(경험)	소상공인 간편결제 프로젝트에서 자산 및 은퇴 관리의 어려움을 겪고 계신 자영업자를 만나며, 이들을 위한 자산관리가로서의 성장을 희망하였습니다.
은행인 이유	이에 이를 실천할 수 있는 은행을 찾던 중, OO 은행의 경우 자영업자를 위한 전문 WM관을 운영하고, 상품 컨설팅은 물론 은퇴 설계까지 도와 이들의 전반적인 자산관리를 돕고 있어, 이러한 은행이라면 저 역시 자영업자를 위한 전문 WM으로 성장할 수 있을 것 같아 지원하게 되었습니다.

작성해보기

구 분	내 용
목표 제시	
이유(경험)	
은행인 이유	

Ⅰ. 은행 지원동기 만들기 '예시' 모아보기

직 무	구 분
개인 금융	가계 여신 전문가, 직장인을 위한 금융 전문가, 은퇴 관리 전문가 등
기업 금융	스타트업을 위한 기업 금융인, 중소기업을 위한 기업 금융인, 수출 기업을 위한 기업 금융인 등
WM	소상공인을 위한 WM, 직장인을 위한 WM, 고 자산가를 위한 WM 등

구체적으로 했던 일		
경 험	구체적으로	연결 짓기
3년간 개인 카페 아르바이트	사장님과 대화, 많은 자영업자 고객님 만남	자영업자, 소상공인, 개인 사업자 은퇴 등
제조업 사무 보조 아르바이트	제조업이 겪는 어려움 확인, 제조업 예산 및 회계 처리 담당, 매출 확인 업무	제조업 전문 기업 금융인, 제조업 종사자 자산관리자 등
모 기업 연말정산 아르바이트	적은 급여로 저축, 소비 제대로 하지 못하는 직장인 다수 확인, 직장인 및 관련 기관과 소통	직장인을 위한 자산관리자, 직장인을 위한 금융인 등

내 목표	그 이유
자영업자를 위한 자산관리자	소상공인 간편결제 프로젝트 참여 경험

검색 리스트 예시
○○ 은행 + 대상(예 ○○ 은행 자영업자)
○○ 은행 + 직무(예 ○○ 은행 자산관리)
○○ 은행 + 대상 + 직무(예 ○○ 은행 자영업자 자산관리)
○○ 은행 + 대상 + 1위(예 ○○ 은행 자영업자 1위)
○○ 은행 + 직무 + 1위(예 ○○ 은행 자산관리 1위)
○○ 은행 + 대상 + 최초(예 ○○ 은행 자영업자 최초)
○○ 은행 + 대상 + 최초(예 ○○ 은행 자산관리 최초)
그 외 : 오픈, 진출 등

구분	내용
목표 제시	네, 저는 자영업자를 위한 WM이 되고자 OO 은행에 지원하게 되었습니다.
이유(경험)	소상공인 간편결제 프로젝트에서 자산 및 은퇴 관리의 어려움을 겪고 계신 자영업자를 만나며, 이들을 위한 자산관리가로서의 성장을 희망하였습니다.
은행인 이유	이에 이를 실천할 수 있는 은행을 찾던 중, OO 은행의 경우 자영업자를 위한 전문 WM관을 운영하고, 상품 컨설팅은 물론 은퇴 설계까지 도와 이들의 전반적인 자산관리를 돕고 있어, 이러한 은행이라면 저 역시 자영업자를 위한 전문 WM으로 성장할 수 있을 것 같아 지원하게 되었습니다.

Ⅰ. 은행 지원동기 만들기 '표' 정리하기

직무	구분
개인 금융	가계 여신 전문가, 직장인을 위한 금융 전문가, 은퇴 관리 전문가 등
기업 금융	스타트업을 위한 기업 금융인, 중소기업을 위한 기업 금융인, 수출 기업을 위한 기업 금융인 등
WM	소상공인을 위한 WM, 직장인을 위한 WM, 고 자산가를 위한 WM 등

구체적으로 했던 일		
경험	구체적으로	연결 짓기

내 목표	그 이유
✎	✎

검색 리스트 예시
00 은행 + 대상(예 00 은행 자영업자)
00 은행 + 직무(예 00 은행 자산관리)
00 은행 + 대상 + 직무(예 00 은행 자영업자 자산관리)
00 은행 + 대상 + 1위(예 00 은행 자영업자 1위)
00 은행 + 직무 + 1위(예 00 은행 자산관리 1위)
00 은행 + 대상 + 최초(예 00 은행 자영업자 최초)
00 은행 + 대상 + 최초(예 00 은행 자산관리 최초)
그 외 : 오픈, 진출 등

구 분	내 용
목표 제시	✎
이유(경험)	✎
은행인 이유	✎

Ⅱ 공기업 지원동기 만들기

대다수 공준생은 '기업'보다는 '직무'를 중점에 두고 취업을 준비한다. 어디든 필기 통과가 어렵기 때문에, 기업이나 산업보다는 '직무, 전공 과목'에 보다 초점을 맞춘다. 그렇기에 지원동기를 만들기는 더더욱 어렵다. 전혀 본 바도, 들은 바도 없는 산업에 대한 관심을 보여야 하고, 들어보지 못했던 기업에 지원하려는 이유를 명확히 제시해야 한다. 이에, 공기업 지원동기 작성 방법은 크게 두 가지로 볼 수 있다.

구 분	직무 특화형	산업 특화형(권장)
권장 대상	직무 관련 경험만 있는 경우	산업 관련 경험이 있는 경우
한 줄 요약	내가 직무 경험을 해봤는데, 이 직무가 나한테 잘 맞아. 근데 이왕이면, ~한 너희 기업에서 일하고 싶어.	내가 이 산업에서 비슷한 경험을 해봤는데, 이 산업 엄청 중요하더라. 산업 내 다른 기업 중에서도, ~한 일을 하는 너희 기업에서 ~한 직무로 일하고 싶어 지원했어.
필요한 내용	• 산업에 지원한 이유 • 산업에 대한 이해 • 지원 기업이 산업에 필요한 이유	• 직무에 지원한 이유 • 직무가 하는 일에 대한 이해

산업 관련 경험이 있다면, 웬만하면 '산업 특화형'으로 준비하는 것이 좋다. 최근 취업이 어려워졌기 때문에, 대다수 지원자가 '직무 특화형 지원동기'를 이야기한다. 이때, 산업 관련 경험이 있음을 언급한다면, 면접관의 이목을 더욱 끌어올 수 있을 것이다.

이제, 여러분이 가장 가고 싶은 기업과 직무를 임의로 정해 보고, 맞춰서 지원동기를 정리해보자.

내 지원동기 작성해보기			
은행	✎	직무	✎

✎

지원동기에 대한 이해도를 보기 위해, 반드시 먼저 지원동기를 작성해보기를 바란다. 지원동기를 작성한 후에는, 아래 피드백 양식에 따라, 내 지원동기의 완성도를 알아보자.

지원동기 완성도 확인해보기		
1	지원동기 안에 구체적 성장 목표가 반영되어 있는가?	
2	그 목표가 설정된 계기인 '경험'이 기재되어 있는가?	
3	기업의 특 · 장점이 기재되어 있는가?	
4	그 특 · 장점이 내 성장 목표와 연관성이 있는가?	
5	1~4번이 하나의 맥락으로 이어지는가?	

'직무, 산업' 맞춤형 지원동기는 뒤에서 살펴보아도 충분하다. 하지만, 지원동기에 '개인 경험'이 들어가 있지 않거나, '성장 목표'가 제시되어 있지 않다면, 지원동기를 구성해나가기 어렵다. 다음에서 '직무, 산업' 맞춤형 지원동기를 만들어가며, 구체적 목표도 함께 설정해보도록 하자.

1) 직무 특화형 지원동기

'직무' 특화형은 산업과 관련된 경험이 적은 지원자가 대부분 사용한다. 그렇기 때문에, '산업에 대한 관심은 다른 지원자보다 적지만, 적어도 직무의 특정 분야에서는 확실히 기여할 수 있다.'를 보여줘야 한다. 이에, 직무기술서 내 '직무 수행 내용'을 탐색해, 그 내용과 일치하는 경험을 우선적으로 발굴해야 하고, 이를 통해 '구체적 목표'를 설정해야 한다.

예를 들어, 직무 수행 내용에 '사업 계획 및 예산 관리, 재무 예산 계획 수립' 등의 내용이 있고, 이와 관련된 경험이 있다면, 이를 활용해 구체적 목표를 설정해보자.

예시

직무 수행 내용	경험	목표
• 사업 계획 및 예산 관리 • 재무 예산 계획 수립	타 공기업 인턴, 사업 예산 계획 수립 및 검토 지원 업무, 효율적 예산 활용의 중요성 체감	• OO 산업 예산 전문가 • 예산 집행을 통한 신사업 지원 전문가

작성해보기

직무 수행 내용	경험	목표
✎	✎	✎

해당 표 작성만 완료해도, 지원동기의 50% 이상은 완성되었다고 볼 수 있다. 그렇다면, 이제 '내가 지원한 기업, 산업'과는 어떻게 연결하면 좋을까?

보통은 '어차피 이 직무로 방향을 잡았으니, 이왕이면 잠재력 있거나/공익 창출에 더 이바지할 수 있거나/이 분야가 더 많이 필요하고 효율적으로 사용될 것 같은 기업에서 일하고 싶어 지원했다.'의 흐름이 가장 일반적이다. 이에, '지원 기업, 산업의 중요성'을 찾아 지원동기 끝에 언급해 주는 것이다. 나아가, 한 산업 내에도 비슷한 공기업이 많다면, '같은 산업이어도 그 안에서 지원한 공기업만이 갖는 특·장점'을 찾아서 정리해 줘야 한다. 그렇지 않다면, '그럼 산업 내 다른 기업이 더 적합해 보이는데, 그 곳을 가지 이곳을 왜 지원했는지'에 대한 질문이 나올 수 있기 때문이다.

혹시, 이 과정에서 '내가 이 산업을 연구했던 경험/학부 시절 팀 프로젝트로 산업에 대해 찾아봤던 경험'이라도 좋으니, 연결할 수 있는 경험이 있다면, 같이 언급해주는 것이 좋다. 아래 '지원 기업, 산업의 중요성'에 대해 찾아보도록 하자.

예시

지원 기업, 산업의 중요성
• 최근 4차 산업 혁명으로 인한 (산업)의 중요성 증대
• 그 중에서도 (기업)은 (산업의 분야, 기업의 특·장점)을 맡고 있어, 더욱 잠재력이 있다고 판단
• (분야)를 담당하고 있어, 신사업 집행을 위한 예산/회계의 중대성이 더욱 커질 것 같아서
• 경험/실제 (산업)분야를 팀 프로젝트에서 주제로 다루며, 잠재력과 성장성을 직접 확인했기 때문

작성해보기

지원 기업, 산업의 중요성
✎

그다음은 어렵지 않다. 앞서 정리한 두 표를 하나로 연결해, 이어서 말해주기만 하면 되는 것이다. 다만, 이 과정에서 시간이 40초를 넘지 않도록 조정해야 한다. 바로 템플릿을 살펴보자.

예시

구분	내용
목표 제시	네, 저는 (산업) 분야에서 예산 효율화를 도모하는 전문가가 되고자 지원하게 되었습니다.
이유 (경험)	타 공기업 인턴에서 신사업 예산 집행을 맡으며, 성장하는 산업 내 예산 효율화와 이를 통한 신사업 활성화가 (사회)에 미치는 영향을 확인할 수 있었습니다.
기업인 이유	이에 미래 사회에 가장 성장세이며, 사회에 공익적 영향을 미치는 기업을 찾던 중, OO 공기업의 경우 (특정 분야)를 담당하며, 사회 흐름에 발맞춰 새로운 신사업 및 기술 확보에 힘쓰고 있어, 이러한 곳이라면 예산 전문가로서 공익적 가치와 성장을 동시에 이뤄낼 수 있을 것 같아 지원하게 되었습니다.

작성해보기

구분	내용
목표 제시	
이유 (경험)	
기업인 이유	

Ⅱ. 공기업 지원동기 만들기-직무특화형 '예시' 모아보기

직무 수행 내용	경험	목표
• 사업 계획 및 예산 관리 • 재무 예산 계획 수립	타 공기업 인턴, 사업 예산 계획 수립 및 검토 지원 업무, 효율적 예산 활용의 중요성 체감	• OO 산업 예산 전문가 • 예산 집행을 통한 신사업 지원 전문가

지원 기업, 산업의 중요성
• 최근 4차 산업 혁명으로 인한 (산업)의 중요성 증대
• 그중에서도 (기업)은 (산업의 분야, 기업의 특 · 장점)을 맡고 있어, 더욱 잠재력이 있다고 판단
• (분야)를 담당하고 있어, 신사업 집행을 위한 예산/회계의 중대성이 더욱 커질 것 같아서
• 경험/실제 (산업)분야를 팀 프로젝트에서 주제로 다루며, 잠재력과 성장성을 직접 확인했기 때문

구 분	내 용
목표 제시	네, 저는 (산업) 분야에서 예산 효율화를 도모하는 전문가가 되고자 지원하게 되었습니다.
이 유 (경험)	타 공기업 인턴에서 신사업 예산 집행을 맡으며, 성장하는 산업 내 예산 효율화와 이를 통한 신사업 활성화가 (사회)에 미치는 영향을 확인할 수 있었습니다.
기업인 이유	이에 미래 사회에 가장 성장세이며, 사회에 공익적 영향을 미치는 기업을 찾던 중, OO 공기업의 경우 (특정 분야)를 담당하며, 사회 흐름에 발맞춰 새로운 신사업 및 기술 확보에 힘쓰고 있어, 이러한 곳이라면 예산 전문가로서 공익적 가치와 성장을 동시에 이뤄낼 수 있을 것 같아 지원하게 되었습니다.

Ⅱ. 공기업 지원동기 만들기-직무특화형 '표' 정리하기

직무 수행 내용	경험	목표
✎	✎	✎

지원 기업, 산업의 중요성
✎

구 분	내 용
목표 제시	✎
이 유 (경험)	✎
기업인 이유	✎

2) 산업 특화형 지원동기

사실, 작은 경험이라도 '산업'과 관련된 경험을 끌어내는 것이 가장 좋다. 앞서 언급했듯이, 최근 취업난이 심해지며, '산업'과 관련된 경험을 갖고 있는 사람이 많지 않고, 특히 공기업의 경우 경력 지원자도 많기 때문에, 단순히 직무에 초점을 맞추면 경쟁력이 떨어질 수 있다.

이에 가장 먼저, '직무 특화형'처럼 '산업'과 관련된 경험을 찾고, 목표를 설정하는 것이 중요하다. 다음 표에 맞춰 내용을 완성해보자.

예시

기업에서 하는 사업	경험	목표(직무 연결)
• 보증 지원 • 자영업 컨설팅	타 공기업에서 자영업자 정책 상품 상담 진행, 직접 자영업자 만나며 자영업 활성화가 지역 경제 활성화와 이어진다는 점을 깨닫게 됨	• 지역 자영업 컨설턴트 • 지역 경제 활성 전문가

작성해보기

기업에서 하는 사업	경험	목표(직무 연결)
✎	✎	✎

'산업 특화형'의 경우 기업에서 하는 사업을 찾고, 관련 경험과 목표를 찾았다면 더 이상 지원동기가 90% 이상 완성되었다고 볼 수 있다. 목표를 직무와 연결해서 찾았다면, 굳이 직무와 관련된 연관성을 굳이 더 찾지 않아도 되는 것이다. 다만 '경험'과 '목표(직무 연결)'이 '공익, 사회'와 연결되어 있어야 한다는 점만 잊지 말고, **표를 채워주면 되는 것**이다.

이제, 템플릿에 바로 적용하여 지원동기를 완성해보자.

예 시

구 분	내 용
목표 제시	네, 저는 지역 경제 활성화에 이바지하는 지역 자영업 컨설턴트로 성장하고자 지원하게 되었습니다.
이 유 (경험)	타 공단에서 실제 자영업자 정책 상품 상담을 맡으며, 자영업자의 실질적 문제 해결이 지역 경제 활성화로도 이어진다는 사실을 알게 되었습니다.
기업인 이유	이에 지역과 사회에 이바지하는 일을 하고 싶어 기업을 찾던 중, OO 공기업의 경우 자영업자를 위한 컨설팅을 지원하고 다양한 보증 업무를 지원하고 있다는 점을 알게 되었습니다. 이처럼 지속해서 발전하는 곳이라면, 평생 직업으로서 자영업자와 지역 경제 활성화를 도우며 가치를 느낄 수 있을 것 같아 지원하게 되었습니다.

작성해보기

구 분	내 용
목표 제시	
이 유 (경험)	
기업인 이유	

Ⅱ. 공기업 지원동기 만들기 - 산업 특화형 '예시' 모아보기

기업에서 하는 사업	경험	목표(직무 연결)
• 보증 지원 • 자영업 컨설팅	타 공기업에서 자영업자 정책 상품 상담 진행, 직접 자영업자 만나며 자영업 활성화가 지역 경제 활성화와 이어진다는 점을 깨닫게 됨	• 지역 자영업 컨설턴트 • 지역 경제 활성 전문가

구분	내용
목표 제시	네, 저는 지역 경제 활성화에 이바지하는 지역 자영업 컨설턴트로 성장하고자 지원하게 되었습니다.
이유 (경험)	타 공단에서 실제 자영업자 정책 상품 상담을 맡으며, 자영업자의 실질적 문제 해결이 지역 경제 활성화로도 이어진다는 사실을 알게 되었습니다.
기업인 이유	이에 지역과 사회에 이바지하는 일을 하고 싶어 기업을 찾던 중, OO 공기업의 경우 자영업자를 위한 컨설팅을 지원하고 다양한 보증 업무를 지원하고 있다는 점을 알게 되었습니다. 이처럼 지속해서 발전하는 곳이라면, 평생 직업으로서 자영업자와 지역 경제 활성화를 도우며 가치를 느낄 수 있을 것 같아 지원하게 되었습니다.

II. 공기업 지원동기 만들기 - 산업 특화형 '표' 정리하기

기업에서 하는 사업	경 험	목표(직무 연결)
✎	✎	✎

구 분	내 용
목표 제시	✎
이 유 (경험)	✎
기업인 이유	✎

CHAPTER
03 면접 답변 해보기

이번에는 잠시 사장님이 아닌 누군가의 '언니, 누나, 오빠, 형'이 되어보자. 추운 겨울날, 오늘 패딩을 입어야 할지, 코트를 입어도 될지 고민되는 상황이라고 가정해보자. 밖을 나가볼 수 없어서, 동생 혹은 후배에게 '오늘 날씨 어때?'라며 전화로 물어보았다. 이때, 두 동생은 다음과 같이 답했다.

동생 A

오늘 정말 추워서 패딩 필수야. 사실 오늘 일기 예보에서 춥다고 그러길래, '차를 끌고 가야 하나, 대중교통을 타야 하나' 고민 많았거든. 근데, 나와 보니까 버스 탔으면 정말 딱 죽을 뻔했어. 버스 정류장까지 걸어갈 자신이 없는 날씨더라.

동생 B

아니, 오늘 일기 예보에서 춥다고 그러길래, '차를 끌고 가야 하나, 대중교통을 타야 하나' 고민 많았거든. 근데, 나와보니까 버스 탔으면 정말 딱 죽을 뻔했어. 버스 정류장까지 걸어갈 자신이 없는 날씨더라. 오늘 정말 추워서 패딩 필수야.

똑같은 말을 순서만 바꾸어 보았다. 빠르게 날씨 정보를 알고 싶을 때, 여러분은 어떤 동생의 답이 더욱 도움이 되는가? 아마 '묻는 바'부터 말해준 '동생 A'의 답변이 더욱 도움이 되었을 것이다. 물론, 동생 B의 답변도 소소한 생활을 나눈다는 점에서 정감 있지만, 원하는 정보를 얻기 위해서는 모든 이야기가 끝날 때까지 기다려야 한다.

면접도 이와 같다. 면접관이 묻는 질문에 대해, '묻는 바'부터 명확히 언급해 줘야 하는 것이다. 그렇다면, '두괄식'과 '답변'을 구성하는 3요소를 알아보고 연습해보자.

I 두괄식과 간결한 답변의 3요소

추후 Part 2를 통해 '두괄식'과 '답변'의 템플릿을 배우겠지만, 일단 다른 질문에도 항상 적용할 수 있는 '두괄식'과 '답변'의 3요소를 알아보고자 한다.

두괄식의 3요소는 크게 다음과 같다.

| 당시 | 묻는 바 | 성과 |

'경험을 묻는 질문' 중심으로, '어떤 경험 당시, 질문이 묻는 바를 해서 성과를 낸 경험이 있습니다.'로 답변하면 되는 것이다. 연습 문항을 살펴보도록 하자.

예시

Q1	살면서 가장 도전적이었던 경험은?	
당시	묻는 바	성과
인턴으로 근무할 당시,	OO 프로젝트에 도전적으로 임하여	1위의 성과를 거둔 경험이 있습니다.

연습해보기

Q1	살면서 가장 도전적이었던 경험은?	
당시	묻는 바	성과
✎	✎	✎

그렇다면, 질문 하나만 더 연습해보자.

Q2	조직을 위해 헌신했던 경험이 있다면?		
당시	묻는 바	성과	
인턴으로 근무할 당시,	모두가 꺼려 했던 고객 응대 매뉴얼 작성을 도맡아 하며,	고객 만족 증대에 이바지한 경험이 있습니다.	

연습해보기

Q2	조직을 위해 헌신했던 경험이 있다면?		
당시	묻는 바	성과	
✎	✎	✎	

아마 많은 학생이 '묻는 바'를 가장 어려워할 것이다. '묻는 바'에는

묻는 질문을 넣거나(예 가장 도전적으로~/헌신적으로 임하여~)

내가 한 일, 역할을 넣어주는(예 모두가 꺼려 했던 고객 응대 매뉴얼 작성을 맡아 하며~)

것이 좋다. 가능하다면, '내가 한 일, 역할'을 넣어서 두괄식을 구체화시켜주는 것이 좋다.

이제, '간결한 답변'을 만들기 위한 3요소를 살펴보자.

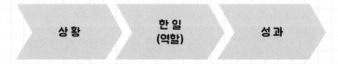

'경험'을 묻는 질문 기준으로, 답변을 간결히 만들기 위해서는 '상황, 역할, 성과'만 넣어주면 된다. 아마 대부분 지원자가 답변이 길어지는 이유는, '상황'이나 '내가 한 일'을 길게 묘사하기 때문일 것이다. 특히, '왠지 이 내용도 말해야 면접관이 내 경험을 이해할 것 같은데.'라는 생각 때문에, '상황'을 길게 묘사할 가능성이 높다. 하지만, 면접관은 여러분의 경험이 구체적으로 궁금하지 않고, 또 만약 궁금하다면 여러분에게 질문할 것이다. 그러니 답변의 길이를 줄여, 면접관에게도 '꼬리 질문'할 기회를 주자.

앞선 3요소를 활용해, 두괄식의 답변을 이어가 보자. 바로 예시를 살펴보자.

예시

Q1	살면서 가장 도전적이었던 경험은?	
당시	묻는 바	성과
인턴으로 근무할 당시,	OO 프로젝트에 도전적으로 임하여	1위의 성과를 거둔 경험이 있습니다.
상황	한 일(역할)	성과
당시, 전 인턴을 대상으로 OO 분야 프로젝트를 진행했습니다.	이를 위해, n명에게 인터뷰를 진행하고, 관련 전문가 및 유관 기관을 직접 찾아가 자문을 구하고 피드백을 진행한 결과,	우수 인턴 선정은 물론, 1위의 성과를 거둘 수 있었습니다.

연습해보기

Q1	살면서 가장 도전적이었던 경험은?	
당시	묻는 바	성과
✐	✐	✐
상황	한 일(역할)	성과
✐	✐	✐

이 표의 여섯 칸을 이어서 말하면, 바로 '간결한 답변'이 되는 것이다. 그럼, 바로 2번 문항을 이어 연습해보자.

Q2	조직을 위해 헌신했던 경험이 있다면?	
당시	묻는 바	성과
인턴으로 근무할 당시,	모두가 꺼려 했던 고객 응대 매뉴얼 작성을 도맡아 하며,	고객 만족 증대에 이바지한 경험이 있습니다.
상황	한 일(역할)	성과
당시, 신사업 관련 고객 응대 매뉴얼 제작의 필요성을 모두가 느꼈으나 기존 업무가 많아 이를 꺼려했습니다.	인턴으로서 도움을 드려야 한다고 생각해, 기존 매뉴얼을 검토하고 관련 부서에 고객 응대 관련 자료를 요청하고 상사의 피드백을 받아 매뉴얼을 완성한 결과,	신사업으로 인한 혼란을 최소화하고, 고객 만족 점수 1위를 달성할 수 있었습니다.

연습해보기

Q2	조직을 위해 헌신했던 경험이 있다면?	
당시	묻는 바	성과
✎	✎	✎
상황	한 일(역할)	성과
✎	✎	✎

답변에서 중요한 포인트는 '질문 의도에 맞춰, 내가 무슨 일을 했는가'이다. '한 일(역할)' 안에 질문 의도에 맞춰 답변을 넣어주자. 예를 들어, '도전적 경험'을 묻는다면, 내가 도전적인 모습을 살려 일했던 내용을, '헌신 경험'을 묻는다면, '헌신하기 위해 내가 한 노력'에 초점을 맞춰 답변을 구성하면 되는 것이다. 이제, 이를 기반으로 은행/공기업의 기출 질문을 살펴보고, 답변을 연습해보자.

Ⅰ. 두괄식과 간결한 답변의 3요소 '예시' 모아보기

당시	묻는 바	성과

Q1	살면서 가장 도전적이었던 경험은?	
당시	묻는 바	성과
인턴으로 근무할 당시,	OO 프로젝트에 도전적으로 임하여	1위의 성과를 거둔 경험이 있습니다.

Q2	조직을 위해 헌신했던 경험이 있다면?	
당시	묻는 바	성과
인턴으로 근무할 당시,	모두가 꺼려했던 고객 응대 매뉴얼 작성을 도맡아 하며,	고객 만족 증대에 이바지한 경험이 있습니다.

상황	한 일 (역할)	성과

Q1	살면서 가장 도전적이었던 경험은?	
당시	묻는 바	성과
인턴으로 근무할 당시,	OO 프로젝트에 도전적으로 임하여	1위의 성과를 거둔 경험이 있습니다.
상황	한 일(역할)	성과
당시, 전 인턴을 대상으로 OO 분야 프로젝트를 진행했습니다.	이를 위해, n명에게 인터뷰를 진행하고, 관련 전문가 및 유관 기관을 직접 찾아가 자문을 구하고 피드백을 진행한 결과,	우수 인턴 선정은 물론, 1위의 성과를 거둘 수 있었습니다.

Q2	조직을 위해 헌신했던 경험이 있다면?	
당 시	묻는 바	성 과
인턴으로 근무할 당시,	모두가 꺼려 했던 고객 응대 매뉴얼 작성을 도맡아 하며,	고객 만족 증대에 이바지한 경험이 있습니다.
상 황	한 일(역할)	성 과
당시, 신사업 관련 고객 응대 매뉴얼 제작의 필요성을 모두가 느꼈으나 기존 업무가 많아 이를 꺼려했습니다.	인턴으로서 도움을 드려야 한다고 생각해, 기존 매뉴얼을 검토하고 관련 부서에 고객 응대 관련 자료를 요청하고 상사의 피드백을 받아 매뉴얼을 완성한 결과,	신사업으로 인한 혼란을 최소화하고, 고객 만족 점수 1위를 달성할 수 있었습니다.

Ⅰ. 두괄식과 간결한 답변의 3요소 '표' 정리하기

당시	묻는 바	성과

Q1	살면서 가장 도전적이었던 경험은?	
당시	묻는 바	성과
✎	✎	✎

Q2	조직을 위해 헌신했던 경험이 있다면?	
당시	묻는 바	성과
✎	✎	✎

상황	한 일 (역할)	성과

Q1	살면서 가장 도전적이었던 경험은?	
당시	묻는 바	성과
✎	✎	✎
상황	한 일(역할)	성과
✎	✎	✎

Q2	조직을 위해 헌신했던 경험이 있다면?	
당 시	묻는 바	성 과
✎	✎	✎
상 황	한 일(역할)	성 과
✎	✎	✎

Ⅱ   은행용 면접 답변

앞서 살펴본 '두괄식, 간결한 답변' 만드는 법을 제대로 숙지했는지 확인하기 위해, 아래 세 질문에 먼저 답해보기를 바란다. 실제 답변을 하는데 걸린 시간을 측정한 후, 같이 기재해보자(답변을 녹음할 수 있다면, 녹음한 다음에 내가 어느 부분에서 시간을 가장 많이 할애하는지 확인해도 좋다)

질문 답해보기		
번호	질문	답변 시간
1	물건을 판매해 본 경험이 있습니까?(우리은행)	
2	리더십을 발휘한 경험이 있습니까?(신한은행)	
3	본인만의 스트레스 해소 방법은?(국민은행)	

답변한 내용을, 각 아래 칸에 나눠서 기재해보도록 하자.

Q1	물건을 판매해 본 경험이 있습니까?(우리은행)	
당 시	묻는 바	성 과
✎	✎	✎
상 황	한 일(역할)	성 과
✎	✎	✎

Q2	리더십을 발휘한 경험이 있습니까?(신한은행)	
당 시	묻는 바	성 과
✎	✎	✎
상 황	한 일(역할)	성 과
✎	✎	✎

Q3	본인만의 스트레스 해소 방법은?(국민은행)	
당 시	묻는 바	성 과
✎	✎	✎
상 황	한 일(역할)	성 과
✎	✎	✎

답변에 대한 예시를 먼저 보여줄 예정이다. 예시를 기반으로, '제대로 답변했는지, 빠진 부분은 없는지' 다시 확인해보고 '수정해보기' 표에서 답변을 수정해보도록 하자.

Q1	물건을 판매해 본 경험이 있습니까?(우리은행)	
당시	묻는 바	성과
네, 저는 카페, 플리마켓 등에서	물건을 판매해 본 경험이 있습니다.	
네, 저는 카페, 플리마켓 등에서	물건을 판매하여	OO만 원의 성과를 낸 경험이 있습니다.
네, 저는 그중 플리마켓에서	물건을 판매하여	OO만 원의 성과를 낸 경험이 있습니다.

Q1	물건을 판매해 본 경험이 있습니까?(우리은행)	
상황	한 일(역할)	성과
커피, 액세서리 등을 판매하는 과정에서	적극적으로 고객을 유도하고 전략을 구성하여	매출 1위의 성과를 이뤄낼 수 있었습니다.
그중에서도, 플리마켓에서 액세서리를 판매하며,	맞춤형 전략을 구성하고 제휴를 맺으며,	OO만 원의 성과를 달성할 수 있었습니다.
그중, 유동 인구가 적은 OO에서 액세서리를 판매하며,	고객을 확보하고자 맞춤형 전략을 구성하고 제휴를 맺으며,	OO만 원의 성과를 달성할 수 있었습니다.

Q1	물건을 판매해 본 경험이 있습니까?(우리은행)	
당시	묻는 바	성과
상황	한 일(역할)	성과

Q2	리더십을 발휘한 경험이 있습니까?(신한은행)	
당시	묻는 바	성과
네, 저는 OO 프로젝트 당시	리더십을 발휘하여	1등의 성과를 거둔 경험이 있습니다.

Q2	리더십을 발휘한 경험이 있습니까?(신한은행)	
상황	한 일(역할)	성과
OO 을 위한 프로젝트에서 기획 팀장을 맡으며,	~한 방식으로 팀원들의 협업을 유도한 결과,	1위의 성과를 이뤄낼 수 있었습니다.

Q2	리더십을 발휘한 경험이 있습니까?(신한은행)	
당 시	묻는 바	성 과
✎	✎	✎
상 황	한 일(역할)	성 과
✎	✎	✎

Q3	본인만의 스트레스 해소 방법은?(국민은행)	
당시	묻는 바	성과
네, 저는 주로	런닝을 통해	스트레스를 해소하는 편입니다.

'경험'이 아닌 '자신'에 대해 묻는 질문의 경우, '묻는 바 = 답변', '성과 = 질문의 의도'로 생각하면 편하다.

Q3	본인만의 스트레스 해소 방법은?(국민은행)	
상황	한 일(역할)	성과
체력 관리차 시작한 운동이었으나,	주변 호수 공원을 매일 30분씩 뛰며,	스트레스도 해소하는 습관을 갖게 되었습니다.

Q3	본인만의 스트레스 해소 방법은?(국민은행)	
당시	묻는 바	성과
✎	✎	✎
상황	한 일(역할)	성과
✎	✎	✎

II. 은행용 면접 답변 - 그 외 질문 연습해보기

(정답은 없습니다. 다만 템플릿이 궁금하다면, '스스로 답변해본 후'에 영상이나 '하루 한 질문' 부분에서 찾아주세요)

Q1	살면서 가장 힘들었던 일은?(신한은행)	
당시	묻는 바	성과
✎	✎	✎
상황	한 일(역할)	성과
✎	✎	✎

Q2	최근에 도움을 받았던 사람 중 기억에 남는 사람은?(하나은행)	
당시	묻는 바	성과
✎	✎	✎
상황	한 일(역할)	성과
✎	✎	✎

Q3	갈등을 해결했던 경험이 있습니까?(지역농협)	
당 시	묻는 바	성 과
✎	✎	✎
상 황	한 일(역할)	성 과
✎	✎	✎

Q4	협상이나 타협을 성공적으로 이끌어낸 경험은?(우리은행)	
당 시	묻는 바	성 과
✎	✎	✎
상 황	한 일(역할)	성 과
✎	✎	✎

Ⅲ 공기업용 면접 답변

앞서 살펴본 '두괄식, 간결한 답변' 만드는 법을 제대로 숙지했는지 확인하기 위해, 아래 두 질문에 먼저 답해보기를 바란다. 실제 답변을 하는데 걸린 시간을 측정한 후, 같이 기재해보자(답변을 녹음할 수 있다면, 녹음한 다음에 내가 어느 부분에서 시간을 가장 많이 할애하는지 확인해도 좋다)

질문 답해보기		
번호	질문	답변 시간
1	규정을 준수했던 경험이 있다면 언제입니까?	
2	규정을 준수하기 어려웠지만, 준수했던 경험이 있다면 언제입니까?	

답변한 내용을, 각 아래 칸에 나눠서 기재해보도록 하자.

Q1	규정을 준수했던 경험이 있다면 언제입니까?	
당 시	묻는 바	성 과
✎	✎	✎
상 황	한 일(역할)	성 과
✎	✎	✎

Q2	규정을 준수하기 어려웠지만, 준수했던 경험이 있다면 언제입니까?	
당 시	묻는 바	성 과
✎	✎	✎
상 황	한 일(역할)	성 과
✎	✎	✎

답변에 대한 예시를 먼저 보여줄 예정이다. 예시를 기반으로, '제대로 답변 했는지, 빠진 부분은 없는지' 다시 확인해보고 '수정해보기' 표에서 답변을 수정해보도록 하자.

☑ **TIP**

공기업 면접 답변에서 기억할 것!

묻는 바 = '질문에서 묻는 바', '내가 한 일'보다는 '질문에서 묻는 바 그대로'를 반영한다.

성과 = '직무에서 추구하는 성과'를 찾아 넣어주는 편을 권장한다. 예를 들어, '현장직, 국민 안전이 중요한 직무'라면, 성과에 '안전'에 대한 키워드를 넣어 마무리 할 수 있도록 한다.

Q1	규정을 준수했던 경험이 있다면 언제입니까?	
당 시	묻는 바	성 과
카페 아르바이트 당시,	규정을 준수하여	고객 안전을 지켜낸 경험이 있습니다.

Q1	규정을 준수했던 경험이 있다면 언제입니까?	
상 황	한 일(역할)	성 과
당시 매니저님께서 '가' 재고의 비싼 가격을 이유로, 유통 기한 지난 재고도 사용하자고 하셨습니다.	맛의 차이가 없더라도, 이는 고객 안전 문제를 야기할 수 있다고 생각하여, 판매 데이터를 분석한 후 적정 재고 주문량을 계산하여 지점에 공유하였습니다.	그 결과, 재고 관리 효율 증대는 물론 고객 안전과 신뢰도 지킬 수 있었습니다.

Q1 수정해보기

Q1	규정을 준수했던 경험이 있다면 언제입니까?	
당 시	묻는 바	성 과
✎	✎	✎
상 황	한 일(역할)	성 과
✎	✎	✎

Q2	규정을 준수하기 어려웠지만, 준수했던 경험이 있다면 언제입니까?	
당 시	묻는 바	성 과
카페 아르바이트 당시,	재고 관리 규정 준수가 어려웠으나,	이를 준수한 경험이 있습니다.
카페 아르바이트 당시,	재고 관리 규정 준수가 어려웠으나,	이를 준수하여 고객의 안전을 지켜낸 경험이 있습니다.

Q2	규정을 준수하기 어려웠지만, 준수했던 경험이 있다면 언제입니까?	
상 황	한 일(역할)	성 과
당시 매니저님께서 '가' 재고의 비싼 가격을 이유로 유통기한이 지난 재고도 이용하자고 주장하셨습니다.	매장 예산을 생각하는 뜻은 이해할 수 있었으나, 이는 고객 안전에 리스크를 미칠 수 있다고 생각하여 판매 데이터를 분석한 후 적정 재고 주문량을 계산하여 지점에 공유하였습니다.	그 결과, 재고 관리 효율 증대는 물론 고객 안전도 지킬 수 있었습니다.

Q2	규정을 준수하기 어려웠지만, 준수했던 경험이 있다면 언제입니까?	
당 시	묻는 바	성 과
✎	✎	✎
상 황	한 일(역할)	성 과
✎	✎	✎

Ⅲ. 공기업용 면접 답변 – 그 외 질문 연습해보기

(정답은 없습니다. 다만 템플릿이 궁금하다면, '스스로 답변해본 후'에 영상이나 Part 2 부분에서 찾아주세요)

Q1	타인을 설득하는 데 어려움을 겪었던 경험은?	
당 시	묻는 바	성 과
✎	✎	✎
상 황	한 일(역할)	성 과
✎	✎	✎

Q2	가장 창의적으로 문제를 해결한 경험은?	
당 시	묻는 바	성 과
✎	✎	✎
상 황	한 일(역할)	성 과
✎	✎	✎

Q3	이 직무를 위해 준비한 것이 있다면?	
당 시	묻는 바	성 과
✎	✎	✎
상 황	한 일(역할)	성 과
✎	✎	✎

Q4	그 프로젝트 (팀플)에 왜 참여했나요?	
당 시	묻는 바	성 과
✎	✎	✎
상 황	한 일(역할)	성 과
✎	✎	✎

Q5	인턴 당시, 무엇을 보고 배웠습니까?	
당 시	묻는 바	성 과
✎	✎	✎
상 황	한 일(역할)	성 과
✎	✎	✎

Name
position

LANGUAGES

english ★★★★★
spanish ★★★☆☆
chinese ★★★★☆

INTERESTS

 DOLORUM VIS U MAZIMDOM
SALUTANDI HAS CANT VOCENT S
TAND UTROQUEPER ASI NAM IM

 DOLORUM VIS U MAZIMDOMIN
SALUTANDI HAS CANT VOCENT S
TAND UTROQUEPER ASI NAM IM

 DOLORUM VIS U MAZI
TAND UTROQUE

CONTACT

 pho
 e-n
 w   ess

Profile

HAS CONSUL NOMINATI EX OMNIS EPICUREI AD SIT EST AMET
TEMPOR MEDIOCREM EA AN QUI WISI REFERRENTUR AT NEC
REQUE NOSTRO, NAM ERREM NIHIL PUTENT AT EST EU VOCENT
ERIPUIT PROPRIAEEA VIS REBUM INTELLEGAM IUS AN TALE NOSTER

DOLORUM VIS U MAZIMDOMING SALUTANDI HAS DUO DICANT
OMNIUM SADIPSCING ET DUO NO DICANT VOCENT SINTAND
UTROQUEPER ASI NAM IMPEDIT PATRIOQUE ACCOMMODARE CUQ

Education

 XXXX-YYYY
DOLORUM VIS U MAZIMDOMING SALUTANDI HAS
CANT VOCENT SINTAND UTROQUEPER ASI NAM IM

 XXXX-YY
DOLORUM VIS U MAZIMDOMING SALUTANDI HAS
DUO DICANT OMNIUM SADIPSCING ET DUO NO DI

 XXXX-YYYY
DOLORUM VIS U MAZIMDOMING SALUTANDI HAS
CANT VOCENT SINTAND UTROQUEPER ASI NAM IM

Work Experience

 POSITION / XXXX-YYYY
DOLORUM VIS U MAZIMDOMING SALUTANDI HAS
CANT VOCENT SINTAND UTROQUEPER ASI NAM IM

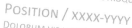 POSITION / XXXX-YYYY
DOLORUM VIS U MAZIMDOMING SALUTANDI HAS
CANT VOCENT SINTAND UTROQUEPER ASI NAM IM

Professional Skills

 HAS CONSUL NOMINATI EX OMNIS EPICUREI AD SIT
EST AMET TEMPOR MEDIOCREM EA AN QUI WISI RE
FERRENTUR AT NEC REQUE NOSTRO, NAM ERREM N
IHIL PUTENT AT EST EU VOCENT ERIPUIT PROPRIAEE
A VIS REBUM INTELLEGAM IUS AN TALE NOSTER

PART 2
하루 한 질문

CHAPTER
01 '자신'에 대한 질문

I '나' 질문에 대한 답변 만들기

최근 '직무'에 대한 질문뿐만 아니라, '나' 자체에 대해 묻는 질문도 많이 나오고 있다. 다들 직무와 관련된 경험은 세세히 정리되어 있기 때문에, '이 사람 자체'에 대해 알기 위해 개인적인 질문이 나오게 되는 것이다. 이에 답하기 위해서는, '나 자체'가 컨셉화가 되어 있어야 한다. 이를 위해, '면접 컨셉과 자기소개'부터 정리하고 연습에 들어가자.

예시

나의 자기소개

안녕하십니까, 일 매출 1000만 원을 달성했던 지원자 A입니다.

타 패션몰에서 3년간 의류 판매 아르바이트로 근무하였습니다. 매장, 행사 매대 관계없이 모든 장소에서 고객을 응대하였으며, 주력 상품 세일즈, 의류 체험존 구축, 크로스 셀링 등을 통해 평일 일 매출 최대 1000만 원까지 달성할 수 있었습니다. 이러한 적극적 자세로, 축제 부스 매출 일 300만 원, 매니저 대행, 발주 및 재고 관리 등을 통해 의류 영업의 전 과정을 배워왔습니다. 입사 후 이러한 현장 경험으로, 일 목표 두 배 이상을 이뤄내는 영업인이 되겠습니다.

자기소개에 자랑한 '나의 역량'	영업 역량, 적극성, 꼼꼼함(재고 관리), 목표 지향
나의 컨셉	• 일단 목표를 정하면 끝까지 해냄 • 꼼꼼해서 매장 운영, 관리도 잘함
내 성격은?	외향적, 친화력 좋음, 도전적임
우려되는 성향은?	• 너무 영업 강조해서 꼼꼼함에 대한 우려 • 계획보다는 융통성이 앞서는 성격

나의 자기소개	

✎

자기소개에 자랑한 '나의 역량'	✎
나의 컨셉	✎
내 성격은?	✎
우려되는 성향은?	✎

자신/Q1	주변에서 뭐라고 불리는지?		
혼자 답변해보기		답변에 걸린 시간	초

✎

이 질문은 주로 언제, 누구에게?	▶ 보이는 이미지와 면접 답변의 컨셉이 다르다고 판단될 때 ▶ 대인 관계, 조직 안에서 어떤 사람인지 알고 싶을 때	▼ 강의 보러 가기 ▼

면접 답변 POINT		

	• '면접관이 모르는 나'를 나타낼 수 있는 대표적 질문
	• 면접 이미지가 잡히지 않을 때에는, 이 질문 답부터 정리하자
	• '주변에서 불리는 별명/어떻게 불리는지'로 나눠 정리하기
공통 POINT	• 외적인 부분(연예인, 캐릭터 닮은 꼴) 혹은 행동적인 부분을 '공감할 수 있게', '성향을 담아' 만들어보자(예 도라에몽 : 동그랗다, 항상 무언가 챙겨서 다닌다)
	• 내 강점이 자기소개, 이미지에서 잘 드러났다면, '면접관이 우려할 수 있는 부분'을 별명으로 정해도 좋다(예 도전적인 성격 → '꼼꼼함에 대한 우려'→ 꼼꼼함을 해소하는 별명, 보부상 등).
	• 전반적으로 직무에 필요한 역량을 갖추고 있는 경우, 기업의 이미지에 맞게 강점을 드러내도 좋다(예 협업, 조직 적응을 중시하는 기업 → 조직과 잘 지낸다는 별명, 불리는 말).

은행 POINT	〈꼼꼼함/고객/신뢰/목표 달성 등 키워드를 기억하자〉 • 고객 자산을 오차 없이, 업무를 실수 없이 처리하는 '꼼꼼함 별명' • 항상 사람과 고객을 친절히, 세세히 응대하는 '고객 응대 자세 별명' • 고객과 은행이 자신을 믿고 맡길 수 있는 '신뢰, 책임감 관련 별명' • (도전적 은행의 경우) 주어진 목표를 달성하는 '목표 지향적 별명' • 조직과 잘 융화하는 '조직 중심적, 협업 관련 별명'
공기업 POINT	〈꼼꼼함/계획적/협업/책임감 등 키워드를 기억하자〉 • 항상 규정을 준수하고, 작은 오류도 찾아내 리스크를 예방하는 '꼼꼼함 별명' • 작은 업무도 계획적이고 체계적으로 처리하는 '계획적 별명' • 조직과 잘 융화하고, 조직을 1순위로 생각하는 '협업 관련 별명' • 어떤 업무든 책임지고 처리하는 '책임감 관련 별명' • 만약, 민원인을 응대한다면 '고객 응대 관련 경험'
답변 템플릿	
두괄식	• 네, 저는 주로 (별명/불리는 말)로 불리고 있습니다. • 네, 저는 별명은 따로 없지만, 주로 ~라고 불리고 있습니다.
답변(경험)	(외적/행동적인 부분이 있다면) 아무래도, (외적인 모습이 ~와 닮아서, ~해서, 항상 ~게 행동하기도) 하고, 항상 (별명에 담긴 의미처럼 행동)하기 때문에, (별명, 불리는 말)로 불리고 있습니다.
답변 예시	네, 저는 주로 '젊은 아재'라고 불리고 있습니다. 아저씨 푸드라고 불리는 국밥을 좋아하기도 하고, 항상 선배나 상사들에게 아재 개그를 하고 어디서든 잘 어울리기 때문에, '아재나 다름없다. 젊은 아재다.'라고 불리고 있습니다.
강조하고 싶은 모습/역량	• 조직과 잘 어우러짐 • 어른들과도 세대 차이 느끼지 않고 잘 지냄

답변 다시 만들어보기
(정리한 답변에서 KEYWORD만 추출해 미니북에 정리한 후, 키워드 중심으로 암기해보세요!)

답변 1	✎		
답변을 통해 강조하고 싶은 역량	✎	답변에 걸린 시간	초
답변 2	✎		
답변을 통해 강조하고 싶은 역량	✎	답변에 걸린 시간	초
나올 수 있는 꼬리/다른 질문	• 본인은 그 별명에 대해 어떻게 생각하는지? • 또 다른 별명이나 불렸던 말은 없었는지? • 상사에게 받았던 다른 피드백은 없었는지?		

자신/Q2	자신만의 스트레스 해소법은?		
	혼자 답변해보기	답변에 걸린 시간	초

✎

이 질문은 주로 언제, 누구에게?	▶ 실적, 업무 압박이 있는 기업 ▶ 고객, 민원인 응대로 스트레스가 많은 기업 ▶ 멘탈이 약해 보이는 지원자에게	▼ 강의 보러 가기 ▼

면접 답변 POINT	
공통 POINT	• '업무'에 대한 스트레스를 어떻게 풀어나갈지를 보는 질문 • '취미/특기' 질문과 동일하게 답변 가능 • 다만 이 답변을 통해 개인의 성향을 드러낼 수 있음(예 혼자서 뜨개질을 즐겨 한다. → 내 성적인 성향/다같이 운동한다. → 외향/높은 산에 올라간다. → 포기하지 않는 성격 등) • 이 해소 방법을 통해 '체력 강화, 인맥 형성' 등 다른 장점을 준다면 더욱 좋다.
은행 POINT	〈다른 사람과 함께 '스트레스 해소하기'- 권장사항〉 • 행원은 사람을 만나는 데, 두려움이나 부담이 없어야 한다. • 사람과 함께하는 행동 자체를 좋아하는 사람 • BEST : 여러 사람과 함께하는 운동이나 활동(예 운동 동호회/맛집 탐방 동아리 등) • 필라테스, 요가 등도 좋다(최근 가장 많이 하는 답변). • 꾸준히 해온 무언가가 있다면 더욱 좋다.

공기업 POINT	〈사무/민원/현장으로 나눠서 생각하기 – 권장사항〉 • 사무직무의 경우 '체계적, 계획적, 차분히' 무언가를 완성해나가거나 즐길 수 있는 사람 • 민원인 응대 직무의 경우, 은행과 같이 사람 응대에 능해야 함(그렇지 않으면, 업무 자체가 스트레스가 될 수 있음), 혹시 '조용한, 내성적 이미지'라면 더더욱 '사람들과 만나는 스트레스 해소법' 찾기 • 현장 직무의 경우, '체력, 협업'이 중요하기 때문에, '함께하는 스포츠' 찾아보기
답변 템플릿	
두괄식	네, 저는 주로 ~한 방식으로 스트레스를 해소하는 편입니다.
답변(경험)	• (방식)을 하다 보면 ~하기 때문에, 스트레스가 해소되는 기분이 들어, 주로 이 (방식)으로 스트레스를 해소하고 있습니다. • 처음에는 (체력 기르기 등 다른 장점)으로 인해 시작했지만, 현재는 (방식)을 하면서 ~하기 때문에, 주로 이 (방식)으로 스트레스를 해소하고 있습니다.
답변 예시	네, 저는 주로 동호회 회원들과 함께 자전거를 타며 스트레스를 해소하는 편입니다. 처음에는 체력을 기르고 싶어 시작했지만, 현재는 다른 회원들과 함께 자전거를 타며 친목도 다지고, 심신도 가다듬을 수 있어 주로 자전거를 타며 스트레스를 해소하고 있습니다.
강조하고 싶은 모습/역량	• 사람과 잘 지냄 • 체력도 좋음, 쉽게 지치지 않는다.
답변 다시 만들어보기 (정리한 답변에서 KEYWORD만 추출해 미니북에 정리한 후, 키워드 중심으로 암기해보세요!)	
답변 1	✎

답변을 통해 강조하고 싶은 역량	✎	답변에 걸린 시간	초

답변 2	✎
답변을 통해 강조하고 싶은 역량	✎

답변에 걸린 시간		초

나올 수 있는 꼬리/다른 질문	• 혹시 무언가 지속적으로 해온 스트레스 해소 방법은 없는지? • 무언가 가만히 앉아서/활동적으로 하는 활동은 없는지? • 직무 외에 관심 있는 다른 활동이 있는지? • (스트레스를 해소하기 위해 한 활동들이) 어느 정도 수준인지? 성과가 있는지?

자신/Q3	존경하는 인물이 있다면?		
혼자 답변해보기		답변에 걸린 시간	초

✎

이 질문은 주로 언제, 누구에게?	▶ 모두에게 자주 나오는 질문	▼ 강의 보러 가기 ▼

면접 답변 POINT	
공통 POINT	• 내가 가장 중요하게 여기는 가치를 파악하기 위한 질문 • '인물'이 누구인지는 중요하지 않다. '왜 존경하는지'가 가장 중요하다. 　예 스티브 잡스를 존경한다고 할 경우, 　- 도전적/열정적 성향을 드러내고 싶다면 : 자신만의 브랜드를 세우고 성공시킨 사람이라서 존경한다. 　- 아이디어에 대한 열망/창의성을 드러내고 싶다면 : 세대를 흔들 창의적 아이디어를 갖고 있는 사람이기 때문에 존경한다. • 현존하는 '정치적, 분란이 생길 수 있는 인물'은 지양하자

은행 POINT	〈사람, 열정, 책임감에 초점 맞추자〉 • 행원은 사람을 만나야 하기 때문에, 사람을 세세히 챙기거나 모든 사람을 존중하는 '사람'과 관련된 인물이 좋다. • 모든 일에 열정적으로 최선을 다하거나, 고객을 위해 책임감을 발휘하는 인물, 모든 일에 책임감을 갖고 열정적으로 해내는 사람 등을 찾자(인턴, 아르바이트에서 만난 사람들도 좋다) • 도전적인 은행에 지원했다면, 무언가 목표를 세우고 달려나가는 사람을 찾자 • 은행별 선호 이미지가 뚜렷하다면, 그에 맞춰 답변을 설정하자
공기업 POINT	〈희생, 공생(공익), 책임감, 신뢰에 초점을 맞추자〉 • '나'보다는 '남'을 위해 희생하는 사람, 희생을 통해 '재물, 자산, 명예'를 넘어 '가치'를 추구하는 사람 • 항상 다른 사람을 위해 살아가는 따뜻한 사람, 공익을 실천하는 사람 • 업무와 조직을 위해 책임감을 다하는 사람(인턴 상사, 아르바이트 상사 등) • 누구나 쉽게 다가갈 수 있는 문턱이 낮은 사람(민원인 응대, 고령 응대 직무), 신뢰를 주는 사람, 믿음이 가는 사람 등
답변 템플릿	
두괄식	네, 저는 (인물)을 가장 존경합니다.
답변(경험)	(인물)은 항상 ~게 하며, (가치)를 실천해왔습니다. 이에, (항상 ~한 삶을 살아가는 (인물)을) ~한 측면에서, 가장 롤모델로 삼고 있습니다.
답변 예시	네, 저는 타 기업 인턴 당시 소속 팀의 팀장님을 가장 존경하고 있습니다. 팀장님께서는 '팀장'이라는 직책임에도 직접 현장에 나가 고객을 만나고, 작은 소리도 그냥 지나치지 않고 개선하며, '고객 중심' 가치를 실천해오셨습니다. 이에, 이처럼 다른 사람을 먼저 배려하는 팀장님을 롤모델로 삼고 있습니다.
강조하고 싶은 모습/역량	• 직책, 업무에 관계없이 항상 현장, 고객 중심인 사람 • 고객의 소리를 그냥 지나치지 않는 적극적인 자세

답변 다시 만들어보기
(정리한 답변에서 KEYWORD만 추출해 미니북에 정리한 후, 키워드 중심으로 암기해보세요!)

답변 1	✎		
답변을 통해 강조하고 싶은 역량	✎	답변에 걸린 시간	초
답변 2	✎		
답변을 통해 강조하고 싶은 역량	✎	답변에 걸린 시간	초
나올 수 있는 꼬리/다른 질문	• 롤모델로 삼고, 본인이 한 노력이 있다면? • 롤모델의 업적/행동 중 가장 기억에 남는 것은? • 다른 사람은 없는지?(이 산업 내에서, 이 분야 내에서 등)		

자신/Q4	나만의 차별화된 경험은?		
	혼자 답변해보기	답변에 걸린 시간	초

✎

이 질문은 주로 언제, 누구에게?	▶ 모든 역량이 도드라져 보여, 강점을 파악하고 싶은 경우 ▶ 특별히 눈에 띄는 강점이 없어, 지원자 파악이 필요한 경우	▼ 강의 보러 가기 ▼

면접 답변 POINT	
공통 POINT	• 자신이 장점으로 내세우고 싶은 장점을 강화하거나, 부족해 보일 수 있는 약점을 보완할 수 있는 답변(예 강점&자기소개 : 책임감, 외향적 영업력 → 모금 행사를 통해 n백만 원 모금/약점 : 꼼꼼함 → 매뉴얼을 만들어 현재에도 해당 기업에서 사용되고 있음 등) • '경력'을 강점으로 내세우면, 더 오랜 경력이 있는 사람에게 밀릴 수 있다. • 지원한 기업에서 어떤 사람이 필요할지 생각하고, 그에 맞춘 '성향적 강·약점 보완 답변' 고민하기 • 남들이 하지 않았을 것 같은 경험을 말해도 좋으나, 퇴사를 떠올리게 하는 '창업'과 같은 소재는 지양할 것
은행 POINT	〈외향적 성향을 드러낼 수 있는 '모금, 판매' 등의 경험〉 • 외향적 성향으로 무언가 이뤄냈던 경험(= 사람을 많이 만나서 무언가 이뤄냈던 경험 = 행원에게 요구되는 역량, 모습, 자세) • 학생으로 할 수 없었던, 사람을 통해 무언가 이뤄낸 경험 • 도전적 목표를 설정하고 모금 등에 달성한 경험(도전적 은행 : 도전에 초점/그 외 : 사람을 많이 만나 설득했다는 점에 초점)

공기업 POINT	〈조직에서 무언가 이뤄내고 인정받은 경험〉 • 매뉴얼을 작성하고, 시스템을 기획하는 등 조직에서 무언가 이뤄내고 인정받고 채택되었던 경험(조직 헌신을 드러낼 수 있음) • 동일 산업 내에서, 산업 관련해서 다른 사람에게 도움을 주었던 경험(= 산업 관련 경험, 산업에서 성과를 냈던 경험)
답변 템플릿	
두괄식	• 네, 저는 (경험)을 했던 경험이 있습니다. • 네, 저는 ~당시, ~의 성과를 이뤄낸 경험이 있습니다.
답변(경험)	당시 ~한 (상황)에서 ~한 (성과)를 낸 경험이 있습니다. 이때, ~(강조하고 싶은 점)하다는 점에서 가장 (기억에 남았습니다/차별화된 경험으로 기억되고 있습니다)
답변 예시	네, 저는 타 기업 인턴 당시, 이슈 정책 고객 응대 매뉴얼을 제작한 경험이 있습니다. 당시 이슈 정책이 시행되어 많은 고객이 몰리지만 매뉴얼이 없는 상황에서, 고객 응대 매뉴얼을 제작해 부서 공식 매뉴얼로 인정받았습니다. 제가 스스로 기존 매뉴얼을 참고하고 타 부서와 협업하여 만든 성과물이 조직에 도움을 주었다는 점에서 가장 차별화 된 경험으로 기억되고 있습니다.
강조하고 싶은 모습/역량	• 조직 문제에 발 벗고 나서는 사람 • 매뉴얼을 만드는 체계적 사람, 이를 위해 협업하고 꼼꼼히 검토하는 사람
답변 다시 만들어보기 (정리한 답변에서 KEYWORD만 추출해 미니북에 정리한 후, 키워드 중심으로 암기해보세요!)	
답변1	✎
답변을 통해 강조하고 싶은 역량	✎

	답변에 걸린 시간	초

답변 2	✎

답변을 통해 강조하고 싶은 역량	✎	답변에 걸린 시간	초
나올 수 있는 꼬리/다른 질문	• 그 경험에서 어려웠던 점은 없었는지? • 당시 주변의 반응은 어땠는지? • 왜 그 경험을 하게 되었는지?		

자신/Q5	구체적으로 계획을 세우고 목표를 달성한 경험은?		
혼자 답변해보기		답변에 걸린 시간	초

✏️

이 질문은 주로 언제, 누구에게?	▸ '계획'보다는 '융통'을 더 중시할 것 같은 지원자 ▸ 무언가 목표를 정하고 차근히 달성해나가는 열정이 아쉬워 보이는 경우(YOLO족, '될 대로 되라지'의 이미지가 있는 경우)	▼ 강의 보러 가기 ▼

면접 답변 POINT	
공통 POINT	• 모든 일을 꼼꼼하고 계획적으로 처리하는 사람인지 확인하기 위한 질문 • '서류 처리, 업무 처리' 등 꼼꼼하게 목표를 세워 달성했던 경험 • 업무와 관련된 (높은 수준의) 자격증이 있다면, 이걸 달성하기 위해 노력했던 경험도 좋음 • 목표 달성에 대한 의지로, 목표를 위해 어떻게 계획을 분류하고 정리하고 수립했는지 드러나야 함
은행 POINT	〈행원으로서 꼼꼼함을 드러낼 수 있는 소재(feat. 도전정신)〉 • 영수증, 서류 처리, 업무 처리 등을 기준과 계획에 맞춰 처리해서, 조직 목표 달성에 이바지했던 경험(혹은, 조직 내 주어진 목표를 달성하기 위해 계획을 세우고, 업무를 단계별로 처리했던 경험) • 조직에서 인정받기 위해, 혹은 스스로 성과를 내기 위해, 계획을 세우고 달려나갔던 경험 (도전적 은행)

공기업 POINT	〈규칙을 따르고 규정을 만들어 간 소재〉 • 영수증, 서류, 업무 처리를 꼼꼼히 처리한 경험도 좋다. • '규정 만들기, 매뉴얼 만들기, 기준 만들기' 등의 목표가 있었던 경험이 있다면, 이걸 이뤄내기 위해 (내외부와 소통하고 협업하며) 계획적으로 달성했던 경험
답변 템플릿	
두괄식	네, 저는 (경험) 당시, 계획을 세워 (목표)를 이뤄낸 경험이 있습니다.
답변(경험)	당시, ~한 (상황)이었습니다. ~을 위해 (목표)를 이뤄야 한다고 생각하여, ~한 (순서, 기준, 분류)에 따라 계획을 세워 이행한 결과, (목표, 성과)를 이뤄낼 수 있었습니다.
답변 예시	네, 카페 아르바이트 당시, 구체적으로 계획을 수립해 재고 관리율을 높인 경험이 있습니다. 당시 재고가 제대로 관리되지 않아 예산이 과하게 낭비되고 있는 상황이었습니다. 이를 해결하고자 판매 데이터 분석, 재고 유통 기한 및 대체품 선정, 관련 기업 미팅 등의 계획을 세워 이행한 결과, 재고 관리 미흡으로 인한 예산 낭비를 OO% 줄일 수 있었습니다.
강조하고 싶은 모습/역량	• 아르바이트생이지만 조직 문제 해결을 위해 발 벗고 나서는 사람 • 목표를 달성해내는 의지, 꼼꼼함, 조직 예산을 생각하는 자세, 전략적 모습
답변 다시 만들어보기 (정리한 답변에서 KEYWORD만 추출해 미니북에 정리한 후, 키워드 중심으로 암기해보세요!)	

답변 1	

답변을 통해 강조하고 싶은 역량		답변에 걸린 시간	초

	✏️
답변 2	

	✏️		
답변을 통해 강조하고 싶은 역량		답변에 걸린 시간	초

나올 수 있는 꼬리/다른 질문	• 그 경험에서 어려웠던 점은 없었는지? • 당시 주변의 반응은 어땠는지? • 왜 그 경험을 하게 되었는지? • 계획을 세울 때, 무엇을 가장 중요시 여겼는지?

자신/Q6	취업을 위해 노력하고 있는 일은?		
혼자 답변해보기		답변에 걸린 시간	초

✎

이 질문은 주로 언제, 누구에게?	▶ 사람 자체, 인성을 파악하기 위한 질문 ▶ 어떤 사람인지 파악하기 위해	▼ 강의 보러 가기 ▼

면접 답변 POINT

공통 POINT	• 취업 준비 생활 속에서, 취업을 위해 따로 하고 있는 일인지를 묻는 질문 • 답변을 통해 '성향, 가치관, 인성'을 알게 하는 답변이 좋다. • NCS, 필기 준비, 면접 준비 등 당연한 것 외로 생각해 보기 • 산업/직무와 관련된 공부도 좋다. • 그 외에, 체력이나 정신 건강, 인맥, 감사, 배려, 책 등 인성을 알 수 있게 하는 답변을 권한다.
은행 POINT	〈사람, 배려, 체력 등과 관련된 일〉 • '은행'은 사람을 만나는 곳, 주로 사람을 만나거나 사람 관계를 유지하는 일 • 영업과 업무를 위한 체력 관리(운동, 스포츠 등)도 좋음 • 만약, '은행 취업을 위해 뭘 준비했는지?'를 묻는다면, 경제 흐름을 알기 위해 경제 신문을 구독했거나, 상품 관련 스크랩이나 팜플렛 정리 등 가능 • 인맥 관리나 사람 배려를 위해 '친구 취업에 선물 보내기, 면접 일정 챙겨서 사람 챙겨주기' 등 답변을 통해 따뜻한 인성을 드러내도 좋음

공기업 POINT	〈체력, 정신 건강, 독서 등과 관련된 일〉 • 체력, 정신 건강 등 '자기 관리'에 초점을 맞춘 답변 좋음 • 독서 습관을 형성했다. 산업, 직무 관련한 독서를 했다. • 만약, '공기업 취업을 위해 뭘 준비했는지?'를 묻는다면, 공기업 산업 분야와 관련된 신문 스크랩이나 구독, 국가 정책에 대한 이해, 지역 사회에 대한 봉사 및 공익 실천 경험을 언급해도 좋음
답변 템플릿	
두괄식	• 네, 저는 취업을 위해 ~을 하고 있습니다. • 네, 저는 (은행/공기업) 취업을 위해 ~을 하고 있습니다.
답변(경험)	(당연히 해야 할 것들/NCS, 신문 읽기, 필기 등)은 물론, • 이 외에도 (체력 관리, 사람과의 만남 등)을 해야 취준 생활을 ~게 버틸 수 있을 것 같아, ~한 활동도 하고 있습니다. • 이 외에도 ~을 알기 위해 (신문 읽기/스크랩 등 습관)을 들이며, ~에 대한 시야를 넓혀왔습니다.
답변 예시	네, 저는 취업을 위해 여러 사람을 만나며 멘탈을 관리하고 있습니다. NCS, 신문 구독 등은 물론, 이 외에도 사람을 만나고, 이벤트를 기억해 챙겨주며 어려운 취준 생활로 인해 생기는 부정적인 마음을 떨치고 긍정적인 사고를 갖고자 노력하고 있습니다.
강조하고 싶은 모습/역량	• 어려움에도 사람을 챙기는 사람, 주변에 사람 관리를 잘하는 사람 • 조직에 긍정을 불어넣어 줄 수 있는 사람, 이벤트를 챙기는 꼼꼼함
답변 다시 만들어보기	
(정리한 답변에서 KEYWORD만 추출해 미니북에 정리한 후, 키워드 중심으로 암기해보세요!)	
답변 1	✎

답변을 통해 강조하고 싶은 역량	✎	답변에 걸린 시간	초
답변 2	✎		
답변을 통해 강조하고 싶은 역량	✎	답변에 걸린 시간	초
나올 수 있는 꼬리/다른 질문	• 그 과정에서 어려웠던 점은 없는지? • 그 활동이 본인에게 어떤 도움이 되었는지? • 취업하고도 이어갈 생각인지?		

자신/Q7	기대했던 목표보다 더 높은 성과를 얻었던 경험은?		
혼자 답변해보기		답변에 걸린 시간	초

✎

이 질문은 주로 언제, 누구에게?	▶ '주어진 일'만 할 것 같은 이미지의 지원자 ▶ 조직 성과를 위해 능동적으로 움직이지 않을 것 같은 사람	▼ 강의 보러 가기 ▼

면접 답변 POINT	
공통 POINT	• 주어진 환경에서 '최대'라고 생각했던 목표를 넘어, 나의 적극적인 노력으로 기대 이상의 성과를 거뒀던 경험 말하기 • 이왕이면 '조직' 안에서 기대 이상의 성과를 거뒀던 경험 생각해 보기 • 조직을 위해서 내가 이만큼 헌신하고 노력하는 '능동적인 인재'임을 보여주기
은행 POINT	〈영업 환경에서 기대 이상의 목표를 거뒀던 경험〉 • 무언가 판매해야 하는 상황에서, 적극적인 자세로 주어진 목표 이상을 이뤄낸 경험 • 이 안에는 나의 '영업력, 영업 노하우'가 들어가 있으면 좋음 • 영업보다 협업이 중시되는 은행에서는, 영업과 관련된 소재보다 조직의 목표 달성에 기여했던 경험(예 조직 전체에 목표가 주어졌고, 조직을 위해 내가 ~게 적극적으로 노력했다)
공기업 POINT	〈조직에서 주어진 목표 달성을 위해 노력했던 경험〉 • 목표 = '남을 위한, 공익이나 사회를 위한, 직무에서 요구하는 중요 가치와 연결된 목표' 권장 • 목표를 달성하는 과정이 '공기업스러워'야 함(꼼꼼함, 계획적, 체계적, 협업 등) • 과정 안에서 '상사의 동의, 목표 달성을 위한 자원 파악 및 활용' 등의 경험 • 꼼꼼하면서 능동적인 자세 보여주기

답변 템플릿	
두괄식	• 네, 저는 (경험) 당시, 기대 이상의 성과를 거뒀던 경험이 있습니다. • 네, 저는 (경험) 당시, ~한 (노력/자세)로 (성과, 수치)라는 기대 이상의 성과를 거뒀던 경험이 있습니다.
답변(경험)	당시 ~한 (상황)에서 (~한 이유로, 처음 목표치) 만큼의 목표를 예상하였습니다. 이를 위해, ~게 (노력, 영업 노하우, 공기업스러운 업무 자세)로 노력한 결과, (성과)를 거두며 기대 이상의 성과를 거둘 수 있었습니다.
답변 예시	네, 저는 학원 강사로 근무할 당시, 적극적인 고객 관리 역량으로 10명 신규 원생 모집이라는 기대 이상의 성과를 거둔 경험이 있습니다. 당시, 현재 원생 수와 지역 학생수를 고려해 강사마다 7명의 추가 원생을 모집해야 했습니다. 이를 위해, 학생별 진척표 제작, 주기적 학부모 상담, 무료 교육 자료 등을 제작해 배포한 결과, 10명의 신규 회원을 거두며 기대 이상의 성과를 거둘 수 있었습니다.
강조하고 싶은 모습/역량	• 목표를 달성하기 위한 강한 의지와 이를 이행하는 추진력 • 꼼꼼한 진척표 제작, 사람/학부모/고객을 대하는 응대 역량, 전략 기획력
답변 다시 만들어보기	
(정리한 답변에서 KEYWORD만 추출해 미니북에 정리한 후, 키워드 중심으로 암기해보세요!)	

답변 1	✎

답변을 통해 강조하고 싶은 역량	✎	답변에 걸린 시간	초

답변 2	✏️

답변을 통해 강조하고 싶은 역량	✏️	답변에 걸린 시간	초
나올 수 있는 꼬리/다른 질문	• 그 과정에서 어려웠던 점은 없는지? • 당시 주변의 반응은 어땠는지? • 그렇게 적극적으로 한 이유는 무엇인지?		

자신/Q8	성격의 장점과 단점은?		
혼자 답변해보기		답변에 걸린 시간	초

✎

이 질문은 주로 언제, 누구에게?	▶ 모든 지원자 ▶ 일반적인 빈출 질문	▼ 강의 보러 가기 ▼

면접 답변 POINT	
공통 POINT	• 일단 내 성격의 장·단점부터 작성한 후, 직무상 불가능한 장·단점 지워 나가기 • 내 성격의 장·단점(작성 후 소개) : _____ • 성향 자체가 업무와 잘 맞는 사람인지 확인하기 위한 질문, 그렇기 때문에 각 직무, 기업에서 선호하는 성향을 분석해야 함 • 지원자의 성격을 완전히 파악하기 위해 or 면접관이 초반에 판단한 인상을 확신하기 위한 질문 • 특정 이미지가 강하다면(예 꼼꼼함 부족, 외향 부족 등) '그거 아니야.'라고 해명할 수 있는 답변 시간 • 장점은 구체화하기(경험을 찾고, 형용사 붙이기 예 항상 1을 시키면 2까지 마무리하는 업무 자세/책임감 → 주어진 일 이상을 해내는 책임감)

은행 POINT	〈이 은행이 좋아하는 사람 → 행원에게 요구되는 업무 자세〉 • 은행이 선호하는 성향이 뚜렷하다면, 그를 활용한 장점으로 말해주자 • 만약 그 성향을 알 수 없다면, '업무에 필요한 성격'을 장점으로 끌어내자 • 권장 장점 : 책임감, 친화력, 꼼꼼함, 계획적, 적응력, 강한 의지, 사람을 기분 좋게 한다, 누구나 믿고 맡기는 듬직함, 미래 설계에 능함 등 • 피해야 할 단점 : 계획 부족, 꼼꼼하지 않다, 한곳에 오래 있지 못한다, 사람과 대화를 좋아하지 않는다, 조직에 적응을 잘 하지 못한다, 덜렁댄다, 루틴한 일에 금방 질린다, 스트레스에 취약하다, 압박 상황을 견디지 못한다, 추진력이 약하다 등
공기업 POINT	〈직무기술서 '직무 수행 태도' + 공기업이 좋아하는 사람〉 • 직무기술서에 적혀있는 '직무 수행 태도'를 장점으로 소화해도 된다. • 공기업이 좋아하는 사람 : 꼼꼼, 계획적, 협업에 능함, 원활한 소통 능력, • 권장 장점 : 책임감, 꼼꼼함, 계획적, 조직에 잘 적응함, 친화력(민원 응대 직무), 문제 해결력 등(직무기술서 참고하기) • 불가능한 단점 : 계획 부족, 꼼꼼하지 않다, 한곳에 오래 있지 못한다, 사람과 대화를 좋아하지 않는다, 조직 적응을 잘 하지 못한다, 덜렁댄다. 등 • 불가능한 장점 : 창의적이다(사업을 할 정도의 창의적), 도전적이다(보수적 분위기에서 답답해서 버티지 못할 것 같은 사람) 등 → 오히려 단점으로 사용 가능
답변 템플릿	
두괄식	네, 제 성격의 장점은 (장점) 입니다.
답변(경험)	항상 ~한 (장점)으로 ~게 하고 있습니다. 반면, 종종 (단점)하다는 단점이 있어, 이를 ~게 극복하고자 하였습니다.
답변 예시	네, 제 성격의 장점은 한 번에 정확도를 높이는 '꼼꼼함'이라고 생각합니다. 항상 모든 업무를 꼼꼼히 처리하기 때문에, 인턴 당시에도 고객 신청 서류의 최종 검토를 맡기도 하였습니다. 반면, 이로 인해 걱정이 많아 의사 결정에 시간이 걸린다는 단점이 있어, 모든 업무에 대한 이해력을 길러 결정 시간을 줄이고자 하였습니다.

강조하고 싶은 모습/역량	꼼꼼한 성향, 꼼꼼한 업무 성향으로 조직 리스크 방지

답변 다시 만들어보기
(정리한 답변에서 KEYWORD만 추출해 미니북에 정리한 후, 키워드 중심으로 암기해보세요!)

답변 1	✎		
답변을 통해 강조하고 싶은 역량	✎	답변에 걸린 시간	초
답변 2	✎		
답변을 통해 강조하고 싶은 역량	✎	답변에 걸린 시간	초
나올 수 있는 꼬리/다른 질문	• 장점으로 인해 성공했던 경험? • 단점으로 인해 문제가 생겼던 경험? • 장점을 강화/단점을 보완하기 위한 노력?		

자신/Q9	어려움을 극복하는 나만의 방법은?	
혼자 답변해보기	답변에 걸린 시간	초

✎

이 질문은 주로 언제, 누구에게?	▶ 멘탈이 약해보이거나 사회 경험이 적어 보이는 지원자 ▶ 의지가 약해보이는 지원자	▼ 강의 보러 가기 ▼

면접 답변 POINT	
공통 POINT	• '문제 해결력'보다, 어려운 상황을 이겨내는 '의지, 자세'를 확인하는 질문 • 입사해서 수많은 어려운 상황이 발생할 수 있음, 이때 이겨낼 수 있는 강한 의지가 있는지 확인하는 질문 • 입사해서도, '어려움에 지지 않고 다시 일어나 일할 수 있는 사람이다.'를 보여주는 질문 • 해결 방식을 통해 개인의 성향을 파악할 수 있음
은행 POINT	〈실적 압박, 업무 강박 등의 경우를 어떻게 극복할지〉 • 주로 '도전적 성향'을 가진 은행에서 자주 묻는 질문 • 어려운 상황 = 목표가 있으나 달성하지 못하는 상황 • 압박이나 쉽지 않은 상황에서도 '목표를 향한 달성 의지'로 나아가는 자세 • 포기하기보다는 적극적이고 능동적으로 더 노력해서 목표를 달성해내는 자세 • 도전적 성향이 아닌 은행에서는 '내가 어떻게 노력하는지'를 중점적으로 보여줄 것

공기업 POINT	〈업무 오류, 틀어짐, 강박 등으로 인한 상황 극복 방법〉 • 공기업에서 어려운 상황 : 업무를 수행하지 못하는 상황, 오류가 난 상황, 잘해내고 싶은 '심적 강박'이 강한 상황 등 • 총체적으로 어려운 상황을 어떻게 극복해낼지 자세를 보여주기 • 도망가거나 포기하지 않고, 차분히 상황을 파악하고 생각을 정리하며 문제를 해결한다는 점을 보여줄 것
답변 템플릿	
두괄식	• 네, 저는 ~한 방법으로 어려운 상황을 이겨내고 있습니다. • 네, 저는 어려운 상황에서 주로 ~하고 있습니다.
답변(경험)	• (방식)대로 하면 ~게 극복이 되기 때문에, ~한 (마음, 의지, 자세)를 갖고 ~게 노력하는 편입니다. • 저에게 주로 어려운 상황은 ~한 상황이기 때문에, 이 경우 ~게 하며 ~게 이겨내려고 노력하는 편입니다.
답변 예시	네, 저는 어려운 상황에서, 주로 차분히 계획을 다시 정리하고 업무를 다시 시작하는 편입니다. 해야 할 일을 명확히 알고, 다시 계획을 세우며 의지를 다지면 어려운 상황이 극복이 되기 때문에, 차분한 자세로 상황과 계획을 다시 분석하며 노력하는 편입니다.
강조하고 싶은 모습/역량	• 계획적인 모습, 차분한 모습 • 어려운 상황에서도 도망치지 않고, 나아가는 의지적 자세
답변 다시 만들어보기 **(정리한 답변에서 KEYWORD만 추출해 미니북에 정리한 후, 키워드 중심으로 암기해보세요!)**	
답변 1	

답변을 통해 강조하고 싶은 역량	✎	답변에 걸린 시간	초
답변 2	✎		
답변을 통해 강조하고 싶은 역량	✎	답변에 걸린 시간	초
나올 수 있는 꼬리/다른 질문	• 본인은 주로 어떨 때 '어려움'을 느끼는지? • 그 방법으로, 실제 어려움을 이겨냈던 경험이 있다면?		

자신/Q10	꼼꼼하게 무언가를 처리해서 성과를 낸 경험은?		
	혼자 답변해보기	답변에 걸린 시간	초

✎

이 질문은 주로 언제, 누구에게?	▶ 꼼꼼함이 부족해 보이는 지원자 ▶ 외향적으로 보이는 지원자 ▶ '꼼꼼히' 보다 '대충'을 선호할 것 같은 지원자, 의지 약해보이는 지원자	▼ 강의 보러 가기 ▼

면접 답변 POINT	
공통 POINT	• 일을 대충 하는 사람이 아닌, 하나를 하더라도 꼼꼼히 하는 사람임을 보여주기 • '조직'에서 꼼꼼함을 발휘했던 경험 찾아보기 • 이러한 꼼꼼함으로 조직에서 좋은 평가나 성과, 별명, 인정을 받았던 사례가 있다면 더더욱 좋음 • '진짜 꼼꼼해서 성과 낸 경험 있다니까, 지금 우려하는 부분 전혀 걱정 안 해도 돼.'라고 보여주면 되는 질문
은행 POINT	〈많은 업무, 많은 서류를 꼼꼼히 처리한 경험, 숫자 관련한 꼼꼼함〉 • 은행은 많은 업무를 동시 다발적으로 처리해야 하는 곳(고객 응대+사무 업무) • 동시에 많은 업무를 처리했던 경험 혹은 많은 서류 처리 업무를 오차 없이 처리했던 경험 • 숫자 및 계산, 예산 관련 꼼꼼함을 발휘했던 경험 • 실수 없이 처리한 경험이나 내 꼼꼼함으로 조직 리스크를 막은 경험/고객 만족 실천한 경험

공기업 POINT	〈매뉴얼 제작, 보고서 오타 비교 등 업무 내 꼼꼼함 발휘 경험〉 • 직무와 비슷한 경험에서 '꼼꼼함'을 발휘했던 경험(에 현장 직무 : 현장 근무 당시, 안전을 위해 체크 리스트를 마련했던 경험) • 오류 및 오차를 발견해 조직의 위기를 예방했던 경험 • 전반적으로 '나 자체가 꼼꼼한 사람이다.'를 드러낼 수 있는 경험도 좋음(이로 인해 조직에서 받은 인정과 별명이 있다면 같이 언급)
답변 템플릿	
두괄식	• 네, 저는 (경험) 당시 꼼꼼하게 업무를 처리해 (성과)를 낸 경험이 있습니다. • 네, 저는 (경험) 당시 or 대체적으로 업무를 꼼꼼히 처리해 (별명, 역할)이 된 경험이 있습니다.
답변(경험)	• 당시 조직이 ~한 (상황) 이었습니다. 이에, (꼼꼼하게) 업무를 처리한 결과, ~한 (성과)를 거둘 수 있었으며, 조직에서도 ~한 (평가, 역할)을 받을 수 있었습니다. • 항상 업무를 처리할 때, ~게 (꼼꼼히) 업무를 처리하기 때문에, 조직에서 (역할, 평가, 별명)을 받고는 했습니다.
답변 예시	네, 저는 동아리 총무 당시, 꼼꼼히 예산을 관리해 예산 효율을 높인 경험이 있습니다. 당시 예산 장표가 체계적으로 정리되지 않아, 매해 00만 원의 추가 비용이 들고 있었습니다. 이를 해결하고자, 지난 장부를 재검토해 개편하고, 세분화한 결과 100% 예산 활용을 이뤄내며, '믿을 수 있는 총무'로 불릴 수 있었습니다.
강조하고 싶은 모습/역량	• 문제를 발견하고 개선하는 자세 • '예산'의 중요성을 알고, 꼼꼼하게 효율을 높였던 자세
답변 다시 만들어보기	
(정리한 답변에서 KEYWORD만 추출해 미니북에 정리한 후, 키워드 중심으로 암기해보세요!)	
답변 1	

답변을 통해 강조하고 싶은 역량	✎	답변에 걸린 시간	초
답변 2	✎		
답변을 통해 강조하고 싶은 역량	✎	답변에 걸린 시간	초
나올 수 있는 꼬리/다른 질문	• (특정 업무)는 굉장히 꼼꼼해야 하는데, 할 수 있겠어요? • 실수하지 않을 수 있나요? • 본인이 꼼꼼하지 않아서 실수했던 경험이 있는지?		

자신/Q11	융통성을 발휘해서 문제를 해결한 경험은?		
혼자 답변해보기		답변에 걸린 시간	초

✎

이 질문은 주로 언제, 누구에게?	▶ 꼼꼼하고 계획적으로 보여서, 무언가 융통성 있게 처리하기 어려워 보이는 사람 ▶ 장점이 '꼼꼼함, 계획적'인 사람	▼ 강의 보러 가기 ▼

면접 답변 POINT	
공통 POINT	• 융통성 : 금전, 물품 따위를 돌려쓸 수 있는 성질, 사정과 형편을 보아 일을 처리하는 재주 • 어떤 상황에서도 여유 있게 업무의 위기나 문제를 해결할 수 있는 '문제 해결력'을 갖고 있는 사람 • 원칙을 지키면서도 해결 방안을 찾으며 상황을 대처할 수 있는 사람 • 상황이나 자원이 여의치 않은 상황에서도 융통성 있게 자원을 활용해 문제를 해결했던 경험
은행 POINT	〈영업 환경에서 융통성 있게 자원을 활용해 실적을 낸 경험〉 • 고객이 주어진 상황에서 그 이상을 요구해서, 발 빠른 대처력으로 이를 해결했던 경험 • 판매 실적, 고객 만족, 완전 판매를 위해 자원을 활용했던 경험 • 목표 달성을 위해 융통성을 발휘한 경험 • 문제를 해결했던 과정 → 구체적으로, 개인의 장점을 볼 수 있음(소통력, 타협 능력, 설득력, 꼼꼼함, 활용력 등)

공기업 POINT	〈고객, 국민, 민원인을 위해 융통성을 발휘했던 경험〉 • 고객을 위해, 안전 등을 위해, 어려운 상황에서도 융통성을 발휘해 문제를 해결한 경험 • 공기업의 융통성 : 꼼꼼한 조사, 다량의 정보와 데이터 등에 기반해서 • 융통성을 발휘할 수 있는 상황인지 우선 파악하기 : 다른 부서, 다른 자료 등을 습득해 상황 및 자원 확인 • 자원 활용은 단계적이고 체계적으로(상사의 동의 등의 과정을 통해) 이뤄져야 함
답변 템플릿	
두괄식	• 네, 저는 (경험) 당시 융통성을 발휘해 문제를 해결한 경험이 있습니다. • 네, 저는 (경험) 당시, ~한 융통성으로 ~한 (성과)를 이뤄낸 경험이 있습니다.
답변(경험)	당시 (목표를 달성해야 했으나 자원이 부족한/자원이 부족하나 요구가 들어온 등 ~한) 상황이었습니다. 이에 (융통성을 ~게 발휘)한 과정을 통해 융통성을 발휘한 결과, ~한 (성과, 목표 달성)을 이뤄낼 수 있었습니다.
답변 예시	네, 저는 카페 아르바이트 당시, 융통성을 발휘해 고객의 요구에 대처한 경험이 있습니다. 당시 특정 메뉴의 재고가 없는 상황에서, 단체 주문이 들어왔습니다. 이에, 고객에게 상황을 설명해 일부 메뉴 변경을 요청드렸고, 매니저님과 주변 업체에 연락해 즉시 융통 가능한지 확인하여 대처한 결과, 고객 만족과 실적 증대를 이뤄낼 수 있었습니다.
강조하고 싶은 모습/역량	• 고객 설득 자세 • 즉각적인 문제 대처력, 조직을 위해 움직이는 자세
답변 다시 만들어보기 **(정리한 답변에서 KEYWORD만 추출해 미니북에 정리한 후, 키워드 중심으로 암기해보세요!)**	
답변 1	

답변을 통해 강조하고 싶은 역량	✎	답변에 걸린 시간	초
답변 2	✎		
답변을 통해 강조하고 싶은 역량	✎	답변에 걸린 시간	초
나올 수 있는 꼬리/다른 질문	• 그렇게 융통성을 발휘한 이유는 무엇인가요? • 이로 인한 문제(고객, 상사의 불만 등)가 있지는 않았는지? • 규정에 어긋난 대처가 아니었는지?		

자신/Q12	내가 '또 다른 성향'을 갖고 있다고 느꼈던 사례		
	혼자 답변해보기	답변에 걸린 시간	초

✎

이 질문은 주로 언제, 누구에게?	▶ 부족해 보이는 성향이 있다면, 혹시 갖고 있는지 물어보는 기회의 질문	▼ 강의 보러 가기 ▼

면접 답변 POINT	
공통 POINT	• 현재 면접관에게 보이는 이미지, 컨셉과 다른 측면이 있는지를 확인하는 질문 • 직무에 필요한 많은 역량 중, 내가 주 컨셉으로 갖고 가지 않은 역량이나 성향 드러내기 • 근거가 되는 경험 필요 • 조금 부족할 수 있어도, '우려되는 부분을 내가 갖고 있어요.'를 보여주기
은행 POINT	〈행원에게 '덜 필요'하다고 판단되는 역량 찾기〉 • 리더십, 창의력, 추진력, 기획력 등 '신입 행원으로서, 창구에서는' 덜 필요한 역량을 찾아서 '갖고 있음'을 보여주기 • (업무에 대해서는, 빠른 결단을 위한) 냉정한 측면이 있다. 융통성 있다 등 성향적 측면 보여주기 • 덜렁댄다, 꼼꼼하지 않다 등 리스크가 있는 역량이나 성향은 금지

공기업 POINT	**〈직무 or 공기업인에게 덜 필요한 역량〉** • 리더십, 창의력, 추진력, 영업력, (민원 응대하지 않는 직무의 경우) 상담 관련 역량 등 '긍정적인 역량'이지만 '보수적, 체계적인 공기업'에서는 덜 필요한 역량 • (빠른 판단을 위한) 냉정함, 융통성, 민원 응대에 능하다 등의 성향적 장점도 가능 • 이왕이면 '직무'와 관련된 역량으로 풀어내기(장기적 관점에서, 나중에 필요한 역량을 '또 다른 성향'으로 풀어내기 예 리더십)
답변 템플릿	
두괄식	• 네, 저는 (경험)을 통해 (또 다른 성향)이 있다고 느낀 경험이 있습니다. • 네, 저는 (또 다른 성향)이 있다고 느꼈던 경험이 있습니다.
답변(경험)	(경험) 당시, ~한 (성향을 발휘한 업무)를 통해 (성과)를 낸 경험이 있습니다. 이 당시 (조직, 고객 등)을 위해 ~한 (역할, 활동, 모습)을 보고, 저 스스로 (또 다른 성향)이 있음을 깨닫게 되었습니다.
답변 예시	네, 저는 OO 프로젝트를 진행하며, 저에게 '리더십'이 있음을 느꼈던 경험이 있습니다. 당시 인원이 많은 팀을 이끌어 프로젝트를 완수하고자, 추진력 있게 계획을 세우고 인력을 분배하는 모습을 보며, 저 스스로 팔로워적인 측면도 있지만, 리더의 측면도 있다는 점도 깨닫게 되었습니다.
강조하고 싶은 모습/역량	• 팔로워 측면도 있지만, 리더십도 있음 • 조직을 위해 헌신했던 모습
답변 다시 만들어보기 (정리한 답변에서 KEYWORD만 추출해 미니북에 정리한 후, 키워드 중심으로 암기해보세요!)	
답변 1	✎

답변을 통해 강조하고 싶은 역량	✎	답변에 걸린 시간	초
답변 2	✎		
답변을 통해 강조하고 싶은 역량	✎	답변에 걸린 시간	초
나올 수 있는 꼬리/다른 질문	• 그 성향을 발휘해 성과를 냈던 다른 경험이 있는지? • 그 성향이 통하지 않았던 경험이 있는지?		

자신/Q13	업무를 동시에 처리하는 나만의 순서는?		
혼자 답변해보기		답변에 걸린 시간	초

이 질문은 주로 언제, 누구에게?	▶ 계획을 잘 세우지 못하는 사람 ▶ 돌발 상황 대처가 어려워 보이는 이미지 ▶ 업무를 동시에 처리해야 하는 직무	▼ 강의 보러 가기 ▼

면접 답변 POINT	
공통 POINT	• 침착한 문제 해결력, 업무 처리 순서, 기준 등 '업무에 임할 때 자세'를 보기 위한 질문 • '중요한 일 vs 급한 일'과 비슷한 질문 • 보통 업무가 동시다발적으로 주어질 때, 어떤 순서로 처리했는지 생각해 보기 • 정말 '내 답변'부터 찾고, 이유를 중심으로 정리하기 • 급하고 중요한 일, 타 부서와 협업해서 해야 할 일, 고객이 요청하는 일, 꼼꼼함이 요구되는 일 등
은행 POINT	〈고객 응대, 사무 업무 등 행원은 '멀티 태스커'가 되어야 한다!〉 • 사람도 상대하고, 사무적 업무도 처리했어야 했던 아르바이트 경험 생각해 보기 • 이 당시 일을 어떤 순서로 처리했었는지 생각해 보기 • 예 고객 요청이 있는 상황이라면, 고객 요청 업무부터 처리한 후~

공기업 POINT	〈꼼꼼함, 체계적 일처리를 보여주는 답변〉 • 각 직무에서 중요한 부분 확인하기(예 현장 직무 : 안전과 직결된 업무부터 처리~) • 사무 직무는 민원인 응대 여부에 따라 답변 정리하기 가능 (예 민원인 응대 : 민원인이 요청한 업무부터~) • 꼼꼼함/체계적 일처리를 보여주는 답변(꼼꼼한 검토가 필요한 업무부터, 급하고 중요한 일부터 등)
답변 템플릿	
두괄식	네, 저는 업무를 동시에 처리해야 할 때~
답변(경험)	가장 먼저, ~한 (업무)부터 처리한 후, ~한 (업무)를 처리하는 편입니다. 그다음 ~한 업무를 처리하며, (이 순서대로 일을 처리하는 이유 예 업무 완성도를 높이고자) 하는 편입니다.
답변 예시	네, 저는 업무를 동시에 처리할 때, 급하고 중요한 일부터 먼저 처리한 후, 타 부서 및 관계자에게 협업을 요청해야 하는 일을 처리하는 편입니다. 협업을 요청한 후, 혼자 할 수 있는 일을 처리하고, 협업이 이뤄지면 추후 일을 처리하며, 시간을 효율적으로 활용하며 업무 완성도를 높이고자 하는 편입니다.
강조하고 싶은 모습/역량	시간을 효율적으로 활용하는 계획적 모습
답변 다시 만들어보기 (정리한 답변에서 KEYWORD만 추출해 미니북에 정리한 후, 키워드 중심으로 암기해보세요!)	
답변 1	✎
답변을 통해 강조하고 싶은 역량	✎ 답변에 걸린 시간 초

답변 2	✎
답변을 통해 강조하고 싶은 역량	✎ 답변에 걸린 시간 ___초
나올 수 있는 꼬리/다른 질문	• 그 순서로 처리해서 성과를 냈던 경험은? • 그 순서로 처리해서 문제가 발생했던 경험은? • (다른 순서의 업무)부터 처리해야 했던 건 아닌지?

자신/Q14	인생에서 가장 잘한 선택과 후회하는 선택은?		
	혼자 답변해보기	답변에 걸린 시간	초

✎

이 질문은 주로 언제, 누구에게?	▶ 모든 지원자 ▶ 일반적인 가치관 파악 질문	▼ 강의 보러 가기 ▼

면접 답변 POINT

공통 POINT	• 지원자가 삶에서 어떤 가치를 중시 여기는지 파악할 수 있음
	
	• 답변 추출 과정 : 선택 생각해 보기 → 왜? → 가치 추출
	
	  예 잘한 선택 : 유럽 일주 다녀온 것 → 더 넓은 세상을 볼 수 있었기 때문 → 새로운 지식을 보고 배우기를 좋아함
	
	• 가치만 갖고 와서, 직무와 관련된 가치 실현 경험 찾기
	
	  예 새로운 지식을 보고 배우기를 좋아함 → 나만의 전공 매뉴얼을 만든 경험 → 만들려고 관련 모임도 나가고, 인터뷰도 함
	
	• 여행, 창업 등의 소재는 지양할 것
	
	• 후회하는 선택 : 번복하지 않기 위한 나의 노력과 배운 점

은행 POINT	〈잘한 선택 → 고객, 조직 관련 소재 찾아보기〉 • 잘한 선택 : 고객 만족, 조직 협업에 맞춰 소재 찾기 • 후회하는 선택 : 더 배우지 못함, 더 실적을 내지 못한 아쉬움, 고객 만족을 드리지 못한 아쉬운 경험 등 • 휴학, 인턴 등도 답변으로 좋음(진로가 막연했는데, 선택할 수 있게 됨) • 내가 중점을 둘 가치를 정하고, 그 안에 가치 녹이기 예 후회하는 선택 : 다른 상품을 제안했다면 더 조직에서 인정받을 수 있었을 텐데 → 도전 정신, 실적 중심적 성향 • 나 자신의 선택(휴학, 재수 등) vs 직무 역량에 맞춰(고객 만족, 영업 등)
공기업 POINT	〈잘한 선택 → 남을 위해 했던 일, 노력〉 • 잘한 선택 : 남을 위한 나의 노력, 직무 중심 가치, 꼼꼼함 • 후회하는 선택 : 더 배우지 못함, 신입이라 잘하려고 했지만 피해를 줬던 경험, 조직에 도움이 되는 무언가를 역량/지식 부족으로 하지 못했던 경험 • 휴학, 인턴 등도 답변으로 좋음(진로가 막연했는데, 택할 수 있게 됨) • 내가 중점을 둘 가치를 정하고, 그 안에 가치 녹이기 예 잘한 선택 : 타 기업 인턴 시 특정 업무를 담당해서 처리함 → 인턴이라 힘들었지만 많은 걸 배울 수 있었음 → 적극성, 책임감 • 나 자신의 선택(휴학, 재수 등) vs 직무 역량에 맞춰(책임감, 조직 등)
답변 템플릿	
두괄식	• 네, 제가 가장 잘한 선택은 (잘한 선택)이라고 생각합니다. • 네, 저는 (잘한 선택) 선택을 가장 잘 했다고 생각합니다.
답변(경험)	이를 통해 (배운 점, 자세) 등을 배울 수 있었기 때문입니다. 반면, (후회 선택)은 아쉬움으로 남아 있습니다. (아쉬움을 느낀 이유)였다고 생각하여, 이후에는 항상 (극복을 위한 노력)하여 ~하고자 노력하였습니다./생각하였지만, 이를 통해 (배운 점)을 배울 수 있었습니다.

답변 예시	네, 제가 가장 잘한 선택은 OO 아르바이트를 했던 경험입니다. 이를 통해, 고객을 상담하고 유치하는 역량을 배우며, 미래 사회인으로서 성장할 수 있었기 때문입니다. 반면, OO 인턴 당시 A 부서에서 근무에 지원하지 못해, A 업무에 대해 더 배워보지 못한 부분은 아쉽다고 생각하였습니다. 이를 해결하고자 B 자격증을 취득하며, 이론이라도 습득하고자 노력하였습니다.
강조하고 싶은 모습/역량	• 내가 가진 영업력, 고객 유치 및 응대 역량 • 업무에 대한 욕심, 자격증을 취득할 정도로 직무를 오래 준비함

답변 다시 만들어보기	
(정리한 답변에서 KEYWORD만 추출해 미니북에 정리한 후, 키워드 중심으로 암기해보세요!)	

답변 1	✎		
답변을 통해 강조하고 싶은 역량	✎	답변에 걸린 시간	초
답변 2	✎		
답변을 통해 강조하고 싶은 역량	✎	답변에 걸린 시간	초
나올 수 있는 꼬리/다른 질문	• (후회하는 선택) 왜 그때 그 선택을 했었는지? • (후회하는 선택) 이후 이를 극복하고자 노력했는지? • (잘한 선택)에서 어려움은 없었는지?		

자신/Q15	일을 하며, 스스로 성장했다고 느꼈던 경험은?	
혼자 답변해보기	답변에 걸린 시간	초

✎

이 질문은 주로 언제, 누구에게?	▶ 많은 실무, 현장 경험이 있는 지원자 ▶ '노력'에 대한 의지가 강해 보이지 않는 지원자	▼ 강의 보러 가기 ▼

면접 답변 POINT	
공통 POINT	• 일을 하면서, 성장하려고 '노력'하는 사람인지 확인하기 위한 질문 • 답변을 통해, '지원자가 언제 성장했다고 느끼는지' 기준과 가치를 판단할 수 있음(예) 상사의 인정 : 외부의 인정, 외부의 시선 중요히 여김) • 조직 내부에서 내가 노력해서 성장했다고 느꼈던 경험 생각해 보기 • 인턴, 아르바이트 등에서 '아, 내가 드디어 인정받았구나.'라고 느꼈던 경험과 이유, 증거, 인정받기까지 나의 노력에 대해 정리하기 • 성장 전과 후의 달라진 점 생각해 보기

은행 POINT	〈고객, 상사에 포인트 두고 찾기 or 실무 경험 찾아보기〉 • 고객 : 고객이 나를 믿고 일을 맡기거나 나만 찾아서 응대를 부탁하는 등 '고객 응대 과정'에서 성장을 느낀 경험 • 상사 : 상사의 지시를 이해했을 때, 상사가 업무를 부탁할 때, 상사가 고객을 맡겼을 때 등 '상사가 나를 믿었던 사례' • 은행 및 금융 기업 인턴 당시, 인턴이 맡을 수 없는 업무를 맡게 되었을 때 • 혹시 나에게 '꼼꼼함, 영업력' 등 약점이 드러난다면, 이를 보완하기 위한 답변도 가능하다 (에 꼼꼼함이 부족 : 상사가 나한테 보고서 최종 담당을 맡겼다).
공기업 POINT	〈꼼꼼함, 상사, 조직에 포인트 두고 답변 찾기 or 직무 경험〉 • 꼼꼼함 : 보고서 최종 검토를 맡게 됨, 검수 최종 단계 담당자로 선정, 검수 매뉴얼 제작 담당하게 됨 등 • 상사 : 상사의 지시 이해, 상사가 업무를 부탁함, 인턴/아르바이트생이 할 수 없는 업무를 상사가 부탁함 등 '상사의 인정을 받으며 성장을 느낌' • 조직 : 조직의 주요 업무를 담당하게 됨, 조직 매뉴얼 작성 담당하게 됨 등 '나의 노력으로 조직에서 인정받은 경험' • 직무 관련 경험에서 특정 업무를 맡았던 경험이 있다면 답변 사용 좋음
답변 템플릿	
두괄식	• 네, 저는 (경험) 당시, 제가 성장했다고 느낄 수 있었습니다. • 네, 저는 (경험) 당시, (~한 평가, ~한 말, ~한 역할 등 증거를 들으며/맡게 되며 성장했다고 느꼈던 경험이 있습니다.
답변(경험)	(근무, 활동) 당시, 처음에는 (성장할 수 없었던 이유)한 상황이었습니다. 하지만, ~을 위해 (노력)한 결과, (성장의 증거)하며 성장했음을 느낄 수 있었습니다.
답변 예시	네, 저는 인턴 당시, 상사의 TFT에 참여하게 되며 성장했다고 느낄 수 있었습니다. 인턴 초반에는 관련 산업 경험이 없어 업무가 쉽지 않았습니다. 하지만, 조직에 폐를 끼치지 않기 위해, 자발적으로 관련 기사를 찾고 매뉴얼을 숙지하며 노력한 결과, 상사의 TFT 합류 제안을 받게 되며 스스로 성장했음을 느낄 수 있었습니다.

강조하고 싶은 모습/역량	• 인턴이지만 상사 TFT에 들어갔던 업무 처리 능력
	• 부족함을 보완하려는 자발적인 노력 자세

<table>
<tr><td colspan="4" align="center">답변 다시 만들어보기</td></tr>
<tr><td colspan="4" align="center">(정리한 답변에서 KEYWORD만 추출해 미니북에 정리한 후, 키워드 중심으로 암기해보세요!)</td></tr>
<tr><td>답변 1</td><td colspan="3">✎</td></tr>
<tr><td>답변을 통해
강조하고 싶은 역량</td><td>✎</td><td>답변에 걸린 시간</td><td>초</td></tr>
<tr><td>답변 2</td><td colspan="3">✎</td></tr>
<tr><td>답변을 통해
강조하고 싶은 역량</td><td>✎</td><td>답변에 걸린 시간</td><td>초</td></tr>
<tr><td>나올 수 있는
꼬리/다른 질문</td><td colspan="3">• 그렇게까지 노력했던 이유는?

• 그 과정에서 어려움은 없었는지?

• 이후에도 조직에서 인정받을 수 있었는지? 증거는?</td></tr>
</table>

자신/Q16	직무 외에 몰두했던 경험은?		
혼자 답변해보기		답변에 걸린 시간	초

✎

이 질문은 주로 언제, 누구에게?	▶ 모든 지원자 ▶ 일반적인 지원자 파악 질문	▼ 강의 보러 가기 ▼

면접 답변 POINT	
공통 POINT	• 직무 관련 업무 외에 몰두했던 일, 업무 외에 하고 있는 자기 계발 • 직무 외 하는 일을 통해 '지원자가 뭘 좋아하고, 어떤 사람인지' 알 수 있음 → 직무에서 요구하는 성향, 역량과 비슷한 일 or 단점 보완하는 일 • 취미, 특기/스트레스 해소법과 연결 가능 • '예체능 동아리나 동호회'를 통해 '다른 사람과 지내는 모습' 강조 가능 • 전문성 부문 : 지금 당장 직무에 필요하지 않지만, 장기적으로 배워두면 좋은 자기 계발도 답변으로 좋음(예 외국어 등) • 몰두했다면, 어느 정도 진척되었는지도 정리되어 있어야 함
은행 POINT	〈글로벌, 디지털, 친화력, 조직 적응력, 밝은 성격 등〉 • 글로벌 or 디지털 : 어학이 크게 필요하지 않은 직무이지만 미래를 위해 배우고 있다. / 디지털 직무가 아니지만, 필요하다고 판단해 간단한 지식을 배웠다(이를 활용한 경험도 있다). • 친화력, 조직 적응력, 밝은 성격 : 예체능, 스포츠, 동아리, 동호회 등 다른 사람과 함께하는 자기 계발 등 • 웬만하면 '다른 사람과 함께하는 활동'으로 찾기

공기업 POINT	〈협업, 체력, 글로벌, 디지털, 신문 스크랩 등〉 • 협업 : 동아리, 동호회 등 사람과 '협업'해서 했던 일, 지나치게 외향적인(록밴드, 창업, 여행 등) 동아리, 동호회만 제외하고 답하기 • 체력 : 체력 향상을 위해 내가 몰두하고 있는 운동, 다른 사람과 함께하는 동아리, 동호회도 좋음 • 글로벌, 디지털 : 지금 당장, 공기업 직무에 필요하진 않지만, 자기 계발을 위해 몰두(어학학습, 관련 교육 이수 등) • 신문 스크랩 : 시사 파악을 위한 스크랩 → 꼬리 질문 가능 • 스스로 성장에 몰두하거나 협업에 관한 것, '나는 워라밸 중 라이프도 알차게 사용하는 사람이다.' 보여주기
답변 템플릿	
두괄식	• 네, 저는 직무 외에 ~에 몰두했습니다./하고 있습니다. • 네, 저는 (몰두의 목적)을 위해 ~에 몰두했었습니다.
답변(경험)	(경험을 시작한 이유)로 시작해, (몰두한 과정)하며 몰두했습니다(+진척되었다면 : 그 결과, 현재 '결과물, 성과'도 거둘 수 있었습니다).
답변 예시	네, 저는 직무 외에 제2 외국어로 중국어 공부에 몰두하였습니다. 처음에는 점차 중국의 세력이 커질 것으로 판단하여 시작해, 중국어 회화 동아리, 교육이수 등을 통해 학습에 몰두하며, 현재 hsk n급 자격증도 취득하였습니다.
강조하고 싶은 모습/역량	• 미래 글로벌 역량을 함양하는 나의 모습 • 회화 동아리 등 다른 사람과 어우러지는 모습
답변 다시 만들어보기	
(정리한 답변에서 KEYWORD만 추출해 미니북에 정리한 후, 키워드 중심으로 암기해보세요!)	
답변 1	

답변을 통해 강조하고 싶은 역량	✎	답변에 걸린 시간	초
답변 2	✎		
답변을 통해 강조하고 싶은 역량	✎	답변에 걸린 시간	초
나올 수 있는 꼬리/다른 질문	• (시작한 이유)라고 판단한 이유는 무엇인지? • 그 역량을 지금 이 자리에서 보여줄 수 있는지? • 입행/입사 후 바빠서 그 일을 하지 못한다면 어떨 것 같은지? • (동호회, 동아리라면) 안에서 어떤 역할 맡았는지?		

CHAPTER

02 '가장' ~한 경험은?

I '가장 ~한 경험' 질문에 대한 답변 만들기

'가장'이 들어간 질문은, 시간이 변해도 꾸준히 많이 나오는 질문이다. '가장 ~했던 경험'을 물으며, 이 사람이 중시 여기는 가치나 성향을 파악할 수 있기 때문이다. 그렇기 때문에, 면접을 준비하는 과정에서 '자신'에 대한 답변이 정리가 되었다면, '가장'에 대한 답변을 정리하며 '내 성향을 확고히' 해 나가는 것이 좋다. 이를 위해, '내가 지원한 직무와 기업에서 선호하는 역량과 자세'가 무엇인지 먼저 정리해보도록 하자.

예시

구분	내용
지원하는 기업	OO 패션몰
지원하는 직무	의류 영업직
선호하는 역량 및 자세	• 매출을 달성하려는 강한 의지 • 의류를 판매하는 영업력 • 의류 트렌드를 읽으려는 적극적 자세 • 재고, 매출을 관리하는 꼼꼼함 → 전반적으로 추진력 있고 외향적인 영업인

구 분	내 용
지원하는 기업	✎
지원하는 직무	✎
선호하는 역량 및 자세	✎

Ⅱ 답변 정리하기

가장/Q1	살면서 가장 도전적이었던 경험은?	
혼자 답변해보기	답변에 걸린 시간	초

✎

이 질문은 주로 언제, 누구에게?	▶ 소극적, 수동적으로 보이는 지원자 ▶ 목표를 정하고 나아가기보다는, 주어진 업무를 중심으로 수행할 것 같은 지원자 ▶ 단점 : '새로운 도전이 두렵다'인 지원자	▼ 강의 보러 가기 ▼

면접 답변 POINT	
공통 POINT	• 내가 어떤 도전을, 어떻게 했는지가 중요함 • 목표를 위해 내가 노력한 과정 → 입사해서 내가 회사 목표를 위해 얼마나 도전적, 열정적으로 나아갈지를 보여줄 수 있음 • 도전 = 열정, 도전을 달성하기 위한 나의 열정이 가장 중요함 • '조직 안'에서의 경험, '직무'와 관련된 경험이 가장 좋음
은행 POINT	〈'영업, 고객 만족'과 관련된 도전〉 • (특히 도전적 은행의 경우) 영업 목표가 주어지고, 이를 달성하기 위해 적극적으로 판매에 임했던 경험 • 고객 불만족 증대, 대기 시간 증대 등 고객과 관련된 문제를 해결하고자 도전했던 경험

공기업 POINT	〈'조직 발전', '규정, 윤리 준수'를 위한 도전〉 • 공기업은 보수적인 곳이기 때문에, '창업, 영업' 등의 도전적 경험은 지양 • 조직 내 잘못된 관습의 개선 등 조직 발전을 위해 도전했던 경험 • 업무 효율화를 위한 체계 구축 및 매뉴얼 마련 등 조직을 위해 목표를 정하고 나아갔던 경험 • 이 과정도 '공기업스러워야' 한다(꼼꼼함, 체계 갖추기, 계획 세우기 등).
답변 템플릿	
두괄식	• 네, 살면서 가장 도전적이었던 경험은 (경험) 때입니다. • 네, 저는 (경험) 당시 도전적으로 (업무)에 임하여, (성과)를 낸 경험이 있습니다.
답변(경험)	당시, ~한 (상황)이었습니다. 이에, (노력한 과정, 열정 과정)하게 도전하여, (목표 달성, 성과 달성)을 이뤄낼 수 있었습니다.
답변 예시	네, 저는 타 공단 인턴 당시 '고객 대기 체계'를 구축하여 민원인 만족을 증대한 경험이 있습니다. 당시, 새로운 정책 시행으로 많은 고객이 몰려 대기 시간이 길어진 고객들의 불만이 큰 상황이었습니다. 이에, 인턴으로서 임시 창구를 만들어 간편 업무를 처리해드리고자, 상사 및 부서와 협업하여 업무를 구분한 결과, 고객 불만율 00% 감소를 이뤄낼 수 있었습니다.
강조하고 싶은 모습/역량	• 인턴임에도 불구하고 조직을 위해 노력하는 헌신적 모습 • 문제 달성, 고객 만족을 위해 열정을 발하는 모습
답변 다시 만들어보기 (정리한 답변에서 KEYWORD만 추출해 미니북에 정리한 후, 키워드 중심으로 암기해보세요!)	
답변 1	✎

답변을 통해 강조하고 싶은 역량	✎	답변에 걸린 시간	초

답변 2	✎ _____ _____ _____ _____ _____

답변을 통해 강조하고 싶은 역량	✎	답변에 걸린 시간	초

나올 수 있는 꼬리/다른 질문	• 더욱 도전적인 경험은 없는지? • 그렇게 도전한 이유는 무엇인지? • 그 과정에서 어려움은 없었는지? • 당시 사람들의 반응은 어떠했는지?

가장/Q2	살면서 가장 창의적이었던 경험은?		
혼자 답변해보기		답변에 걸린 시간	초

✎

이 질문은 주로 언제, 누구에게?	▶ '창의성'이 인재상에 포함된 기업 ▶ 자기소개서에서부터 '창의성'을 물은 기업 ▶ 수동적, 현실적인 이미지를 가진 지원자	▼ 강의 보러 가기 ▼

면접 답변 POINT	
공통 POINT	• 내가 '얼마나' 창의적이었는가 보다, '어떻게' 창의적이었는지가 더욱 중요 • 창의성을 발휘한 과정, 그 창의력을 고안하게 된 과정이 중요 • '문제를 어떻게 해결했는지'를 묻는 문항과 동일한 문항으로 봐도 좋음 • '조직'안에서 발생한, '직무'와 관련된 창의성 경험이면 좋음
은행 POINT	〈'고객 만족', '영업'과 관련된 창의성〉 • 고객 만족에 문제가 생긴 상황, 고객 문제 해결을 위해 창의성을 발휘한 경험(고객 만족 해결을 위해 창의적으로 접근한 경험) • 영업 목표 달성, 판매 과정에서 '판매 부진' 등의 문제 발생, 이를 해결하기 위한 나의 전략적인, 창의적인 영업 노하우 • 이 과정에서 고객의 소리를 듣거나, 데이터를 분석한 '창의 도출 과정'이 들어가도 좋음

공기업 POINT	〈'고객 만족', '업무 효율' 등을 위한 창의성〉 • 고객 만족 : 서류나 신청서를 받아 처리했던 경험, 이 과정에서 고객 만족을 실천하기 위해 창의적인 아이디어를 고안한 경험 • 업무 효율, 조직의 성장을 위해 창의적 전략을 제안한 경험 • 공기업은 반드시 '근거, 데이터'를 기반으로 창의성을 발휘해야 함

답변 템플릿	
두괄식	• 네, 살면서 가장 창의적이었던 경험은 (경험) 때입니다. • 네, 저는 (경험) 당시 창의적으로 (업무)에 임하여 (성과)를 낸 경험이 있습니다.
답변(경험)	당시, ~한 (상황/목표)이었습니다. 이에, ~게 (창의력을 발휘)한 결과, (목표 달성, 성과 달성)을 이뤄낼 수 있었습니다.
답변 예시	네, 카페 아르바이트 당시, 창의적으로 메뉴판을 수정하여 고객 증대를 이뤄낸 경험이 있습니다. 당시, 주변에 어르신 고객이 많았으나, 카페에는 영어 이름으로 된 메뉴만 있는 상황이었습니다. 이에, 약 수백 명의 어르신이 주문하시는 내용을 모두 적어 기록한 후, 매니저님의 동의를 얻어 메뉴마다 맛의 특징을 기재해둔 결과, 어르신 고객의 증대로 매출 성장을 이뤄낼 수 있었습니다.
강조하고 싶은 모습/역량	• 직접 수백 명의 어르신 고객을 만나고 응대하고 대화했던 경험 • 고객의 소리를 기반으로 조직의 성장을 이뤄내는 자세

답변 다시 만들어보기			
(정리한 답변에서 KEYWORD만 추출해 미니북에 정리한 후, 키워드 중심으로 암기해보세요!)			
답변 1	✎		
답변을 통해 강조하고 싶은 역량	✎	답변에 걸린 시간	초

답변 2	✎		
답변을 통해 강조하고 싶은 역량	✎	답변에 걸린 시간	초
나올 수 있는 꼬리/다른 질문	• 창의적 아이디어의 근거는 무엇인지? • 창의적 아이디어를 생각할 때, 무엇을 가장 중요히 여기는가? • 그 과정에서 어려움은 없었는지?		

가장/Q3	살면서 가장 실패했던 경험은?		
혼자 답변해보기		답변에 걸린 시간	초

✎

이 질문은 주로 언제, 누구에게?	▶ '실패를 겪어보지 않았을 것 같은' 이미지의 지원자 ▶ 멘탈이 약해 보이는 지원자	▼ 강의 보러 가기 ▼

면접 답변 POINT	
공통 POINT	• '실패'에는 '의미'가 부여되어야 한다. 실패 경험에 '의미'를 부여해서, 마치 이게 나에게 가장 의미가 컸던 실패인 것처럼 답변할 것 • 그렇기에, '다이어트, 재수'와 같은 일반적 실패보다는, '성향, 직무 성향'에 맞춘 실패 의미와 경험 찾기 • '고시 실패'는 웬만하면 지양 • 무언가 높은 목표를 설정하고 도전했으나, 미흡한 결과 → 실패와 연결 　예 '첫 도전이었는데 실패', '심혈을 기울여 준비했는데 실패', '1위를 목표로 했으나 3위' • 경험에 참여했던 이유, 실패의 원인/이유, 배운 점, 보완 노력 정리하기

은행 POINT	〈'영업 = 목표 달성', '전문성 = 관련 공모전'〉 • 영업 : '첫 책임감'이 주어졌을 때, '처음으로 혼자 영업해봤을 때', '가장 큰 목표를 받았을 때', '처음으로 고객 앞에 나섰을 때' 등 • 조직의 인정을 받아/인정을 받고자 목표를 설정했던 경험 or 스스로 목표를 정하고 도전했지만 실패했던 경험 • 전문성 : 다른 사람이 갖고 있을 수 있는 '고시, 자격증' 등은 지양하고, 관련 공모전 및 팀 활동에서 실패했던 경험을 찾기 → 이를 보완하기 위한 노력이 있으면 좋음
공기업 POINT	〈'책임감', '협업'에 초점 맞추기〉 • 책임감 : 처음 책임감을 갖고 수행했던 업무 or 가장 비슷한 직무/산업 군에서 책임감을 갖고 수행했던 업무 • '자발적으로' 업무 효율, 조직을 위해 목표를 정하고 노력했으나, 신입이기에 미처 확인하지 못한 부분을 놓쳐서 실패, 아쉬움 • 상사나 조직에 피해를 끼친 것 같아 아쉬움, 이를 보완하기 위한 추후 노력
답변 템플릿	
두괄식	• 네, 제가 가장 실패했던 경험은 (경험) 때입니다. • 네, 저는 (경험) 당시, (목표 달성)에 실패했던 경험이 있습니다.
답변(경험)	당시, (경험을 한 이유 or 실패라고 생각하는 이유)를 위해/여서, (경험)에 참여하여, ~이라는 (목표)를 설정하였습니다. 하지만, (실패한 이유)로 인해 (미흡한 목표 달성, 목표 달성 실패)하게 되었습니다(이후, 아쉬운 점을 ~게 보완하였습니다).
답변 예시	네, 플리마켓 참여 당시, 매출 목표 달성에 실패했던 경험이 있습니다. 당시, 직접 고객을 만나고 영업해보고 싶어 플리마켓에 참여하여, n백만 원 매출이라는 목표를 설정하였습니다. 하지만, 플리마켓의 위치가 급작스럽게 바뀌게 되며 목표의 00%만 달성해 아쉬웠던 경험이 있습니다.
강조하고 싶은 모습/역량	• 직접 플리마켓을 차려 고객을 만났던 경험 • 영업에 대한 강한 의지, 고객을 만나고자 하는 의지

답변 다시 만들어보기
(정리한 답변에서 KEYWORD만 추출해 미니북에 정리한 후, 키워드 중심으로 암기해보세요!)

답변 1	✎

답변을 통해 강조하고 싶은 역량	✎	답변에 걸린 시간	초

답변 2	✎

답변을 통해 강조하고 싶은 역량	✎	답변에 걸린 시간	초

나올 수 있는 꼬리/다른 질문	• 실패를 번복하지 않기 위해 노력한 게 있다면? • 왜 (실패한 이유를 사전에 확인하지 못했는지? • 실패나 급작스러운 상황에 어떻게 대처하는지?

가장/Q4	살면서 가장 힘들었던 경험은?		
혼자 답변해보기		답변에 걸린 시간	초

✎

이 질문은 주로 언제, 누구에게?	▶ 멘탈이 약해 보이는 지원자 ▶ 힘든 상황을 겪어보지 않았을 것 같은 지원자	▼ 강의 보러 가기 ▼

면접 답변 POINT	
공통 POINT	• '실패' 경험을 답변으로 활용할 경우, 실패의 의미를 활용해 '힘들었다, 아쉬웠다.'라고 드러낼 것 • '다이어트, 재수, 고시' 등의 이유는 지양 • 경험을 한 이유, 왜 힘들었는지, 어떻게 추후에 노력했는지 같이 정리 • '직무/기업'과 관련된 경험 좋음 • 힘들었던 경험이 '로봇' 같을 수 없다. 정말 내 이야기인 것처럼 말하기
은행/공기업 POINT	〈실패했던 경험부터 정리하고, 힘들어했던 이유 찾기〉 • 오랫동안 관심 있었고 좋아했던 일, 하고 싶었던 일인데 '실패'로 인해 진로에 대한 혼동, 어떤 부분을 보완해야 하는지 어려움 등의 '어려움'을 겪음 • 내 확신에 대한 동요, 이로 인해 힘들었다. • '내가 중시 여기는 가치를 지키지 못해 아쉬웠다'도 가능 　예 사람 중시 → 당시 주변 사람들이 ~한 이유로 힘들어해서, 힘들었다.

답변 템플릿	
두괄식	• 네, 제가 가장 힘들었던 경험은 (경험) 때입니다. • 네, 저는 (경험) 당시, (목표 달성)에 실패하며 ~에 대한 (어려움)을 겪은 경험이 있습니다.
답변(경험)	당시, (경험을 한 이유)를 위해, (경험)에 참여하여, ~이라는 (목표)를 설정하였습니다. 하지만, (실패한 이유)로 인해 (미흡한 목표 달성, 목표 달성 실패)하게 되어, 이로 인해 ~한 (확신 동요, 혼란 등)을 겪게 되며 힘들었습니다.
답변 예시	네, 저는 OO 공모전 참여 당시, 입상 목표에 실패하며 진로에 대한 혼란을 겪은 경험이 있습니다. 당시, (산업)의 중요성이 증대하고 있어, 이를 체험하고자 공모전에 참여하며 '입상'을 목표로 하였습니다. 하지만 기술적인 부분이 부족하여 입상하지 못하였고, 이로 인해, 오랫동안 공부해온 산업에 대한 혼란을 겪었었습니다.
강조하고 싶은 모습/역량	• 공모전에 도전하는 적극적인 자세 • 산업 관련 경험이 있음
답변 다시 만들어보기 (정리한 답변에서 KEYWORD만 추출해 미니북에 정리한 후, 키워드 중심으로 암기해보세요!)	
답변 1	✎

	✎	답변에 걸린 시간	초
답변을 통해 강조하고 싶은 역량			

답변 2	✎

답변을 통해 강조하고 싶은 역량	✏️	답변에 걸린 시간	초
나올 수 있는 꼬리/다른 질문	• 해당 상황이 번복되지 않기 위해 어떤 노력을 했는지? • 본인은 주로 어떤 상황에서 '힘듦'을 느끼는지? • '힘들다는 감정'을 어떻게 헤쳐나가는지?		

가장/Q5	본인이 삶에서 추구하는 가장 중요한 가치는?		
혼자 답변해보기		답변에 걸린 시간	초

✎

이 질문은 주로 언제, 누구에게?	▶ 모든 지원자 ▶ 일반적인 가치관 파악 질문	▼ 강의 보러 가기 ▼

면접 답변 POINT

공통 POINT	• '삶 자체'에서 어떤 가치를 중시 여기는지 파악하기 위한 질문 • 그 추구하는 가치가, 기업이 추구하는 분위기 및 가치와 일치하는지 확인하기 위한 질문 • 전반적으로 어떤 가치를 중시 여기는 사람인지 파악하기 위함 • 내가 추구하는 삶의 가치 순서대로 나열해보기 → 기업에서 꺼려할 것 같은 가치 지우기 　→ 그 중 가장 추구하는 가치 선정하기 　예 가족〉돈〉성공〉공부〉건강 등→ 나 자신의 성공과 성장

은행 POINT	〈'안정, 돈, 변화' 등은 지양할 것〉 • 안정 : 매일 고객을 만나고 영업해야 하는 곳(특히 실적 압박의 강도가 있는 곳이라면), '안 　정을 추구하는 삶'은 지양 • 돈 : 돈이 우선 가치라면 '돈을 탐낸다'라는 생각을 줄 수 있어, 지양할 것 • 변화 : 매일 고객을 응대하며, 어떻게 보면 루틴한 삶이기 때문에 '변화, 여행, 다채로운 　삶' 등은 지양 • '금융영업인'으로서 즐겁게 일할 수 있거나, 전문가로 성장하기 위해 중요한 가치 생각해 보기

공기업 POINT	〈'도전, 돈, 변화' 등은 지양〉 • 공기업 : 무언가에 '도전'하기보다는, 루틴한 곳이기 때문에 도전과 관련된 가치는 지양 • 돈을 추구한다면 공기업은 아쉬울 수 있음, '돈을 더 주는 기업이 있으면 이직하겠는지?'에 대한 꼬리 질문 가능 • 다소 루틴한 업무 생활일 수 있어, 보수적/체계적인 공기업에서 '변화, 여행' 등은 지양 • '공익'을 떠올리고 이와 비슷한 가치 생각해 보기 • '돈, 명예'로 살 수 없는 그 이상의 가치 생각해 보기

답변 템플릿	
두괄식	네, 제가 가장 추구하는 가치는 (가치)입니다.
답변(경험)	(~한 삶의 목표를 갖고 있기 때문에/~을 가장 중요하게 생각하기 때문에/~한 이유이기 때문에), (가치)를 가장 추구하며 ~게 (살고자/하고자) 노력하고 있습니다.
답변 예시	네, 제가 가장 추구하는 가치는 '스스로의 성장'입니다. 목표를 달성하고 스스로 성장할 때, '살아있음'을 느끼고 있습니다. 이에, '스스로의 성장'을 가장 추구하며, 한 분야에서 전문가가 되고자 노력하고 있습니다.
강조하고 싶은 모습/역량	• 계속해서 노력하고 목표를 달성하는 적극적 자세 • 이 분야에서 전문가로 성장하겠다는 의지

답변 다시 만들어보기		
(정리한 답변에서 KEYWORD만 추출해 미니북에 정리한 후, 키워드 중심으로 암기해보세요!)		
답변 1		
답변을 통해 강조하고 싶은 역량	답변에 걸린 시간	초

답변 2	✎		
답변을 통해 강조하고 싶은 역량	✎	답변에 걸린 시간	초
나올 수 있는 꼬리/다른 질문	• 그 가치를 기반으로 성과를 이뤄냈던 경험이 있는지? • 그 가치를 갖게 된 계기가 있는지? • 그 가치를 입사 후에 어떻게 활용할 것인지?		

가장/Q6	인생에서 가장 행복했던 경험은?		
혼자 답변해보기		답변에 걸린 시간	초

✎

이 질문은 주로 언제, 누구에게?	▶ 모든 지원자 ▶ 일반적인 가치관 파악 질문	▼ 강의 보러 가기 ▼

면접 답변 POINT	
공통 POINT	• 행복했던 경험보다 '행복했던 이유'가 더 중요한 질문 • 언제, 어떨 때 행복을 느끼는 사람인지 파악하기 위한 질문 • 사례 찾기 → 왜 행복했는지 → 어떤 가치관인지 추출해보기 → 면접관 입장에서 생각해보기 예 동생이 태어났을 때 → 가족이 중요, 가족을 위해 일하기 때문에 → 가족 중심 사고 → '가족을 위해서라도 더 열심히 일해야겠다.'는 다짐을 꼭 언급하기(이러한 예시의 경우 '가족 vs 일'선택의 질문이 꼬리로 나올 수 있으니, 면접 분위기가 우호적일 때 사용하기를 권장) 예 아르바이트 당시, 처음으로 역대 매출 달성했을 때 → 내 노력이 처음으로 인정받아서, 내 역량으로 모두의 인정을 받을 수 있어서 → 목표 중심, 성취 달성 중시 → '혼자 성과'를 내는 게 아닌, '조직 내 성과'를 내는 사람임을 강조하기

은행 POINT	〈은행이 원하는 인재상, 분위기 확인하기〉 • '도전', '협업' 등 은행이 원하는 인재상 확인하고, 가치관 맞추기 • 도전 : 무언가를 달성했을 때, 인정받았을 때, 처음으로 이뤄냈을 때 등 • 협업, 화합 : 조직에서 인정받았을 때, 함께 무언가에 몰두해서 이뤄냈을 때(예) TF, 프로젝트 등) • BEST : 무언가를 이뤄내서 조직의 인정을 받았을 때 → 조직 중심적 인재 • WORST : 여행, 창업, 특허 등 엄청난 도전 언급 → '입행 후에 회사를 답답해하겠구나' 라는 생각을 줄 수 있음
공기업 POINT	〈어떤 경우도 좋다. 다만 '창업, 엄청난 도전 사례 등'은 제외하기〉 • 보수적 집단, 루틴한 업무 → 여행, 창업, 특허 등 엄청난 사례의 경우, '입사 후에, 회사 분위기나 업무를 답답해하겠구나'라는 이미지를 줄 수 있음 • 조직 안에서 인정받았던 경험, 주어진 업무를 단계적으로 이뤄냈던 경험, 인턴/신입임에도 무언가 성과를 내고 인정받았던 경험, 조직에서 함께 무언가 해서 성과를 낸 경험 등 • 특수한 직무(건강직, 안전과 관련된 직무 등)은 실제 직무와 비슷한 사례를 언급하기를 권장
답변 템플릿	
두괄식	• 네, 저는 ~한때에 가장 행복했습니다. • 네, 제가 가장 행복했던 때는 ~때입니다.
답변(경험)	• ~한 (상황)에서 (행복했던 일)을 통해 (행복한 이유)였기 때문에, 가장 행복한 기억으로 남아 있습니다. • ~한 (상황)에서 (내 자세, 가치관)으로 ~게 한 결과, (행복했던 일)이 있었기 때문에, ~한 (행복한 이유)로 가장 행복했습니다.
답변 예시	네, 저는 타 인턴 당시, 앱 개선 프로젝트에 참여했을 때 가장 행복했습니다. 당시 인턴임에도 프로젝트에 참여하게 되어 행복했는데, 앱 개선을 위해 직접 소비자를 만나 제안한 개선안이 통과하였습니다. 이때, 처음으로 조직에서 인정을 받고 자존감이 올라가 최근 가장 행복했던 기억으로 남아 있습니다.

강조하고 싶은 모습/역량	• 조직에서 인정받아 최선의 노력을 하는 자세 • 여러 사람을 직접 만난 모습, 디지털 경험 강조		
답변 다시 만들어보기 (정리한 답변에서 KEYWORD만 추출해 미니북에 정리한 후, 키워드 중심으로 암기해보세요!)			
답변 1	✎		
답변을 통해 강조하고 싶은 역량	✎	답변에 걸린 시간	초
답변 2	✎		
답변을 통해 강조하고 싶은 역량	✎	답변에 걸린 시간	초
나올 수 있는 꼬리/다른 질문	• 본인은 주로 어떤 상황에서 '행복함'을 느끼는지? • '행복함'을 위해 본인은 어떤 노력을 하는지? • 개인적으로, 업무 외에 행복했던 경험은 무엇인지?		

가장/Q7	인생에서 가장 열심히 했던 경험은?		
혼자 답변해보기		답변에 걸린 시간	초

✎

이 질문은 주로 언제, 누구에게?	▶ 수동적으로 보이는 지원자 ▶ '열정'이 부족해 보이는 지원자	▼ 강의 보러 가기 ▼

면접 답변 POINT	
공통 POINT	• '취업 준비, 수능' 등을 가장 열심히 했겠지만, 제외하고 생각해 보기 • 무언가 몰두해서 성과, 인정받았던 경험(= 행복했던 경험) → 답변으로 사용 가능 • '왜 열심히 했는지'도 중요한 포인트 • '어딘가에 속해서, 조직의 일원으로서' 열심히 했던 경험 생각해 보기 • 특정한 경험이 없다면, '내가 가장 열심히 살았던 시기'로 대신 답하기
은행 POINT	〈설문조사, 모금 등 '사람을 만나고 모으는 경험'〉 • '금융 자격증' 등 시험에 대한 부분도 좋지만, 특정 자격증을 가장 열심히 한 노력의 성과라고 한다면, 그 자격증 외에도 다른 자격증이 있는 사람에 비해 경쟁력이 떨어질 수 있음 → 이보다는, 여러 금융 자격증을 따던 시기, 금융 자격증을 따던 때에 다른 일로도 바빠서 힘들었던 시기 • 영업 판매 실적 경험이나 설문조사 n백 명 이상 진행했던 경험, 모금 목표 달성 등 사람을 만나고 설득했던 경험 • '사람, 영업'에 초점을 맞춰서 풀어보기

공기업 POINT	〈직무 역량 강화, 전문성 강화, 꼼꼼한 검토, 조직 인정 사례〉 • 특수 직무 같은 경우, 해당 분야의 '직무 역량'을 강화하거나 '전문성'을 길렀던 경험 • 행정, 경영 등의 직무에서는 꼼꼼하게 무언가 검토했던 경험, 업무를 처리했던 경험(높은 수준의 업무) • 조직의 인정을 받기 위해 노력한 경험, 혹은 조직에서 발생한 이슈 해결을 위해 본인이 자발적으로 담당해서 몰두했던 경험 • 조직 내 본인의 역할로서, 업무에 몰두해서 조직의 성과를 이뤄냈던 경험
답변 템플릿	
두괄식	• 네, 저는 ~한 일을 가장 열심히 했던 것 같습니다. • 네, 저는 (경험) 당시 ~게 (열심히) 하여 ~한 (성과)를 낸 경험이 있습니다.
답변(경험)	~한 (목표를 갖고, 상황에서) (열심히 한 이유)라는 생각 아래, ~게 열심히 한 결과, ~한 (성과)를 거둘 수 있었습니다.
답변 예시	네, 저는 공모전 참여 당시, 약 천명을 대상으로 설문 조사를 진행하여 공모전 입상의 성과를 거둔 경험이 있습니다. 당시, OO 공모전 입상을 목표로, 제출품의 완성도를 높이고자 약 천명을 온오프라인에서 만나 설문조사를 진행하였습니다. 거절에도 불구하고 먼저 다가가 열심히 소비자의 소리를 들은 결과, 우수한 성적으로 입상할 수 있었습니다.
강조하고 싶은 모습/역량	• 여러 사람을 만났던 경험, 모습, 자세 • 거절에도 설득하는 자세, 목표 달성을 위한 적극적인 모습
답변 다시 만들어보기	
(정리한 답변에서 KEYWORD만 추출해 미니북에 정리한 후, 키워드 중심으로 암기해보세요!)	
답변 1	✎

답변을 통해 강조하고 싶은 역량	✎	답변에 걸린 시간	초
답변 2	✎		
답변을 통해 강조하고 싶은 역량	✎	답변에 걸린 시간	초
나올 수 있는 꼬리/다른 질문	• 그렇게 열심히 한 이유는? • 그 과정에서 어려운 점은 없었는지? • 주변의 반응은 어땠는지?		

CHAPTER
03 '조직'에 대한 질문

I '조직' 질문에 대한 답변 만들기

'조직'에 대한 질문은 '은행, 공기업', 심지어 '사기업'과 관계없이 자주 묻는 질문 유형이다. 은행의 경우 지점에서 여러 사람과 힘을 합쳐 지점 실적을 위해 일해야 하고, 공기업은 '대부분, 잘 변하지 않는 구성원'들과 협업하여 일해야 하기 때문이다. 특히, 최근 '90년대생이 온다.'라는 책이 있을 정도로, 젊은 세대의 '개인주의'가 조직 안에서 큰 문제로 언급되고, 자기소개서 문항으로 나오고 있다. 그렇기에, 면접관이 우려하는 '개인주의적 성향'이 아닌 '조직 우선적 자세'를 갖고 있음을 보여주어야 한다.

하지만 많은 취업 준비생들이 '조직'이라 하면 '인턴, 실습' 등의 경험만 생각하기 때문에, 자신에게 많은 경험이 있음에도 이를 발굴하지 못하고 있다. '인턴, 실습, 대외활동, 아르바이트, 팀 프로젝트, 공모전' 등 다수 이상이 모여 활동이면 모두가 가능하니, 겁먹지 말고, 먼저 아래 표를 정리해보며, '조직 안에서의 내 경험'을 차분히 정리해보자.

예시

조직 명			(전공과목)통계 팀 프로젝트
경험	했던 일	성과	내가 한 일(역할)
	✓ OO 산업에 대한 통계 결과 추출	✓ 유의미한 결과 도출 ✓ 1위 선정	✓ 역할 : 부팀장 ✓ OO 데이터 정리 ✓ 프로그램 활용
	어려웠던 점		협업했던 일
	✓ OO 자료 확보가 어려웠음 ✓ 다른 전공과 협업이 쉽지 않았음		✓ 통계 결과를 활용해 다른 전공과 협업하여 앱 개발

경험	조직 명		
	했던 일	성 과	내가 한 일(역할)
	어려웠던 점		협업했던 일

경험	조직 명		
	했던 일	성 과	내가 한 일(역할)
	어려웠던 점		협업했던 일

조직 명	✎	
경험		

했던 일	성 과	내가 한 일(역할)
✎	✎	✎

어려웠던 점	협업했던 일
✎	✎

조직 명	✎	
경험		

했던 일	성 과	내가 한 일(역할)
✎	✎	✎

어려웠던 점	협업했던 일
✎	✎

Ⅱ 답변 정리하기

조직/Q1	조직에서 갈등을 해결했던 경험은?		
혼자 답변해보기		답변에 걸린 시간	초

✎

이 질문은 주로 언제, 누구에게?	• 일반적인 질문 • 갈등 상황에 힘들어할 것 같은 지원자 • 단점 : 거절을 잘 하지 못한다는 지원자	▼ 강의 보러 가기 ▼

면접 답변 POINT	
공통 POINT	• 팀원 간 사적인 감정 갈등보다는, 업무로 인한 조직 내 갈등 찾기 • '어떤 갈등이었는지'보다 '갈등을 어떻게 해결했는지', '내가 어떤 노력을 했는지'가 더욱 중요 • 갈등을 해결해서, 성과를 냈던 경험이 있다면 좋음 • 갈등에 접근하는 나의 자세, 조직 내 구성원으로서 갈등에 임하는 나의 자세를 정리해서 답변에 녹여내기
은행/공기업 POINT	〈조직 내 '조직 성장을 위해 발생했던 갈등' 찾아보기〉 • 정리해야 할 내용 : 갈등의 원인, 이 갈등을 해결하는 게 왜 중요한지, 어떻게 해결했는지 • 갈등 해결 방법 : 양 측의 이야기를 듣고 융합, 분석, 유관 부서 소통 및 데이터 확보를 통한 최선의 방안 모색 등 예 원인 : 업무의 과부하, 충분치 않은 자원 등 예 갈등 해결의 중요성 : 고객 만족, 정보 보안 등

답변 템플릿	
두괄식	• 네, 저는 (경험) 당시, 갈등을 해결했던 경험이 있습니다. • 네, 저는 (경험) 당시, (방식)으로 갈등을 해결해 (성과)를 낸 경험이 있습니다.
답변(경험)	당시 (원인)으로 인해 (갈등)이 발생한 상황이었습니다. 이를 해결하기 위해, (갈등을 해결하기 위해 노력)한 결과, (갈등)을 해결하고 (성과)를 달성할 수 있었습니다.
답변 예시	네, 저는 모금 행사 참여 당시, 갈등을 해결해 n백만 원의 모금을 이뤄낸 경험이 있습니다. 당시, 모금 행사 진행 위치에 대해 갈등이 발생한 상황이었습니다. 이를 해결하기 위해, 양측의 의견을 수렴한 후, 역대 기수가 진행했던 위치와 방법, 최종 모금액을 데이터로 정리해 양측에 제안하였고, 위치와 방식을 재선정한 결과 n백만 원의 모금 성과를 달성할 수 있었습니다.
강조하고 싶은 모습/역량	• 사람을 많이 만난 모금 행사 진행 • 데이터를 활용해 설득하는 꼼꼼함, 목표 달성에 대한 의지
답변 다시 만들어보기 (정리한 답변에서 KEYWORD만 추출해 미니북에 정리한 후, 키워드 중심으로 암기해보세요!)	

답변 1	✎

답변을 통해 강조하고 싶은 역량	✎	답변에 걸린 시간	초

답변 2	✎

답변을 통해 강조하고 싶은 역량	✎	답변에 걸린 시간	초
나올 수 있는 꼬리/다른 질문	• 그 해결 방식을 선택한 이유는 무엇인지? • 당시 사람들의 반응은 어떠했는지? • 갈등 해소 과정에서 가장 중요한 건 뭐라고 생각하는지? • 갈등이 발생하는 원인은 뭐라고 생각하는지?		

조직/Q2	조직에서 주도적으로 성과를 냈던 경험은?		
	혼자 답변해보기	답변에 걸린 시간	초

✎

이 질문은 주로 언제, 누구에게?	▶ 수동적으로 보이는 지원자 ▶ 리더 or 팔로워 질문에 '두 번 고민 않고 팔로워'라고 답할 지원자	▼ 강의 보러 가기 ▼

면접 답변 POINT	
공통 POINT	• 신입사원이거나 인턴이어도, 조직의 일원으로서 조직의 발전을 위해 얼마나 적극적으로 노력하는 사람인지 보기 위한 질문 • 주어진 일만 하는 '수동적 인재'가 아닌 '능동적 인재'임을 보여주는 질문 • 무언가 주도할 수 없는 한계가 있는 상황에서도 최선을 다해, 조직 성장에 이바지했던 경험 말해주기 • 성과 = 조직의 성장
은행 POINT	〈'영업, 고객 만족'을 위해 주도적으로 무언가 기획한 경험〉 • 은행의 이미지, 자신의 장·단점에 맞춰 '보완하는 답변'하기 • 예 영업력을 주 강점으로 내세웠다면, 꼼꼼함을 발휘해 주도적으로 성과를 낸 경험 • 영업 목표 달성, 재고 관리 등 영업 및 판매와 관련된 경험 생각해 보기 • 인턴 경험 있을 시, 인턴 경험 내에서 고객, 실적, 조직을 위해 무언가 주도적으로 참여했던 경험(소비자 설문조사, 역대 데이터 분석 등)

공기업 POINT	〈서류 편리화, 업무 효율화 등을 주도적으로 처리한 경험〉 • 서류 정리, 창고 정리 등 다른 직원이 하지 않았으나, 누구나 했어야 하는 일을 자발적, 주도적으로 했던 경험 • 조직의 편의를 위해 헌신하고 희생했던 경험 • 모두가 필요성을 느끼고 있었으나, 업무상의 이유로 꺼려 했던 경험 • 신입, 인턴임에도 불구하고 주도적으로 해냈던 경험
답변 템플릿	
두괄식	• 네, 저는 (경험) 당시, 주도적으로 성과를 낸 경험이 있습니다. • 네, 저는 (경험) 당시, 주도적으로 ~게 하여 ~한 성과를 낸 경험이 있습니다.
답변(경험)	당시 ~한 (상황)으로, ~게 한다면 (조직에 더 나은 성과)가 있을 것으로 생각되었습니다. 이에, (주도적으로 노력)한 결과, (조직의 발전, 성과)를 이뤄낼 수 있었습니다.
답변 예시	네, 저는 타 기업 인턴 당시, 주도적으로 매뉴얼을 구축하여 고객 만족 증대를 이뤄낸 경험이 있습니다. 당시, 정책 상품이 출시되어 많은 고객들이 방문해 주셨으나, 대기 시간이 길어져 불만이 많은 상황이었습니다. 이에, 상사의 동의를 얻어 대기 시간 축소를 위한 매뉴얼을 제작하였고, 그 결과 더 많은 고객 응대와 고객 만족 증대를 이뤄낼 수 있었습니다.
강조하고 싶은 모습/역량	• 매뉴얼을 구축하는 꼼꼼함, 상사의 동의를 받는 체계성 • 고객을 위한 적극적인 자세
답변 다시 만들어보기 (정리한 답변에서 KEYWORD만 추출해 미니북에 정리한 후, 키워드 중심으로 암기해보세요!)	
답변 1	✎

답변을 통해 강조하고 싶은 역량	✎	답변에 걸린 시간	초

답변 2	✎

답변을 통해 강조하고 싶은 역량	✎	답변에 걸린 시간	초
나올 수 있는 꼬리/다른 질문	• 주도적으로 해나가는 과정에서 어려움은 없었는지? • 신입사원, 인턴으로서 성과를 낸 경험은 없는지? • 그렇게 주도적으로 한 이유가 무엇인지? • 당시 주변의 반응은 어떠했는지?		

조직/Q3	본인만의 갈등 해결 방법은?		
혼자 답변해보기		답변에 걸린 시간	초

✎

이 질문은 주로 언제, 누구에게?	▶ 일반적인 질문 ▶ 갈등 상황에 힘들어할 것 같은 지원자 ▶ 단점 : 거절을 잘 하지 못한다는 지원자	▼ 강의 보러 가기 ▼

면접 답변 POINT		
공통 POINT	• '조직에서 갈등을 해결했던 경험'을 정리해, '정의'를 내려도 좋다. 　예 모금 장소에 대한 갈등, 해결하기 위해 역대 자료 검토 및 분석 → 객관적 자료를 공유 　　해 해결 방안을 함께 모색하는 편 • 여러 조직에서 주로 어떤 식으로 갈등을 해결했었는지 생각해 보기 • 입행/입사 후 어떻게 갈등을 해결하는 게 좋은지 생각해 보기 　예 갈등을 무시한다, 방관한다. X → 적극적으로 해결해서 조직에 도움이 되고자 한다.		
은행/공기업 POINT	〈갈등에 접근하는 자세를 중점으로 답변 기획하기〉 • 어느 조직에서든, 일을 하면서 갈등은 없을 수 없음, '현명하게 풀어가는 자세'가 가장 중요 • 대화, 소통, 경청 등 보편적 단어보다 구체적인 방법 제시 • 예 대화와 소통을 통해 문제를 해결하는 편~ → 원인을 파악한 후에, 지금 일단 할 수 있 　는 일을 모색하며~		

답변 템플릿	
두괄식	네, 저는 조직에서 주로 ~게 갈등을 해결하는 편입니다.
답변(경험)	• 대부분 조직 갈등은 (원인) 때문이라고 생각하기 때문에, 이를 해결하기 위해 (방법) 하는 편입니다. • 실제 (경험) 당시에도, ~게 갈등을 해결하여 (성과)를 달성한 경험이 있습니다. 이처럼 저는 주로 ~게 갈등을 해결하는 편입니다.
답변 예시	네, 저는 주로 더 나은 선택을 할 수 있게 도움을 주어 갈등을 해결하는 편입니다. 대부분 조직 갈등은 조직을 위해 더 나은 선택을 하고자 고민하는 과정에서 시작한다고 생각하기 때문에, 이를 해결하고자 역대 데이터를 분석하고 표를 만들어 공유하며 더 나은 선택을 할 수 있도록 도와 갈등을 해결하고 있습니다.
강조하고 싶은 모습/역량	• 데이터를 확보하고 정리해서 공유하는 꼼꼼하고 헌신적인 자세 • 조직을 위해 더 나은 고민을 하는 '조직 중심적 자세'
답변 다시 만들어보기	
(정리한 답변에서 KEYWORD만 추출해 미니북에 정리한 후, 키워드 중심으로 암기해보세요!)	

답변 1	✎

답변을 통해 강조하고 싶은 역량	✎	답변에 걸린 시간	초

답변 2	✎			
답변을 통해 강조하고 싶은 역량	✎	답변에 걸린 시간		초
나올 수 있는 꼬리/다른 질문	• 그 해결 방법이 통하지 않는다면? 통하지 않았던 경험은? • 그 해결 방법으로 조직에 도움을 주었던 경험은? • 왜 그렇게 해결하게 되었는지?			

조직/Q4	남을 설득해본 경험은?		
	혼자 답변해보기	답변에 걸린 시간	초

✎

이 질문은 주로 언제, 누구에게?	▶ 고객, 민원인 응대 직무 ▶ 단점 : 거절을 잘 하지 못한다는 지원자 ▶ (행원) 영업 경험 없는 지원자 ▶ (공기업) 수동적, 소극적 이미지	▼ 강의 보러 가기 ▼

면접 답변 POINT

공통 POINT	• 본인이 지원한 직무에서 '주 고객/주 민원인'이 누구인지 생각하고, 이에 부합한 설득 경험 소재를 발굴한다면 좋음 • 민원인이 없는 공기업이라면, '타 부서, 직원'을 설득했던 경험 찾기 • 설득에 성공할 수 있었던 나만의 '설득 노하우' 발굴하기 • 입행, 입사해서도 '설득 노하우'를 활용할 수 있도록, 실제 조직에서 있었던 '설득 소재' 찾아보기
은행 POINT	〈직무별 고객 발굴, 고객 대상 판매 및 설득했던 경험〉 • 행원 = 금융 상품 영업, 판매를 위해 고객을 설득했던 경험 찾기 　예 구매하지 않겠다, 반납하겠다고 요구하거나, 구매 고민하던 상황의 고객을 설득한 경험 • 면접관의 우려와 다르게 '나는 타인을 잘 설득할 수 있다. 영업을 잘 할 수 있다.' 드러낼 것 • '조직 내 설득 경험'은 팀플, 인턴 등 조직에서 타 부서를 설득했던 경험 • 강압적 강요가 아닌 '이해와 동의를 얻는 설득 방식' 보여줄 것

공기업 POINT	〈업무 처리에 대한 민원이나 조직, 팀플 내 설득 경험〉 • 민원 응대 직무 : 특정 업무나 상품에 대한 민원을 처리했던 경험, 민원인의 고집이나 부당한 요구, 강한 주장을 설득했던 경험 예 서류 없이 업무 처리가 어려운 상황, 한 고객이 서류 없이 업무 처리를 요구 → 설득해서 업무 윤리를 준수한 경험 • 민원 응대 × 직무 : 팀플, 조직 활동 내에서 조직의 성장을 위해 본인이 타인, 타 부서를 설득했던 경험 • 모든 설득 과정은 꼼꼼하게, 근거를 확인해서 진행해야 한다.
답변 템플릿	
두괄식	• 네, 저는 (경험) 다시 타인을 설득한 경험이 있습니다. • 네, 저는 (경험) 당시 (대상/타인)을 설득하여 (목표 달성, 성과, 설득)을 이뤄낸 경험이 있습니다.
답변(경험)	당시 ~한 상황이었으나, 대상이 ~한 (의견을 주장하여, 고민하고 있어) 설득이 필요한 상황이었습니다. 이에, (나만의 노하우, 설득 과정)을 통해 ~게 (대상)을 설득하였고, 그 결과 (성과, 설득)을 이뤄낼 수 있었습니다.
답변 예시	네, 저는 근로 학생으로 근무할 당시, 학생증이 없는 학생을 설득해 업무 원칙을 준수한 경험이 있습니다. 당시, 시설 안전을 위해 반드시 학생증이 있어야만 시설 이용이 가능했으나, 한 학생이 학생증 없이 이용하게 해달라고 요구하였습니다. 이에, 학생증 미확인으로 인한 사고 사례와 학생증을 확인하는 이유에 대해 설명하고, 학생증 없이 이용할 수 있는 비슷한 대안 시설을 안내한 결과, 학생을 설득해 시설 안전을 지킬 수 있었습니다.
강조하고 싶은 모습/역량	• 주어진 자리에서 항상 업무를 준비하는 자세(사고 사례 정리) • 대안을 제시하는 설득 노하우

답변 다시 만들어보기	
(정리한 답변에서 KEYWORD만 추출해 미니북에 정리한 후, 키워드 중심으로 암기해보세요!)	

답변 1	✎
답변을 통해 강조하고 싶은 역량	✎ **답변에 걸린 시간** 초
답변 2	✎
답변을 통해 강조하고 싶은 역량	✎ **답변에 걸린 시간** 초
나올 수 있는 꼬리/다른 질문	• 당시 대상의 반응은 어땠는지? 한 번에 수용했는지? • 융통성 있게 처리할 수는 없었던 문제인지?

조직/Q5	조직 활동에서 가장 어려웠던 점은?		
혼자 답변해보기		답변에 걸린 시간	초

✎

이 질문은 주로 언제, 누구에게?	▶ 조직보다는 혼자 일하기를 좋아할 것 같은 이미지 ▶ 멘탈이 약해 보이는 지원자	▼ 강의 보러 가기 ▼

면접 답변 POINT	
공통 POINT	• '조직에 잘 융화할 수 있는지'를 파악하기 위한 질문 • 직무, 기업별 특성을 분석해서, 그와 반대되는 답변을 어려움으로 선정 • 이전에 속했던 한 조직의 특성을 기준으로, 답변해도 좋음 　예 이전에 인턴으로 근무했던 타 기업의 경우, 조직 특성상 ~한 측면이 있어~ • 전체적으로 인턴, 아르바이트 등을 하며 어려움을 겪었던 사례를 융합 　예 아르바이트로 근무하며, 주로 업무가 뚜렷하게 주어지지 않을 때가~ • 이 안에서, 극복하기 위해 내가 노력했던 부분이 있으면 더욱 좋음 • 답변을 통해 내가 어떤 성향의 사람인지를 파악할 수 있음

은행/공기업 POINT	〈기업, 직무에 대한 특성 정확히 파악하기〉 • 지원 기업, 직무가 어떤 인재를 원하는지부터 뚜렷하게 파악 　　예 능동적 인재 선호 : 뚜렷한 업무가 주어지지 않을 때 　　예 계획적 인재 선호 : 계획과 체계 없이 일을 해야 할 때 • 은행 지원자는 각 은행이 선호하는 이미지 파악해서 반대로 　　예 도전적, 실적 압박이 있는 은행 : 목표가 없이 일해야 할 때 • 공기업 지원자는 직무 특성 파악 후, '체계와 계획'을 중심으로 잡고 직무 특성에 맞게 답하기 　　예 현장, 안전 관련 직무 : 기준이 없이 업무를 진행해야 할 때
답변 템플릿	
두괄식	• 네, 저는 조직 활동을 하며, 주로 ~한 점이 가장 힘들었습니다. • 네, 저는 주로 조직에서 ~할 때 가장 힘들었던 것 같습니다.
답변(경험)	(힘들었던 부분)으로 인해 ~한 (문제점, 스스로의 문제점)이 있었습니다. 이에, 항상 조직에서 일할 때에는 (극복하고자 한 일, 내가 한 일)을 겪으며 이를 극복하고자 하였습니다.
답변 예시	네, 저는 주로 뚜렷한 업무가 주어지지 않을 때, 가장 힘들었던 것 같습니다. 뚜렷한 업무가 주어지지 않아 어떤 일을 해야 할지 모르는 상황이면, 조직에 필요하지 않은 인재가 된 것 같아 아쉬웠습니다. 이에, 항상 조직에서 일할 때, 상사의 동의를 얻어 작은 부분이라도 담당 업무를 맡아 발전시키고자 노력하였습니다.
강조하고 싶은 모습/역량	• 내 업무를 찾아서 하는 적극적인 자세 • 의지적인 자세
답변 다시 만들어보기	
(정리한 답변에서 KEYWORD만 추출해 미니북에 정리한 후, 키워드 중심으로 암기해보세요!)	
답변 1	✎

답변을 통해 강조하고 싶은 역량	✎	답변에 걸린 시간	초
답변 2	✎		
답변을 통해 강조하고 싶은 역량	✎	답변에 걸린 시간	초
나올 수 있는 꼬리/다른 질문	• 실제 그로 인해 어려웠던 경험이 있는지? • 그 경험에서 어떻게 극복하려고 노력했는지? • 만약 입행/입사해서 동일한 상황이 발생한다면?		

조직/Q6	조직에서 주로 어떤 역할 맡는지?		
혼자 답변해보기		답변에 걸린 시간	초

✎

이 질문은 주로 언제, 누구에게?	▶ 모든 지원자 ▶ 일반적인 '조직형 인재' 파악 질문	▼ 강의 보러 가기 ▼

면접 답변 POINT	
공통 POINT	• 조직 내 역할을 '리더, 팔로워'로만 규정하지 말고, 주로 어떤 역할을 맡는지 구체화하여 정리할 것 • 업무, 갈등에 있어서 어떤 역할을 맡아오는지 정리하기 • 이 기업/은행은 어떤 역할을 좋아하는지 생각해 보고, 내가 여태까지 했던 역할과 맞춰보기 • '~한 리더, ~한 팔로워, 주로 ~하는 역할'로 정리하기 예 중재자의 역할, 협업을 유도하는 역할 등
은행 POINT	〈은행마다 다르지만, 주로 '서포터즈'의 역할을 수행할 것〉 • 은행마다 선호하는 이미지를 확인하되, 맞춰서 역할을 탐색해볼 것 예 협업 중시 은행 : 협업에서의 내 역할/실적 중심 은행 : 목표 달성을 위한 내 역할 • 어떤 역할이든 '조직이 성장할 수 있도록 서포트하는 역할'이 좋음 • 은행 분류 : 도전적 인재 선호 은행, 융화 인재 선호 은행, 친화력 좋은 역할 선호 은행 등 • 역할 예시 : 갈등 중재 역할, 의견 모으고 정리하는 역할, 동기 부여 역할, 목표의 방향을 잡는 역할 등

공기업 POINT	〈조직이 원활히 업무를 수행할 수 있도록 돕는 역할〉 • 직무 수행 태도 (컨셉 잡기 강의 참고)를 통해 직무별로 선호하는 이미지 확인하기 • 이에 맞춰, '조직이 원활히 목표를 수행하기 위해' 필요한 역할이 뭔지 찾고, 내가 그렇게 도왔던 경험 찾기 • 역할 예시 : 조직의 방향과 계획을 잡는 역할/갈등을 중재하는 역할/관련 정보를 취합하는 역할 등
답변 템플릿	
두괄식	• 네, 저는 주로 조직에서 ~한 역할을 맡고 있습니다. • 네, 저는 주로 조직에서 ~한 역할로서 조직의 ~을 돕고 있습니다.
답변(경험)	(팀의 목표, 성장/원활한 업무 수행 등)을 위해 항상 ~게 업무를 수행해왔습니다. 실제, 여러 (경험, 활동)에서도 항상 ~한 역할을 맡으며, ~한 (조직 발전)에 도움을 주었습니다.
답변 예시	네, 저는 주로 조직에서 갈등을 중재하는 역할을 맡아왔습니다. 팀 내 발생할 수밖에 없는 갈등을 원만히 해결하고 조직 성장을 이뤄내고자, 항상 갈등을 중재하고 화합할 수 있는 역할을 수행해왔습니다. 실제 이러한 역할로서 갈등을 화합하고 더 나은 방안을 모색해 조직의 발전에 도움을 주었습니다.
강조하고 싶은 모습/역량	• 의견을 원만히 조율하는 자세 • 의견 조율을 넘어, 더 좋은 방향도 도출하는 자세
답변 다시 만들어보기	
(정리한 답변에서 KEYWORD만 추출해 미니북에 정리한 후, 키워드 중심으로 암기해보세요!)	

답변 1	✎		
답변을 통해 강조하고 싶은 역량	✎	답변에 걸린 시간	초

답변 2	✎
답변을 통해 강조하고 싶은 역량	✎	답변에 걸린 시간	초

나올 수 있는 꼬리/다른 질문	• 그와 반대되는 경험은 없는지?(예 팔로워 → 리더십 발휘 경험) • 그 역할로 실제 조직에 도움을 주었던 경험은? • 그 역할을 수행하는 과정에서 어려운 점은 무엇인지? • 그 역할을 잘못하여 조직에 피해를 준 경험은 없는지?

조직/Q7	본인은 리더와 팔로워 중 어디에 가까운지?

혼자 답변해보기	답변에 걸린 시간	초

✎

이 질문은 주로 언제, 누구에게?	▶ 모든 지원자 ▶ 일반적인 '조직형 인재' 파악 질문	▼ 강의 보러 가기 ▼

면접 답변 POINT

공통 POINT	• 리더, 팔로워 어떤 답변이든 '조직 성장에 도움이 되는 역할'이어야 함 • 단순히 '리더', '팔로워'로 답하기보다는, ~한 리더, ~한 팔로워로 답하기 예 '조직에서 어떤 역할을 맡는지'에 대한 답변이 '조직이 방향을 잡도록 돕는 역할'이었 으면 → '조직이 방향을 잡도록 돕는 팔로워 역할'로 답하기 • 조직에서 어떤 역할을 선호하는지 파악하고 답할 것
은행 POINT	〈서포트 하는 리더, 능동적인 팔로워〉 • 리더는 조직을 서포트하는 방향의 형용사를, 팔로워는 능동적이고 주체적인 형용사를 붙여 서 답할 것 • 은행의 이미지에 맞춰 리더와 팔로워 선별하기 예 의견을 모아주는 리더, 방향을 잡을 수 있도록 기반을 마련하는 리더, 계획을 세우는 팔 로워, 갈등을 중재하는 팔로워 등

공기업 POINT	〈팀을 서포트하는 능동적인 팔로워〉 • 조직의 성장을 위해 꼼꼼하고 체계적으로, 계획적으로 업무를 서포트하는 팔로워 역할이 가장 좋음 → 답변의 초점을 팔로워에 맞출 것 • 내가 실제 조직에서 맡는 역할을 생각해 보고 형용사 붙여보기 　예 팀의 계획을 세우는 팔로워, 데이터를 모아주는 팔로워, 의견을 모으고 정리하는 팔로워 등
답변 템플릿	
두괄식	네, 저는 주로 ~한 (리더/팔로워)의 역할을 맡고 있습니다.
답변(경험)	조직의 (발전/업무 효율 활성화/협업 등)을 위해 주로 ~한 역할을 하며, (리더/팔로워)로서 조직이 ~게 될 수 있도록 이바지하고 있습니다.
답변 예시	네, 저는 주로 팀의 계획을 세우는 팔로워의 역할을 맡고 있습니다. 조직이 목표를 향해 단계적으로 나아갈 수 있도록, 주로 세부적인 계획을 수립하고 조정하며, 팔로워로서 조직이 오류나 누락 없이 업무를 처리할 수 있도록 돕고 있습니다.
강조하고 싶은 모습/역량	• 계획적인 자세 • 조직을 위하는 헌신적 자세
답변 다시 만들어보기	
(정리한 답변에서 KEYWORD만 추출해 미니북에 정리한 후, 키워드 중심으로 암기해보세요!)	

답변 1	✎		
답변을 통해 강조하고 싶은 역량	✎	답변에 걸린 시간	초

답변 2	✎
답변을 통해 강조하고 싶은 역량	✎

답변에 걸린 시간	초

나올 수 있는 꼬리/다른 질문	• 그와 반대되는 경험은 없는지?(예 팔로워 → 리더십 발휘 경험) • 그 역할로 실제 조직에 도움을 주었던 경험은? • 그 역할을 수행하는 과정에서 어려운 점은 무엇인지? • 그 역할을 잘못하여 조직에 피해를 준 경험은 없는지?

조직/Q8	의사소통 과정에서 가장 중요한 것은?		
혼자 답변해보기		답변에 걸린 시간	초

✎

이 질문은 주로 언제, 누구에게?	▶ 여럿이 하는 업무보다 혼자 하는 업무가 편해 보이는 지원자 ▶ 정적, 소극적인 이미지의 지원자	▼ 강의 보러 가기 ▼

면접 답변 POINT	
공통 POINT	• 모든 회사는 '협업'이 업무의 기본, 조직에서 협업 시 어떻게 임하는지를 보기 위한 질문 • '소통, 경청, 대화' 등 면접에 많이 나오는 보편적인 단어를 정확히 파악하고, 지원자는 어떻게 소통하는 사람인지를 파악하기 위함 • 내가 여태까지 '친구랑, 다른 사람이랑 어떻게 소통했었는지'를 생각하지 말고, '다른 사람과 같이 일할 때 어떻게 일했었는지' 경험을 생각해 볼 것 • 다른 사람과 함께 일할 때, '뭘 가장 중요하게 생각하고 대화했는지' 경험부터 생각해 보고 답 찾기

은행 POINT	〈고객과의 소통, 지점 내 소통, 공통적인 소통 방식 → 세 가지 정리〉 • '고객과의 소통에서 가장 중요한 것은 무엇인지?' : 고객 응대 시 무엇을 가장 중요하게 여기는지, 고객 응대 아르바이트 당시, 무언가를 판매하거나 권할 때 뭘 가장 중요하게 여겼는지 생각해 보기 • '지점 내 소통에서 가장 중요한 것은 무엇인지?' : 업무 소통 시 가장 중요한 건 무엇인지 묻는 질문과 동일, 적극적으로 협업하기 위해 내가 어떻게 직원 간 소통하는지 생각해 보기 • 질문 그 자체에 답할 수 있는 답변도 따로 준비해둘 것 　예 고객과의 소통 : '책임을 보여주는 일, 신뢰를 드리는 일, 철저히 준비하는 일' → 과외 아르바이트 할 때, 항상 따로 레포트를 정리해서 드리고 이를 기반으로 소통하며 '신경 쓰고 있음'을 드러냄 　예 지점 내 소통 : '열린 태도, 조직에 대한 책임감' → 타 기업에서 인턴 기간 중, 일을 구분 짓지 않고, '내 일'인 것처럼 적극적으로 나서서 소통함
공기업 POINT	〈조직, 체계, 계획 생각하며 답변 만들기〉 • 조직을 1순위로 생각하는 자세 : '우리의 목표'를 생각하는 일, 일을 구분 짓지 않는 자세, 조직에 대한 열린 자세 • 체계, 계획적으로 업무를 처리하는 자세 : 일정을 확인하는 일, 계획에 맞춰 상대를 배려하는 일 등 　예 '공동의 목표를 생각하는 일' → 타 기업 인턴 당시, 공동의 목표를 생각하지 않을 경우 각 부서의 이익만 얘기해서 기업이 나아가야 할 방향을 놓쳤었음, 이후 항상 공동의 목표를 우선으로 생각함
답변 템플릿	
두괄식	• 네, 의사소통에서 가장 중요한 건 (중요)라고 생각합니다. • 네, 저는 (중요)가 (고객 응대 시/업무 내) 의사소통에서 가장 중요하다고 생각합니다.
답변(경험)	• 왜냐하면, (중요)를 지킬 때, ~한 (효과, 기대효과, 장점)이 있기 때문입니다. • 왜냐하면, (중요)를 지키지 않을 때, ~한 (문제)가 발생할 수 있기 때문입니다.

답변 예시	네, 저는 '우리의 목표'를 생각하는 일이 의사소통에서 가장 중요하다고 생각합니다. 공동의 목표를 생각하지 않고 소통에 임한다면, 서로의 이익만 이야기할 수 있기 때문에, 기업이 나아가야 할 방향을 놓칠 수 있다고 생각하기 때문입니다.
강조하고 싶은 모습/역량	• 조직의 목표를 생각하는 조직 중심적 자세 • '개인, 부서'의 이익보다 '조직'을 우선적으로 생각하는 자세

답변 다시 만들어보기
(정리한 답변에서 KEYWORD만 추출해 미니북에 정리한 후, 키워드 중심으로 암기해보세요!)

답변 1	✎		
답변을 통해 강조하고 싶은 역량	✎	답변에 걸린 시간	초
답변 2	✎		
답변을 통해 강조하고 싶은 역량	✎	답변에 걸린 시간	초
나올 수 있는 꼬리/다른 질문	• 그 소통 방식으로 조직에 도움을 주었던 경험이 있는지? • 그 소통 방식으로 조직에 피해를 주었던 경험이 있는지?		

조직/Q9	조직 활동에서 가장 중요한 것은?		
혼자 답변해보기		답변에 걸린 시간	초

✎

이 질문은 주로 언제, 누구에게?	▶ 모든 지원자 ▶ 일반적인 '조직형 인재' 파악 질문	▼ 강의 보러 가기 ▼

면접 답변 POINT

공통 POINT	• 조직 활동에 대한 '본인 가치관'을 확인하기 위한 질문 • BEST KEYWORD : 협업, 업무, 목표의식, 책임감 • 키워드를 실현했던 경험을 생각해 보고, 그 안에서 내가 중요하게 여겼던 가치 발굴, 이를 단어로 정리해 답할 것 • 예 인턴 당시, 나는 내 역할이 뭔지 항상 생각하고, 이 회사에서 나를 고용한 이유에 대해 생각하며 책임을 다했어 → 자리의 무게를 이해하는 책임감
은행 POINT	〈네 업무 = 내 업무, 목표 의식〉 • 개인, 기업 금융에 관계없이, 팀원이 힘들거나 고객이 많으면 먼저 나서서 도와주는 협업 정신 • 역할을 구분 짓지 않고 벽 없이 소통하는 자세 • 맡은 내 자리에 최선을 다하는 책임감, 목표를 이뤄내는 단합의 자세 • 은행이 선호하는 인재상을 찾고 맞춰서 답하기(예 서로 협업하는 자세)

공기업 POINT	〈호흡, 계획, 체계, 규정, 둥글게 둥글게〉 • 상사를 비롯한 팀원들과 호흡을 맞춰 나가는 자세 • 계획에 맞춰 원활히 업무를 수행해 나가는 자세 • 체계와 규정을 준수하여, 갈등을 최소화하고 협업을 이끌어내는 자세 • 팀원들과 원만한 관계를 유지하고, 자리에 대한 책임감을 갖고 갈등을 줄여 함께 일하는 자세 • 공기업이 원하는 인재 : 계획, 체계, 규정 준수, 원만히 서로 소통
답변 템플릿	
두괄식	• 네, 저는 조직 활동에서 가장 중요한 건 (중요)라고 생각합니다. • 네, 저는 (중요)가 ~한 조직 형성에 가장 중요하다고 생각합니다.
답변(경험)	(조직, 은행, 공기업)은 ~해야 하기 때문에, 항상 ~한 (중요 자세)를 갖출 때, ~한 (성과를 도출할 수/리스크를 예방할 수) 있기 때문입니다(실제, 저 역시 (경험들)에서 ~한 (자세)를 갖춰 조직 활동에 임해, (성과)를 이뤄낼 수 있었습니다).
답변 예시	네, 저는 '자리의 무게에 대해 아는 책임감'이 가장 중요하다고 생각합니다. 은행은 고객의 자산을 맡아 관리해야 하기 때문에, 항상 행원의 역할에 대해 책임을 다해야 신뢰를 얻을 수 있다고 생각하기 때문입니다. 실제, 타 공단 인턴 당시에도 책임을 다하는 자세로 고객을 응대해, 조직 고객 만족 증대를 이뤄내기도 하였습니다.
강조하고 싶은 모습/역량	• 책임을 다하려는 적극적 자세, 전문성을 함양하겠다는 의지 • 고객 자산에 대한 중요성 인지하고 있음
답변 다시 만들어보기 (정리한 답변에서 KEYWORD만 추출해 미니북에 정리한 후, 키워드 중심으로 암기해보세요!)	
답변1	✎

답변을 통해 강조하고 싶은 역량	✎	답변에 걸린 시간	초
답변 2	✎		
답변을 통해 강조하고 싶은 역량	✎	답변에 걸린 시간	초
나올 수 있는 꼬리/다른 질문	• 그 가치/자세를 살려 성과를 냈던 경험이 있는지? • 입행, 입사해서 그 가치/자세를 어떻게 발휘할 것인지? • 그 가치/자세를 함양하기 위해 본인이 노력하고 있는 게 있다면?		

조직/Q10	가장 같이 일하고 싶지 않은 유형은?		
혼자 답변해보기		답변에 걸린 시간	초

✎

이 질문은 주로 언제, 누구에게?	▶ 모든 지원자 ▶ 일반적인 '조직 융화형 인재' 파악 질문 ▶ 호불호가 강할 것 같은 지원자	▼ 강의 보러 가기 ▼

면접 답변 POINT	
공통 POINT	• 조직 활동에서 어떤 가치를 가장 중요시 여기는지 파악할 수 있음 • 내가 생각하는 조직에 대한 가치관도 같이 정리해보기 • 해당 유형의 사람이 있을 경우, 조직에 어떤 문제가 발생하는지 생각하기 • 상사 중에 일반적으로 있을 것 같은 유형의 사람은 피하기 • 내 경험에 기반해서 찾되, 답변을 순화하기 예 팀 목표를 향해 나아가는데, 계속해서 일을 다른 사람한테 넘기는 사람 → 팀보다는 개인을 우선시하는 사람
은행 POINT	〈영업 아르바이트에서 가장 같이 일하기 힘들었던 사람〉 • 발전적인 모습을 강조하고 싶다면 : 가르쳐주지 않는 상사 • '조직 활동'에서 가장 같이 일하기 힘든 사람 말하기 • '영업 아르바이트'를 하면서, 같이 일하기 힘들었던 사람으로 생각해도 좋음 예 고객보다 개인이 우선인 사람 • 고객 서비스, 고객 만족, 지점 실적, 목표 달성 등에 포인트 맞추기

공기업 POINT	〈책임감, 체계, 일정, 규정 및 윤리 준수에 초점 맞추기〉 • 체계를 무시하고 임의대로 처리하는 사람 → 조직의 질서를 존중하지 않는 사람 • 일정대로 움직이지 않거나 이를 고려하지 않는 사람 → 일정에 맞춰 기한 내 목표 달성하지 않는 사람 → 공익, 국민에 피해를 줄 수 있음 • 맡은 바 책임을 이행하지 않아, 업무 누락이나 리스크가 생기는 경우를 고려하지 않는 사람 • 규정이나 윤리를 준수하지 않고, 결과만을 중시하여 부조리한 과정을 만들어 내는 사람 등
답변 템플릿	
두괄식	네, 저는 주로 ~한 사람과 함께 일할 때, 가장 어려웠던 것 같습니다.
답변(경험)	조직은 (내가 생각하는 조직에 대한 가치)해야 한다고 생각하기 때문에, 항상 ~한 (자세)를 갖춰야 한다고 생각합니다. 하지만, (같이 일하기 싫은 사람의 유형)과 함께 일을 하게 된다면, ~한 (리스크)가 발생할 수 있기 때문에, 같이 일하기 가장 어려운 것 같습니다.
답변 예시	네, 저는 '팀보다 개인을 우선시하는' 사람과 함께 일할 때, 가장 어려웠던 것 같습니다. 조직은 개인이 모여 하나의 팀을 이뤄 목표를 향해 나아가야 한다고 생각하기 때문에, 항상 열린 자세로 팀을 위해 서로 협업해야 한다고 생각합니다. 하지만, 개인을 우선시하는 사람과 같이 일하게 된다면, 업무 누락 등이 발생할 수 있기 때문에 같이 일하기 가장 어려운 것 같습니다.
강조하고 싶은 모습/역량	• 협업을 중시하는 자세 • 나는 개인보다 팀을 우선시한다는 역설적 표현
답변 다시 만들어보기	
(정리한 답변에서 KEYWORD만 추출해 미니북에 정리한 후, 키워드 중심으로 암기해보세요!)	
답변 1	✎

답변을 통해 강조하고 싶은 역량	✎	답변에 걸린 시간	초
답변 2	✎		
답변을 통해 강조하고 싶은 역량	✎	답변에 걸린 시간	초
나올 수 있는 꼬리/다른 질문	• 만약 그런 사람과 함께 일하게 된다면 어떻게 하시겠습니까? • 그런 사람과 함께 일했을 때, 본인은 어떻게 대처했습니까?		

조직/Q11	남을 위해 손해를 감수하며 희생했던 경험은?	
혼자 답변해보기	답변에 걸린 시간	초

✎

이 질문은 주로 언제, 누구에게?	▶ '단체활동'보다는 '개인'이 편한 것 같은 지원자 ▶ 주관이 뚜렷하거나, 개인주의적 성향을 갖고 있는 지원자	▼ 강의 보러 가기 ▼

면접 답변 POINT	
공통 POINT	• '나'보다는 '조직, 남'을 생각하는 자세 보여주기 • 인턴, 아르바이트 등의 경험에서 조직과 다른 직원을 위해 실적을 양보하거나, 다른 사람이 꺼리는 일을 자처했던 경험 • 공모전, 팀플 경험 : 개인 맡은 일, 일정에도 불구하고 '더 어려운 일, 꺼리는 일'을 도맡아서 했던 경험 • 욕심을 버리거나, 내가 더 움직여서 조직을 위했던 경험 • 조직이나 고객을 우선 생각하는 자세 언급하기
은행 POINT	〈조직 성장을 위한 실적, 업무 등을 양보한 경험〉 • 은행에서 어떤 경우에 희생정신이 필요할지 생각해 보기 • 희생을 통한 고객 만족 실천, 조직의 신뢰 확보가 필요 예 내가 충분히 고객을 추가 유치할 수 있었으나, 다른 직원들의 실적 불균형, 조직의 성장을 위해 '개인의 실적'을 포기하고 양보했던 경험 • 공통 POINT, 공기업 소재도 활용 가능

공기업 POINT	〈조직과 공익을 위해 궂은일을 자처했던 경험〉
	
	• 매뉴얼 작성, 자료 정리 등 전체 조직을 위해 희생했던 경험
	• 조직을 넘어 사회나 대다수 특정 대상에게 도움이 될 수 있는 희생을 했던 경험
	  📎 내가 어떤 일을 하지 않으면 이로 인해 피해를 보는 사람이 있거나 조직의 이미지가 좋
	     아지지 않는 상황, 이미 내가 할 일을 다 했음에도 불구하고 조직과 사회, 고객을 위해
	     희생한 경험

답변 템플릿	
두괄식	• 네, 저는 (경험) 당시 ~한 (희생)을 했던 경험이 있습니다. • 네, 저는 (경험) 당시 ~한 (희생)을 통해 (조직의 성과, 성장)에 이바지한 경험이 있습니다.
답변(경험)	당시 (조직)이 ~한 (상황)이었기에, ~한 (업무, 일, 양보 등)이 필요했습니다. 하지만, 다들 (어려운 상황)이었기에, 비록 (내가 희생하는 이유 📎 이미 맡은 바 일을 다 함)한 상황이었지만, (조직, 다른 팀원 등 대상, 내가 희생한 이유)을 위해 (희생)하였고, (성과)를 낼 수 있었습니다.
답변 예시	네, 저는 동아리 활동 당시, 잘못된 장표를 다시 정리해 동아리 운영에 도움을 주었던 경험이 있습니다. 당시 n년간 동아리 예산 활용 장부가 정리되지 않았으나, 다년간의 정리되지 않은 영수증, 예산을 정리하기를 모두 꺼려했습니다. 운영진이 아니었지만 투명한 동아리 운영을 위해 필수적이라고 판단하여 모든 내역을 정리한 결과, 예산 효율을 높일 수 있었습니다.
강조하고 싶은 모습/역량	• 팀원인데도 조직을 위해 헌신하는 자세, 잘못된 부분을 바로 잡으려는 자세 • 밀린 서류를 모두 정리하는 꼼꼼한 자세
답변 다시 만들어보기 (정리한 답변에서 KEYWORD만 추출해 미니북에 정리한 후, 키워드 중심으로 암기해보세요!)	
답변 1	✎

답변을 통해 강조하고 싶은 역량	✎	답변에 걸린 시간	초
답변 2	✎		
답변을 통해 강조하고 싶은 역량	✎	답변에 걸린 시간	초
나올 수 있는 꼬리/다른 질문	• 당시 주변의 반응이 어땠는지? • 굳이 본인이 하지 않아도 되는데, 했던 이유는? • 그로 인해 불편해 하는 사람은 없었는지?		

조직/Q12	남에게 '큰 도움'을 주었던 경험은?		
	혼자 답변해보기	답변에 걸린 시간	초

✎

이 질문은 주로 언제, 누구에게?	▶ '단체 활동'보다는 '개인'이 편한 것 같은 지원자 ▶ 주관이 뚜렷하거나, 개인주의적 성향을 갖고 있는 지원자	▼ 강의 보러 가기 ▼

면접 답변 POINT

공통 POINT	• 면접에서 말할 정도로 '기억에 남는 도움'을 준 경험 • 처음부터 '산업, 직무'와 연결하지 말고, '정말 큰 도움을 주었던 경험' 생각해 보기 • '왜 이게 큰 도움으로 내 기억에 남았는지' 생각해 보기 • 이 '이유'를 통해 내가 어떤 사람이고, 어떤 가치를 중시 여기는지 알 수 있음
은행/공기업 POINT	〈누군가를 위해 내가 내 역할, 책임 이상을 한 경험 찾기〉 • 내 정보, 지식이 다른 사람 인생에 도움이 된 경우 찾기 • 내 자리 이상의 책임을 다해, 누군가의 인생에 도움을 준 경우 • 내 작은 행동이 누군가에게 큰 변화를 남겨준 경우 예 내가 갖고 있는 지식을 알려줘서, 다른 사람이 위기에서 모면한 경우 → 지식 전달의 중요성 체감 • '희생 경험' 답변 → 답변으로 응용 가능

답변 템플릿	
두괄식	네, 저는 (경험) 당시 (대상)에게 ~한 도움을 준 경험이 있습니다.
답변(경험)	당시 ~한 (상황) 이었습니다. 이에, (내가 한 일, 내 역할)을 하여 ~한 (도움)을 주었고, (대상)은 이를 통해 ~한 (성과, 이익, 혜택, 위험 방지)를 거둘 수 있었습니다.
답변 예시	네, 저는 동아리 활동 당시, 잘못된 장표를 다시 정리해 동아리 총무에게 큰 도움을 주었던 경험이 있습니다. 당시 다년간 이전 총무가 예산 내역을 제대로 정리하지 않아, 신입 회원인 총무가 위기에 처했었습니다. 이를 돕기 위해, 지난 영수증을 모두 찾아 정리해 주었고, 함께 연도, 기준별로 정리해 도와준 결과, 총무와 동아리가 신뢰를 얻으며, '진심으로 감사하다'는 인사를 들었었습니다.
강조하고 싶은 모습/역량	• 타인을 위해 헌신하는 자세 • 밀린 서류를 모두 정리하는 꼼꼼한 자세
답변 다시 만들어보기	
(정리한 답변에서 KEYWORD만 추출해 미니북에 정리한 후, 키워드 중심으로 암기해보세요!)	

답변 1	✎

답변을 통해 강조하고 싶은 역량	✎	답변에 걸린 시간	초

답변 2	✎

답변을 통해 강조하고 싶은 역량	✎		답변에 걸린 시간	초
나올 수 있는 꼬리/다른 질문	• 왜 그렇게 도움을 주게 된 건지? • 도움을 주는 과정에서 후회되거나 어렵지는 않았는지?			

조직/Q13	팀플 무임승차자, 어떻게 대처하지?		
혼자 답변해보기		답변에 걸린 시간	초

✎

이 질문은 주로 언제, 누구에게?	▶ 거절을 잘 하지 못할 것 같은 지원자 ▶ 기본적인 '협업'에 대한 질문	▼ 강의 보러 가기 ▼

면접 답변 POINT

공통 POINT	• 내 경험부터 생각해 보고 '해결책' 정리하기 • 대상이 무임승차를 했던 이유 생각해 보기 • 입사해서는 왜 무임승차를 할까, 어떻게 대처해야 할까 생각해 보기 • 그 원인을 해결하는 대안책 제시 　예 학부 시절, 이미 다른 팀플이 많아 제대로 임하지 않는 팀원 있었음 → 상황을 듣고, 팀원 상황에 맞춰 최대한 참여할 수 있도록 업무 조절 등 참여 독려 → 융통적으로 최대한 참여를 독려하는 편
은행 POINT	〈자발적인 자세, 무임승차의 원인 찾아 해결책 발굴하기〉 • 비협조적 자세의 원인 찾기 : 매너리즘, 프로젝트에 대한 부정적 사고, 많은 업무량, 업무에 대한 필요성을 인지하지 못함 • 발생할 수 있는 비협조의 원인을 찾고, 이에 대한 해결책 생각해 보기 • 나의 이익보다는 '조직의 이익, 조직의 목표'를 생각해 해결했던 경험 • 대부분 원인을 '다른 사람들이 업무가 많아서'로 정함, 겹칠 수 있으니 '업무량'에 초점을 맞추지 말고 다른 원인도 찾아 해결책 발굴하기

답변 템플릿	
두괄식	네, 만약 팀 프로젝트에 협조적이지 않은 팀원이 있다면, 저는 ~게 해결하겠습니다.
답변(경험)	대부분 비협조적인 원인은 (원인)이라고 생각합니다. 실제 저 역시 다양한 프로젝트를 하며 ~한 팀원을 만났었고, ~게 대처하였었습니다. 이처럼 팀원이 비협조적이라면, ~게 하여 팀 프로젝트 참여를 (독려/완수/진행/협조) 구하겠습니다.
답변 예시	네, 저는 만약 팀 프로젝트에 협조적이지 않은 팀원이 있다면, 프로젝트에 대해 분석하여 설득하겠습니다. 다양한 프로젝트를 하며 만난 대부분 비협조적인 팀원은 프로젝트가 자신에게 도움이 될 것 같지 않다는 생각이 컸었고, 항상 프로젝트에 대해 분석해 어떤 점이 도움이 될 수 있음을 알려주며 참여를 독려했습니다. 이처럼 적극적 독려를 끌어내기 위해, 상황을 분석하여 설득하겠습니다.
강조하고 싶은 모습/역량	• 여러 팀 활동을 해보았음을 설명 • 뛰어난 설득력
답변 다시 만들어보기 (정리한 답변에서 KEYWORD만 추출해 미니북에 정리한 후, 키워드 중심으로 암기해보세요!)	

답변 다시 만들어보기	
(정리한 답변에서 KEYWORD만 추출해 미니북에 정리한 후, 키워드 중심으로 암기해보세요!)	

답변1	
답변을 통해 강조하고 싶은 역량	답변에 걸린 시간 초

답변 2	✎
답변을 통해 강조하고 싶은 역량	✎

답변에 걸린 시간	초

나올 수 있는 꼬리/다른 질문	• 만약 그 방식이 통하지 않는다면 어떻게 하겠는가? • 만약 (다른 이유)로 비협조적이라면 어떻게 하겠는가?

조직/Q14	이상적인 상사는 어떤 유형일까?		
	혼자 답변해보기	답변에 걸린 시간	초

✎

이 질문은 주로 언제, 누구에게?	▶ 주관이 뚜렷하거나, 개인주의적 성향을 갖고 있는 지원자 ▶ 어린 지원자나 신입 지원자	▼ 강의 보러 가기 ▼

면접 답변 POINT	
공통 POINT	• 내 업무 처리 방식, 업무를 대하는 자세, 상사와 어떻게 어우러지는지 등을 보기 위한 질문 • '일하기 좋은, 편한 상사'보다는 '내가 클 수 있는 상사, 내 의욕을 고취시키는 상사'의 유형으로 생각해 보기 • 내가 일에서 가장 성과를 냈을 때, 상사는 어떤 유형이었는지 생각해 보기 → 나를 건드리지 않는, 터치하지 않는 상사 등 부정적 표현 지양 • 왜 상사가 나에게 그렇게 대할 때 좋았고, 내가 성과를 낼 수 있었는지 생각해 보기 • 답변 = 상사의 유형 + 내가 생각하는 이유
은행 POINT	〈영업 실적 경험을 기반으로 생각해 보기〉 • 은행 = 영업 실적에 대한 질문이 나오는 곳 • '압박하지 않는 상사' 등 실제 있을 수 있는 상사 유형 제외하기 • 판매 아르바이트하며, 어떤 상사와 일할 때 실적이 잘 나왔는지 생각해 보기 • 도전적 은행의 경우 '영업 경험' 중심으로, 나머지는 전체적인 조직 범위로 생각해서 답하기

공기업 POINT	〈조직에서 직무와 비슷한 일을 했던 경험 찾아보기〉 • 공기업 : 조직이 하나 되어 협업하고 조직적으로 움직이는 곳 • '자유분방하게 풀어두는 상사, 등대 같은 상사, 방치하는 상사' 등은 지양할 것 • 각 직무 경험에서 '네가 가장 업무에 적극적으로, 조직에 융화되어 참여했던 경험' 생각 해 보기 → 당시 상사가 어땠는지 생각해 보기 • 융통성보다는 계획, 창의적보다는 현실적, 체계적 상사
답변 템플릿	
두괄식	• 네, 저는 ~한 유형의 상사가 가장 이상적이라고 생각합니다. • 네, 저는 ~한 유형의 상사와 함께 일할 때, 가장 (성과를 냈던 것/조직에 적극적으로 참여 했던 것) 같습니다.
답변(경험)	(이유/조직에 대한 가치관 언급)이기 때문에, ~한 상사와 일할 때, 가장 (시너지, 성과)를 낼 수 있기 때문입니다.
답변 예시	네, 저는 피드백과 조언을 아끼지 않는 상사와 일할 때 가장 성과를 낼 수 있었던 것 같습니 다. 아직 미흡한 신입이기 때문에, 상사의 많은 가르침으로 성장할 수 있다고 생각했고, 실제 로 피드백을 받아 업무 내외적으로 많이 성장할 수 있었기 때문입니다.
강조하고 싶은 모습/역량	조언에도 상처받기보다는 성장하는 적극적 자세
답변 다시 만들어보기 (정리한 답변에서 KEYWORD만 추출해 미니북에 정리한 후, 키워드 중심으로 암기해보세요!)	
답변 1	✎
답변을 통해 강조하고 싶은 역량	✎	답변에 걸린 시간	초

답변 2	✎
답변을 통해 강조하고 싶은 역량	✎　　　　　　　　　　　　　　답변에 걸린 시간　　　　초
나올 수 있는 꼬리/다른 질문	• 만약 그런 상사가 없다면 어떻게 할 것인지? • 전혀 반대 유형의 상사가 있다면, 어떻게 할 것인지?

조직/Q15	무언가를 개선하기 위해 노력했던 경험은?		
혼자 답변해보기		답변에 걸린 시간	초

✎

이 질문은 주로 언제, 누구에게?	▶ 적극적이기보다는 수동적으로 보이는 지원자	▼ 강의 보러 가기 ▼

면접 답변 POINT	
공통 POINT	• 개선 : 잘못된 것이나 부족한 것, 나쁜 것 따위를 고쳐 더 좋게 만듦 • 내가 자발적으로, 단계적으로 조직을 위해 노력했던 경험 • 내가 굳이 하지 않아도 되지만, 조직을 위해 자발적으로 움직였던 경험 • '조직, 우리, 업무'의 개선에 초점 맞춰 답변 찾기 = '조직을 위해 희생, 헌신했던 경험' 답변 사용 가능
은행 POINT	〈영업 환경, 불완전 판매, 고객 응대 등〉 • 웬만하면 '대면 경험'에서 개선했던 경험 찾기 • 영업 : 영업 환경에서 아쉬운 점 있었음 → 자발적 노력으로 환경이나 분위기를 개선, 단계적인 노력 → 개선과 성과 • 불완전 판매 : 관습적인 나쁜 세일즈 방식, 고객과의 신뢰를 지키고 윤리와 규정을 준수하기 위해 관습을 없앰, 실적을 지키며 동시에 윤리 준수한 경험 • 고객 응대 : 고객이 불만족한 상황, 이를 개선하기 위해 노력하며 고객 만족 실천과 성과

공기업 POINT	〈업무 효율화, 윤리 준수, 봉사 활동 등〉 • 업무를 효율적으로 하기 위해 업무 체계를 개선했던 경험 • 모든 과정 내에 반드시 상사나 다른 팀원의 동의를 구해야 함 • 윤리 준수 : 정보 보안, 규정 준수 등의 문제에 있어서, 부정적 관습이나 체계를 개선하여 신뢰를 지키고 보안, 윤리를 준수했던 경험 • 봉사 활동 : 공익적 자세를 강조하기 위한 소재, 더 나은 공익 실천을 위해 노력했던 경험 • 이를 개선해 장기적인 매뉴얼로 제작했다고 할 경우 더욱 좋음
	답변 템플릿
두괄식	• 네, 저는 (경험) 당시 ~을 개선하기 위해 노력한 경험이 있습니다. • 네, 저는 (경험) 당시 ~을 개선하여 (성과를 낸, ~을 지켜낸) 경험이 있습니다.
답변(경험)	당시 ~한 (개선되지 않은 상황)이 있어, ~한 (문제, 어려움)이 있었습니다. 이를 해결하고자 (자발적으로, 단계적으로 노력, 실천)하여 ~게 개선한 결과, ~한 성과를 이뤄낼 수 있었습니다.
답변 예시	네, 저는 OO 판매 아르바이트 당시, 고객 서명에 대한 관습을 개선해 고객 신뢰를 지킨 경험이 있습니다. 당시, 구매를 위해 고객이 반드시 서명을 해야하나, 고령 고객의 경우 서명이 어렵다는 이유로 판매사가 대신하고 있었습니다. 이는 고객 신뢰에 문제를 줄 수 있다고 생각해, 상사의 동의를 얻어 고령 고객이 크게 보실 수 있는 판을 마련한 결과, 불완전 판매에 대한 관습을 개선할 수 있었습니다.
강조하고 싶은 모습/역량	• 잘못된 관습을 개선하려는 적극적 자세 • 고객을 생각하는 고객 지향적 자세
	답변 다시 만들어보기 (정리한 답변에서 KEYWORD만 추출해 미니북에 정리한 후, 키워드 중심으로 암기해보세요!)
답변 1	✎

답변을 통해 강조하고 싶은 역량	✎	답변에 걸린 시간	초
답변 2	✎		
답변을 통해 강조하고 싶은 역량	✎	답변에 걸린 시간	초
나올 수 있는 꼬리/다른 질문	• 굳이 개선하려고 했던 이유가 있다면? • 그렇게 해오던 데에는 이유가 있었을 텐데, 주변의 불만은 없었는지? • 개선 과정에서 어려운 점은 없었는지?		

조직/Q16	매뉴얼을 만들었던 경험은?		
혼자 답변해보기		답변에 걸린 시간	초

✎

▼ 강의 보러 가기 ▼

이 질문은 주로 언제, 누구에게?	▶ 단점 : 꼼꼼하지 않을 것 같은 지원자 ▶ 원칙 준수보다 융통성에 가까울 것 같은 지원자

면접 답변 POINT

공통 POINT	• 개인의 꼼꼼한 성향을 알아보기 위한 질문 • 매뉴얼을 만들다. : 조직에 대해 모두 파악하고 있어야 하고, 전 부서/업무 담당자와 소통해야 함. 규정을 체계적으로 정리할 수 있어야 하고 계획적으로 꼼꼼히 움직여야 가능한 작업 or 조직의 발전을 위해 자발적으로 움직이는 사람, 조직에 문제가 보여 개선하려고 체계를 만들었는데, 이 체계가 매뉴얼로 채택되어 구체화하여 마무리 함, 아직까지 이용되고 있음 = 업무에 꼼꼼하고 적극적인 사람 • 굳이 이 질문을 하지 않더라도, 매뉴얼 만든 경험 하나쯤은 준비해두는 편이 좋음

은행 POINT	〈꼼꼼함을 드러낼 수 있는 소재 발굴하기〉 • '꼼꼼함에 대한 우려'가 있는 지원자에게 주로 하는 질문 • 꼼꼼하게 업무를 처리해서 매뉴얼을 만들었던 경험 • 정말 없다면, 나만의 업무 매뉴얼이라도 만들었던 경험 찾아보기 • 크게는 사무업무를 하며 오차가 나는 부분이나 잘못 처리되는 부분을 발견하여, 이를 해결 하기 위한 매뉴얼 구축 경험 → 조직 리스크 방지, 성장 • 돈, 예산과 관련된 매뉴얼 구축 경험도 좋음

공기업 POINT	〈체계 없이 굴러가던 업무에 매뉴얼 구축한 경험〉
	
	• 조직 업무 중 매뉴얼이 없어 고생했던 업무 찾아 매뉴얼 구축 경험 발굴하기
	• 통일되지 않았던 업무, 반드시 지켜져야 할 업무, 새로 시작된 사업 등 업무에 매뉴얼을 구
	  축했던 경험
	• 공기업의 경우 매뉴얼을 구축했던 경험이 중요 : 다른 부서 및 상사와 토의, 동의 얻어 매뉴
	  얼 구축, '소통'한 과정 반드시 포함하기
	• 독립적 구축 X, 함께하는 구축 O

답변 템플릿	
두괄식	네, 저는 (경험) 당시 ~의 매뉴얼을 구축한 경험이 있습니다.
답변(경험)	당시 ~의 매뉴얼이 없이 업무가 진행되던 상황이었습니다. (매뉴얼이 필요한 이유) 였기에, 매뉴얼 구축이 반드시 필요하다고 판단하여, (매뉴얼을 만든 과정을 통해 매뉴얼을 만들었고, (이로 인한 성과, 아직까지 이용 등)있습니다
답변 예시	네, 저는 학원 아르바이트 당시, 고객 상담 매뉴얼을 구축한 경험이 있습니다. 당시 반 배정에 대한 별다른 매뉴얼이 없어, 학부모들의 반발과 불만이 커지는 상황이었습니다. 이에, 정확한 기준 마련이 필요하다고 생각하여, 각 과목 선생님 및 원장님과 논의하여 각 반의 기준을 명확히 설립하고, 이를 활용한 상담 매뉴얼을 만든 결과, 학부모의 긍정적 반응을 얻어 원생을 추가 모집할 수 있었습니다.
강조하고 싶은 모습/역량	• 고객의 불만을 정확히 인지하고 있음 • 이를 해결하기 위해 다른 사람과 소통하고 논의함

답변 다시 만들어보기 (정리한 답변에서 KEYWORD만 추출해 미니북에 정리한 후, 키워드 중심으로 암기해보세요!)			
답변 1	✎		
답변을 통해 강조하고 싶은 역량	✎	답변에 걸린 시간	초
답변 2	✎		
답변을 통해 강조하고 싶은 역량	✎	답변에 걸린 시간	초
나올 수 있는 꼬리/다른 질문	• 매뉴얼을 만들어야겠다고 생각한 이유? • 매뉴얼이 없던 데에는 이유가 있지 않았나? • 주변의 반응은 어땠나? • 매뉴얼 만들 때 가장 어려웠던 점은 무엇인지?		

조직/Q17	남들이 말리는 일을 추진했던 경험은?		
혼자 답변해보기		답변에 걸린 시간	초

✎

		▼ 강의 보러 가기 ▼
이 질문은 주로 언제, 누구에게?	▶ 고집이 세 보이는 지원자 ▶ '조직'보다는 '개인'인 지원자	

면접 답변 POINT

공통 POINT	• 말리는 일 = 불가능하다고 생각한 일로 설정하고 경험 찾기
	  = 남들이 불가능하다고 생각한 일을 추진해서 성취한 경험은?
	• 정말 '말렸던 일'을 말한다면, '말려도 하는 고집 있는 사람'으로 비칠 수 있어, 조직이나
	  남을 위해 힘들어 보이지만 했던 일 말하기
	• 창업, 재수 등의 소재는 지양

은행 POINT	〈사람, 판매와 관련된 경험, 금융 자격증 등〉
	• 조직을 위해 도전했던 경험 찾기
	• '하면 좋지만, 어려워서 만류했던 일'을 한 경험/조직을 우선시하는 나의 자세로, 문제를
	  해결한 경험
	• 들어가야 할 내용 : 조직의 목표, 만류한 이유, 나의 노력(내가 할 수 있는 일), 성과
	• 노력한 과정에는 '나의 성향'이 들어가야 함(예 꼼꼼하게 검토 등)
	• 특정 분야의 사람을 초청해야 하거나 일정 수준의 사람을 모아야 했던 경우, 특정 상품을
	  판매해야 하지만 불가능하다고 판단해 만류했던 경우, 모두가 힘들다고 말렸던 고수준의
	  금융 자격증을 취득한 경우 등

공기업 POINT	〈업무 처리, 서류 정리, 시간이 많이 소요되는 일, 조직을 위한 일〉 • 조직에 필요하지만, 어려움이 있다고 판단되어 '할 수 있으나 하지 않았던 일'을 한 경험 　(양이 많아서, 시간이 오래 걸려서 등) • 조직을 위해서라면 '남들이 꺼리고 귀찮아하는 일'도 할 수 있다는 적극적 자세 보여주기 • 들어가야 할 내용 : 조직에서 하지 않았던 일들, 그 이유, 나의 노력, 성과 • 나의 노력 : 성실, 꼼꼼, 개인 시간 할애, 자원 할애 등(오직 조직을 위해)
답변 템플릿	
두괄식	네, 저는 (경험) 당시, ~의 만류에도 ~을 이뤄낸 경험이 있습니다.
답변(경험)	당시 ~한 (목표, 상황)이었으나, (만류하는 이유)의 상황이었습니다. 이에 (주변의 만류)가 있었으나 (해야 하는 이유)라고 생각하여, ~게 (노력) 하였고 ~한 (성과)를 이뤄낼 수 있었습니다.
답변 예시	네, 저는 인턴 당시, 주변의 만류에도 10년간의 고객 데이터 자료를 정리한 경험이 있습니다. 당시, 10년 치 고객 데이터가 섞여 있어 업무 진척이 더딘 상황이었으나, 양이 많아 모두가 정리를 어려워했습니다. 모두가 양이 많다며 만류하셨지만, 업무를 위해 한 번은 반드시 필요하다고 생각하여, 자발적으로 고객 서류를 기준별로 분류한 결과, 업무 처리의 효율을 높일 수 있었습니다.
강조하고 싶은 모습/역량	• 조직을 위한 헌신적 자세 • 데이터를 분류하는 꼼꼼한 자세
답변 다시 만들어보기 (정리한 답변에서 KEYWORD만 추출해 미니북에 정리한 후, 키워드 중심으로 암기해보세요!)	
답변 1	✎

답변을 통해 강조하고 싶은 역량	✎	답변에 걸린 시간	초

답변 2	✎	

답변을 통해 강조하고 싶은 역량	✎	답변에 걸린 시간	초
나올 수 있는 꼬리/다른 질문	• 당시 주변의 반응은 어땠는지? • 그 시간에 다른 일을 하는 게 더 효율적이지 않았는지? • 하는 과정에서 어려움은 없었는지?		

조직/Q18	직장 생활에서 가장 중요한 덕목은?		
혼자 답변해보기		답변에 걸린 시간	초

✎

이 질문은 주로 언제, 누구에게?	▶ 모든 지원자 ▶ 직장 생활을 해 본 지원자	▼ 강의 보러 가기 ▼

면접 답변 POINT

공통 POINT	• 덕목 : 희생정신, 책임감, 협업 정신, 전문성, 주인 의식 등 '자세, 정신, 역량'으로 우리가 부르는 것들 • 지원한 기업이 원할 것 같은 이미지 → 덕목 • 중요한 덕목+이유(이유가 중요) • 입사해서 하는 일의 특징과 덕목을 연결 • '나는 이 덕목을 우선시 하겠다.' or '나는 이 덕목을 갖추고 있으니, 입사해서 이바지하겠다.'
은행 POINT	〈덕목의 이유, 방향 → 고객, 지점〉 • 은행원은 고객을 응대해야 하기 때문에 '고객을 위한 덕목' 생각해 보기 • 지점에서 사람들과 함께 협업해야 하기 때문에, 협업에 대한 덕목도 좋음 • '지점에서 다수의 사람과 지점 목표, 고객 만족, 성장을 위해 일하는 직장인'에게 필요할 덕목 예 업무를 구분하지 않는 자세, 주인 의식, 책임감 등

공기업 POINT	〈덕목의 이유, 방향 → 국민의 신뢰, 조직 우선〉 • 공기업은 국민의 신뢰로 이루어지는 곳, 국민에게 ~한 기업이기 때문에, '국민의 신뢰'에 초점을 맞춘 덕목 찾기 • 함께 기업의 목표를 향해 나아가야 하기 때문에 '조직 우선'에 초점 맞춘 덕목 찾기 • '국민을 위해/공동의 목표를 위해, 공익 창출을 위해 여러 사람과 함께 일하는 직장인'에게 필요한 덕목은 무엇인지? 예 책임감, 희생정신, 능동적으로 행동하는 자세 등
답변 템플릿	
두괄식	네, 저는 (직장/은행/공단 등) 생활에서 가장 중요한 덕목은 (덕목)이라고 생각합니다.
답변(경험)	실제 (비슷한 기업)에서 근무해보며/지원한 (은행/기업)은 ~하기 때문에, (덕목)이 없는 회사생활은 ~한 문제가 생긴다는 점을 알게 되었습니다. 이에 (지원한 기업, 기업의 지향점 등)을 위해서는, ~한 (덕목)을 추구해야 한다고 생각합니다.
답변 예시	네, 저는 업무에 구분을 짓지 않는 자세가 가장 중요하다고 생각합니다. 실제 타 기업 인턴에서 근무하며, 업무를 구분 짓고 서로 돕지 않을 때 모든 불편은 고객에게 간다는 점을 알게 되었습니다. 이에, 고객의 편의와 만족을 위해서 ○○인은, 업무를 구분 짓지 않는 열린 마음의 덕목을 추구해야 한다고 생각합니다.
강조하고 싶은 모습/역량	• 업무를 구분 짓지 않는 적극적 자세 • 협업적 자세
답변 다시 만들어보기	
(정리한 답변에서 KEYWORD만 추출해 미니북에 정리한 후, 키워드 중심으로 암기해보세요!)	
답변 1	

답변을 통해 강조하고 싶은 역량	✎	답변에 걸린 시간	초
답변 2	✎		
답변을 통해 강조하고 싶은 역량	✎	답변에 걸린 시간	초
나올 수 있는 꼬리/다른 질문	• 그 덕목을 발휘해 도움을 준 경험이 있는지? • 그 덕목이 통하지 않으면 어떻게 할 것인지? • 그 덕목을 지키기 위해 어떤 노력을 해왔는지? • 신입사원에게 필요한 덕목은 무엇인지?		

조직/Q19	조직 활동에 적응하는 나만의 노하우는?		
혼자 답변해보기		답변에 걸린 시간	초

✎

이 질문은 주로 언제, 누구에게?	▶ 자기 주관이 강해 보이는 지원자 ▶ '조직'보다는 '개인'이 우선일 것 같은 지원자	▼ 강의 보러 가기 ▼

면접 답변 POINT		
공통 POINT	• 최근 조직 부적응으로 인한 퇴사 증가 • 상사, 동료와 어울려 조직에 잘 적응할 수 있는지를 보는 문항 • 조직에 잘 적응하려 '노력'할 '의지'가 있는 사람인지를 확인 • 결론적으로, 조직에 잘 적응하며 전문성 있는 사람을 뽑기 위한 질문	
은행 POINT	〈지점 생활, 영업 환경에 적응하는 방법과 노하우〉 • 은행은 한 지점에서 여러 사람과 생활해야 함, 서로 도와주며 생활하기 위해 나는 어떤 사람인지 생각해 보기 • 영업 아르바이트 당시, 조직에 어떻게 적응하려고 노력했는지 • 지점에 적응해야 하는 이유는 무엇인지 생각해 보기	

공기업 POINT	〈조직에 융화하려는 적극적인 자세〉 • 공기업은 최근 자기소개서 문항으로도 자주 물음 • 기존에 있는 사람들, 그룹 안에서 자연스럽게 융화되려는 적극적이고 자발적인 자세 • 조직에서 사용하는 용어 연구, 관련 자료 탐색 등 • 조직 = 업무 방식으로 접근, 보수적인 집단에서 '막내'가 가져야 할 자세 생각해 보기
답변 템플릿	
두괄식	네, 저는 ~한 방식으로 조직에 적응하고자 노력하는 편입니다.
답변(경험)	조직 생활에서는 ~이 중요하다고 생각하기 때문에/(노하우)대로 한다면 ~한 효과가 있기 때문에, 항상 (노하우)처럼 생활하며 조직에 적응하고자 노력하고 있습니다.
답변 예시	네, 저는 조직의 작은 일부터 도맡아 하며 적응하는 편입니다. 선배님들이 하시는 작은 업무를 배우며 일을 배우기도 하고, 업무를 여쭤보며 가까워지는 편이기 때문에, 이러한 방법으로 조직에 적응하고자 노력하고 있습니다.
강조하고 싶은 모습/역량	• 궂은일, 작은 일도 배우려는 적극적인 자세 • 선배들에게 먼저 다가가는 막내의 자세
답변 다시 만들어보기	
(정리한 답변에서 KEYWORD만 추출해 미니북에 정리한 후, 키워드 중심으로 암기해보세요!)	
답변 1	✎

답변을 통해 강조하고 싶은 역량	✎	답변에 걸린 시간	초

답변 2	✎
답변을 통해 강조하고 싶은 역량	✎

		답변에 걸린 시간	초

나올 수 있는 꼬리/다른 질문	• 그 방식을 갖게 된 계기는 무엇인지? • 그렇게 했을 때, 상사나 조직은 어떤 반응을 보였는지? • 그 방식을 했을 때, 부정적이었던 경험이 있는지?

조직/Q20	신입이거나 인턴임에도 조직에서 성과를 냈던 경험은?		
	혼자 답변해보기	답변에 걸린 시간	초

✎

이 질문은 주로 언제, 누구에게?	▶ 경력, 인턴 경험이 있는 지원자 ▶ 적극적이지 않은 지원자	▼ 강의 보러 가기 ▼

면접 답변 POINT	
공통 POINT	• 어느 위치에서도 조직 성장을 위해 노력하는 적극적인 사람인지를 확인하려는 질문 • 성과 규모는 관계없다. 조직에 도움을 주기 위해 자발적으로 노력했던 경험 • 직무와 비슷한 환경에서의 경험이 있다면, 비슷한 환경에서도 적극적이겠다는 생각을 줄 수 있음 • 신입, 인턴이라는 쉽지 않은 상황에서도, 회사 내외에서 최선을 다했던 자세 보여주기
은행 POINT	〈영업 아르바이트에서 초기에도 실적 내기 위해 노력한 경험〉 • 상품에 대해 공부, 다른 직원 벤치마킹 등 적극적 '노력'자세 • 영업과 관련된 소재도 좋고, 은행 분위기에 따라 '개인 실적'보다는 '지점 성장'에 기여한 경험도 좋음 • 신입이었기에 어려웠던 이유 + 극복 노력 　예 상품에 대해 잘 알지 못함 → 상품별 세일즈 연구

공기업 POINT	〈조직 성장에 기여한 경험, 선배들이 바빠서 못했던 일을 함〉 • 꼭 필요한 일이지만, 바쁜 일정으로 인해 못했던 일(예 서류 정리 등)을 도와줌 • 이슈 상황에서 꼼꼼하고 적극적인 업무 자세로 업무를 쳐냄, 조직에 도움을 줌 • 남들이 하기 어려운 일, 불편하지만 처리 못했던 일을 신입이기에 적극적으로 처리해줌 • 선배의 동의, 꼼꼼한 자세, 데이터 분석 자세 등이 필요
답변 템플릿	
두괄식	네, 저는 (소속) 당시 (위치)임에도, ~한 (성과를 낸/조직에 기여를 한) 경험이 있습니다.
답변(경험)	당시 조직이 ~한 (상황/이슈)였습니다. 이에 (위치)였으나 (조직, 고객 등)을 위해 ~게 (노력)한 결과 (성과, 문제 해결, 조직에 도움)을 이뤄낼 수 있었습니다.
답변 예시	네, 저는 타 기업 인턴 당시, 인턴임에도 자료를 취합해 보고서 완성에 도움을 드린 경험이 있습니다. 당시, 인턴이었지만 신사업 TF에 합류하게 되었습니다. 피해가 되지 않기 위해, 다양한 부서와 소통하며 서류를 요청하고 취합해 정리해드린 결과, 보고서에 더 많은 자료를 실으며 조직 성장에 이바지할 수 있었습니다.
강조하고 싶은 모습/역량	• 조직을 위하는 적극적 자세 • 여러 사람과 소통하는 협업적 자세
답변 다시 만들어보기 (정리한 답변에서 KEYWORD만 추출해 미니북에 정리한 후, 키워드 중심으로 암기해보세요!)	

답변 1	✎

답변을 통해 강조하고 싶은 역량	✎	답변에 걸린 시간	초

답변 2	✎
답변을 통해 강조하고 싶은 역량	✎

답변에 걸린 시간	초

나올 수 있는 꼬리/다른 질문	• 인턴임에도 굳이 그렇게 노력한 이유는? • 그 과정에서 상사들의 반응은 어떠했는가? 협조를 잘 해주었는지? • 그 과정에서 어려움은 없었는지?

조직/Q21	남들이 하기 싫어하는 일을 한 경험은?		
혼자 답변해보기		답변에 걸린 시간	초

✎

이 질문은 주로 언제, 누구에게?	▶ 자기 주관이 강해보이는 지원자 ▶ '조직'보다는 '개인'이 우선일 것 같은 지원자	▼ 강의 보러 가기 ▼

면접 답변 POINT	
공통 POINT	• 조직에서 남들이 하기 싫어했던 일을 했던 경험 찾기 • '남을 위해 희생했던 경험'과 비슷한 맥락 • 흐름 1 : 누군가 하면 손해 볼 수 있는 일 → 서로 피함 → 누군가는 해야 했음 → 내가 함 • 흐름 2 : 조직에서 다들 하기 싫어서 미뤘던 일 → 한다면 개인적인 희생, 손해 → 내가 함

은행 POINT	〈영업 환경에서 다른 직원들이 꺼렸던 일 생각해 보기〉
	
	• 남들이 팔기 싫어했지만, 조직을 위해 팔아야 했던 물건을 팔았던 경험
	
	• 남들이 모두 응대하기 싫어하던 고객을 응대했던 경험
	
	• 남들이 하기 싫어하는 업무를 도맡아 했던 경험
	
	  = 면접관 입장에서는 '당연한 일'로 여겨질 수 있기 때문에, 내가 그럼에도 했던 이유에
	    대해서 명확히 생각하기
	
	• 조직을 위해 자발적으로 싫어하는 일을 했지만, 성과를 냈던 경험
	
	• 오히려 즐겁게 업무에 임했음을 드러내기

공기업 POINT	〈직무 환경에서 조직을 위한 일이지만 다들 꺼렸던 일을 한 경험〉 • 방대한 양의 서류 정리, 내가 한다면 평가가 깎일 수 있는 일, 응대하고 싶지 않은 민원인 등을 응대한 경험 • 민원인을 많이 응대해야 해서 모두가 꺼렸던 일, 업무 절차가 복잡해서 상사들은 모두 꺼렸던 일, 입사해서 모두가 하기 싫어하는 일을 내가 도맡아 할 경우 어떻게 할지 생각해보기 • 실적, 성과가 되지 않았어도, 자처해서 조직을 위해 업무 한 일

답변 템플릿	
두괄식	네, 저는 (경험) 당시 (남들이 모두 꺼리는 일)을 ~게 하여 (성과)를 낸 경험이 있습니다.
답변(경험)	당시 ~한 이유로 모두가 (업무)를 하고 싶어 하지 않았습니다. 저 역시 한다면 ~한 부분에서 (손해, 희생)이 있겠지만, (조직의 실적, 성과 등)을 위해 ~게 한 결과, ~한 성과를 / 조직에 이바지를 할 수 있었습니다.
답변 예시	네, 저는 공모전 참여 당시, 모두가 꺼려 하는 설문조사를 담당하여 성과물의 질을 높인 경험이 있습니다. 당시 설문조사를 해야하는 대상이 n백명으로, 너무 많아 모두가 시간상 이를 꺼려했습니다. 저 역시 학업 등으로 바빴지만, 보고서의 정확도를 높이기 위해서는 중요하다고 생각하여, 매일 인원을 정해두고 번갈아가로 나아가 진행한 결과, 목표 인원 달성은 물론 보고서 질을 높일 수 있었습니다.
강조하고 싶은 모습/역량	• 조직을 위하는 적극적 자세 • 여러 사람과 소통하는 자세

답변 다시 만들어보기	
(정리한 답변에서 KEYWORD만 추출해 미니북에 정리한 후, 키워드 중심으로 암기해보세요!)	
답변1	

답변을 통해 강조하고 싶은 역량	✎	답변에 걸린 시간	초
답변 2	✎		
답변을 통해 강조하고 싶은 역량	✎	답변에 걸린 시간	초
나올 수 있는 꼬리/다른 질문	자신에게 손해가 있음에도 그렇게 결정한 이유는?		

조직/Q22	신입 사원이 갖춰야 할 덕목은?		
	혼자 답변해보기	답변에 걸린 시간	초

✎

이 질문은 주로 언제, 누구에게?	▶ 전 신입 지원자 ▶ '조직'보다는 '개인'이 우선일 것 같은 지원자	▼ 강의 보러 가기 ▼

면접 답변 POINT	
공통 POINT	• 최근 '90년대생이 온다.'라는 책이 있을 정도로, '개인주의가 강한' 젊은 신입 지원자에 대한 걱정이 큰 상황 • 조직의 막내로서 배우려는 자세, 조직에 융화되려는 자세 등을 보여주기 위한 답변 구성하기 • 개인주의가 아닌, '조직을 위해 항상 노력한다. 항상 배우겠다. 먼저 다가가겠다.'의 내용을 담은 덕목 선정하기
은행 POINT	〈신입 행원으로서 처하게 될 상황 생각해 보기〉 • 업무를 다 알지 못해 창구에서 어려움을 겪는 상황, 조직에 적응하지 못하는 상황 등 • 이러한 상황 극복하기 위해 어떤 노력을 해야 하는지 • 신입 행원의 덕목은 '지점(은행/조직)'or '고객'을 향한 덕목이어야 함 • 고객의 자산에 대해 책임감 갖고 배우려는 덕목, 지점 분위기에 적응하려는 덕목, 신입 행원으로서 고객 or 조직에 피해를 주지 않으려는 덕목

공기업 POINT	〈보수적 집단에서 적응하기 위한 신입의 자세 생각해 보기〉 • 조직과 업무에 적응하려는 적극적인 자세를 보여주는 덕목 • 조직에 먼저 다가가려는 자세, 배우기 위해 갖춰진 자세 강조하기 • 공기업은 보수적이고 체계가 중요한 곳, 신입으로서 '낮은 자세를 유지하겠다.' 보여주기 • '나'보다는 '조직'을 생각하는 자세 보여주기
답변 템플릿	
두괄식	네, 신입 사원(행원)으로서 갖춰야 할 덕목은 (덕목)이라고 생각합니다.
답변(경험)	신입 사원(행원)은 ~하기 때문에, ~을 위해 항상 (덕목)에 따라 ~게 (조직/업무)에 적응해야 한다고 생각하기 때문입니다.
답변 예시	네, 신입 사원으로서 갖춰야 할 덕목은 '낮은 자세의 덕목'이라고 생각합니다. 신입 사원은 업무와 조직에 대해 잘 파악하지 못하고 있기 때문에, 하나라도 더 빠르게 배우고 적응하기 위해 낮은 자세로 먼저 선배님들께 다가가 조직에 적응하고, 업무를 이해해야 한다고 생각하기 때문입니다.
강조하고 싶은 모습/역량	• 조직에 순응하는 겸손한 자세 • 항상 먼저 다가가는 적극적 자세
답변 다시 만들어보기	
(정리한 답변에서 KEYWORD만 추출해 미니북에 정리한 후, 키워드 중심으로 암기해보세요!)	

답변 1	✎		
답변을 통해 강조하고 싶은 역량	✎	답변에 걸린 시간	초

답변 2	✎
답변을 통해 강조하고 싶은 역량	✎	답변에 걸린 시간	초
나올 수 있는 꼬리/다른 질문	• 실제 이러한 덕목을 살려 조직에 적응한 경험이 있었는지? • 신입 사원으로서 성과를 냈던 경험이 있는지?		

조직/Q23	리더십을 발휘해본 경험은?		
혼자 답변해보기		답변에 걸린 시간	초

✎

이 질문은 주로 언제, 누구에게?	▶ '팔로워'적인 성향이 강해 보이는 지원자 ▶ 업무에서 어느 정도의 리더십이 필요한 직무	▼ 강의 보러 가기 ▼

면접 답변 POINT

공통 POINT	• 대부분이 '팔로워십'을 이야기하기 때문에, 종종 '리더십'을 발휘한 경험을 묻기도 함 • 리더십에서 강조할 내용 : 조직을 위한 자발적인 움직임, 적극적인 협업 유도, 능동적 자세와 적극적 지원 • '조직에 임하는 나의 자세'를 중점적으로 드러낼 것 • 나만 잘 먹고 잘 살자 X → 다른 사람과 함께 성장하자
은행 POINT	〈'영업 환경'에서의 리더십 생각해 보기〉 • 은행에서는 '어떤 리더십, 어떤 협업'이 필요할지 생각해 보기 • 실적이 나지 않는 상황에서의 리더십, 동료가 어려움을 겪고 있을 때 발휘할 수 있는 리더십 • 영업 환경이 아니더라도, 인턴 근무 등 리더십을 발휘할 수 없는 시기에서도, '다른 구성원의 어려움'을 주도적으로 함께 나누며 '작은 리더십'이라도 발휘한 경험 • 행원은 '지점'에서 근무하기 때문에, 지점 생활에서 필요한 '리더십', 함께 어울리는 '리더십' 경험 생각해 보기

공기업 POINT	〈서포터형 리더십, 뒤에서 팀을 돕는 리더〉 • '서포터형 리더십' : 팀의 성장을 위해 뒤에서 묵묵히 조력했던 경험, 리더로서 책임감 있게 문제를 처리했던 경험 • 서포터형 리더십을 통해, 입사 후에도 리더를 따라 업무를 서포트하며 주도적으로 끌고 나갈 것임을 드러낼 수 있음 • 팀을 위해 책임감 있게 주어진 일 이상을 해내다 = 공기업의 리더십
답변 템플릿	
두괄식	네, 저는 (경험) 당시, ~한 리더십을 발휘하여 (조직 성과)를 낸 경험이 있습니다. / ~에 도움을 준 경험이 있습니다.
답변(경험)	당시 (조직/다른 팀원)이 ~한 상황이었기에, ~게 (리더십을 발휘)하여 ~게 도움을 주며 ~한 (성과)를 끌어낼 수 있었습니다.
답변 예시	네, 저는 디지털 프로젝트 당시, '함께 가는 리더십'을 발휘해 프로젝트를 성공적으로 마무리한 경험이 있습니다. 당시 일부 팀원이 디지털 관련 지식이 없어 팀 참여에 소극적인 상황이었습니다. 이에, 팀원이 어려워하는 점을 듣고, 관련 교육을 이수할 수 있는 방법을 찾아주고 함께 강의를 들으며 참여를 독려한 결과, 팀원의 역량 향상은 물론 프로젝트 1위의 성과를 거둘 수 있었습니다.
강조하고 싶은 모습/역량	• 다른 팀원을 챙기는 자세 • 강압적 리더가 아닌 '챙기는 리더'의 모습
답변 다시 만들어보기 (정리한 답변에서 KEYWORD만 추출해 미니북에 정리한 후, 키워드 중심으로 암기해보세요!)	
답변 1	

답변을 통해 강조하고 싶은 역량	✎	답변에 걸린 시간		초
답변 2	✎			
답변을 통해 강조하고 싶은 역량	✎	답변에 걸린 시간		초
나올 수 있는 꼬리/다른 질문	• 리더로서 중요한 덕목이 뭐라고 생각하는지? • 본인은 리더, 팔로워 중 어디에 더 가까운지? • 본인은 '리드하는 리더'인지 '서포트하는 리더'인지?			

조직/Q24	누군가와 신뢰를 회복한 경험은?		
혼자 답변해보기		답변에 걸린 시간	초

✎

이 질문은 주로 언제, 누구에게?	▶ 협업, 고객 응대 업무가 많은 직무 ▶ '친화적'이기보다는 '정적인' 이미지에 가까운 지원자	▼ 강의 보러 가기 ▼

면접 답변 POINT

공통 POINT	• 다른 사람, 고객, 거래처 등과 협업, 소통, 거래할 일이 많은 직무에서 나올 수 있는 질문 • 조직 구성원과 협업, 소통해야 할 일이 많은 경우, '어떻게 관계를 유지해 나갈 수 있는지' 를 확인하는 질문 • 오해로 인해 신뢰에 문제가 생겼지만, 나의 적극적 자세로 신뢰를 회복했던 경험 • '신뢰를 회복하기 위한 적극적 자세' → 답변에서 가장 중요한 내용
은행/공기업 POINT	〈조직 내외에서 신뢰를 회복했던 경험 찾기〉 • 신입/인턴/아르바이트생/신입 부원 등으로서 '업무가 서툴러서/상대방이 오해해서/오해 할 상황이 있어서' 신뢰가 무너졌던 경험 • 회피하지 않고 적극적인 업무 자세로, 상대와 신뢰를 회복했던 경험 • '대인 관계'에 있어서, 포기하지 않고 노력하는 사람임을 보여주기

답변 템플릿	
두괄식	당시 (오해, 문제, 원인)으로 인해 (대상)과 거리가 멀어졌습니다. 이에, 이를 극복하고자 ~게 노력한 결과, 신뢰를 회복하고 (조직 성장)도 이룰 수 있었습니다.
답변(경험)	당시 (조직/다른 팀원)이 ~한 상황이었기에, ~게 (리더십을 발휘)하여 ~게 도움을 주며 ~한 (성과)를 끌어낼 수 있었습니다.
답변 예시	네, 저는 판매 아르바이트 당시, 매니저님과 신뢰를 회복한 경험이 있습니다. 당시, 상품에 대한 교육을 받았기에 판매를 진행했으나, 매니저님께서는 공부를 하지 않고 미숙한 상태에서 손님을 놓친다고 생각하여 저를 오해하셨습니다. 이에, 매니저님께 상품에 대해 더 여쭤보고, 작은 응대에서도 상품에 대해 안내하는 모습을 보여드린 결과, 신뢰를 회복해 판매에 참여하며 지점 매출 증대에 이바지할 수 있었습니다.
강조하고 싶은 모습/역량	• 인턴, 신입, 아르바이트생임에도 노력하는 자세 • 먼저 상사에게 다가가는 자세

답변 다시 만들어보기			
(정리한 답변에서 KEYWORD만 추출해 미니북에 정리한 후, 키워드 중심으로 암기해보세요!)			
답변 1	✏️		
답변을 통해 강조하고 싶은 역량	✏️	답변에 걸린 시간	초

답변 2	✎

답변을 통해 강조하고 싶은 역량	✎	답변에 걸린 시간	초
나올 수 있는 꼬리/다른 질문	• 그러한 오해가 생긴 이유는 뭐라고 생각했는지? • 신뢰를 회복하는데 얼마의 시간이 걸렸는지?		

조직/Q25	조직에서 주로 어떤 평가를 받았는지?		
혼자 답변해보기		답변에 걸린 시간	초

✎

이 질문은 주로 언제, 누구에게?	▶ 모든 지원자 ▶ 직장 생활, 조직 생활을 해 본 지원자	▼ 강의 보러 가기 ▼

면접 답변 POINT	
공통 POINT	• 간접적인 레퍼런스 체크, 업무를 같이 하는 조직 안에서 '어떤 업무 자세'를 갖고 있는지 보기 위한 질문 • 이 답변을 통해 '어떤 업무 자세를 갖고 있는지, 상사나 동료에게 어떤 사람으로 인식되는지' 등을 보여줄 수 있음 • 실제 상사에게 받았던 '긍정적 피드백'을 중심으로, '내가 어떤 사람으로 보이고 싶은지' 생각해 보기 • 각 기업, 직무에서 중요시 여기는 부분에 맞춰 답해보기
은행 POINT	〈영업적, 꼼꼼함, 조직 내, 전반적 업무 자세 측면〉 • 각 측면에 맞춰 강조하고 싶은 '평가' 찾아보기 • 자신의 약점일 것 같은 부분을 이 답변을 통해 보여주면서, '내가 지금 떨려서 그렇지, 그런 사람이 아니다.' 보여주기 　예 꼼꼼함이 단점으로 보일 경우 → 꼼꼼한 사람임을 나타내는 피드백과 함께, '약점인 꼼꼼함'을 보완할 것 • 전반적 업무 자세 측면 : 의지하고 싶은 사람, 믿을 수 있는 사람 등

공기업 POINT	〈꼼꼼한 측면, 직무 자세 or 역량적 측면, 체계적, 계획적 측면〉 • 자신의 약점일 것 같은 부분을 이 답변을 통해 보여주면서, '내가 지금 떨려서 그렇지, 그런 사람이 아니다.'라는거 보여주기 　예 꼼꼼함이 단점으로 보일 경우 → 꼼꼼한 사람임을 나타내는 피드백과 함께, '약점인 꼼꼼함'을 보완할 것 • 어떤 일이든 꼼꼼하게 맡은 일 이상을 해내는 사람 • '일을 맡기고 싶은 사람'으로 보이는 답변 생각하기 • 공기업에서 좋아하는 자세에 맞춰 답변 구성하기 　예 검토쟁이 : 항상 검토하며 오류나 오타를 찾아내서
답변 템플릿	
두괄식	네, 저는 조직에서 주로 ~한 (평가)를 받았습니다.
답변(경험)	항상 (조직, 업무 등)에서 ~했기 때문에, (상사, 동료)로부터 ~라고 불렸습니다
답변 예시	네, 저는 조직에서 주로 '모닝 비타민'이라는 평가를 받았었습니다. 아침에 출근해서 항상 밝은 미소로 가장 먼저 인사하고, 조직 분위기를 밝게 만들었기 때문에 '아침 비타민 같다.'라는 평가를 들었었습니다.
강조하고 싶은 모습/역량	• (자기 일만 할 것 같은 이미지의 경우) 굉장히 밝고 조직에 잘 적응하는 모습 • 조직 분위기를 밝게 만드는 막내의 역할 수행 가능
답변 다시 만들어보기	
(정리한 답변에서 KEYWORD만 추출해 미니북에 정리한 후, 키워드 중심으로 암기해보세요!)	

답변 1	✎		
답변을 통해 강조하고 싶은 역량	✎	답변에 걸린 시간	초

답변 2	✎
답변을 통해 강조하고 싶은 역량	✎

답변에 걸린 시간	초

나올 수 있는 꼬리/다른 질문	• (업무적 역량으로 답했을 경우) 성향적 측면의 평가는 없었는지? • (성향적으로 답했을 경우) 업무 자세 측면의 평가는 없었는지? • 상사에게 받았던 부정적 피드백은?

조직/Q26	협업 시 나의 강점과 약점은?		
	혼자 답변해보기	답변에 걸린 시간	초

✏️

이 질문은 주로 언제, 누구에게?	▶ 모든 지원자 ▶ '조직'보다는 '개인'이 우선일 것 같은 지원자	▼ 강의 보러 가기 ▼

	면접 답변 POINT
공통 POINT	• 내 장·단점을 협업 시 강점과 약점으로 승화해도 됨 　예 장·단점 : 친화력/창의성 → 강·약점 : 조직 분위기 형성/아이디어 제시보다는 근거 　　　제시에 능함 • 실제 협업 시, 나는 어떤 역할을 맡는지 생각해 보기 • '조직에서 주로 어떤 평가를 받는지'→ 협업에 임하는 내 강점이 될 수 있음 • 협업 시 내가 주로 기피했던 역할 중 리스크가 적은 답변 → 약점 　예 리더의 역할 → (강점)이 있지만 잘 추진하지는 못한다. 서포터의 역할을 맡는다.
은행 POINT	〈지점 생활, 영업 생활 시 나의 강약점 생각해 보기〉 • 구체적으로 준비할 경우, '지점 및 영업 생활 내 나의 강·약점'으로 생각해 보기 • 강점 : 남들이 기피하는 일을 맡아서 함 (청소), 긍정적 분위기를 형성함, 친화력 등 • 약점 : 큰 전략 구축 어려움(대신 적극적 수행), 신중히 아이디어를 제시하느라 시간이 더 　디다 등

공기업 POINT	〈인턴, 실습 등 단체 생활 내 나의 강약점 생각해 보기〉 • 체계적으로 업무를 처리하는 조직에서 있었던 경험으로 생각해 보기 • 강점 : 자료 정리에 능함, 세부 계획 수립에 능함, 긍정적 분위기를 형성함, 협업에 능함 등 • 약점 : 리더십이 부족함, 창의적 전략 구축의 어려움 등
답변 템플릿	
두괄식	네, 협업 시 저의 가장 큰 강점은 (강점)이라고 생각합니다.
답변(경험)	실제 ~한 (조직)에서도 (강점)을 발휘해, ~게 기여했었기 때문입니다. 반면 (약점)한다는 약점이 있지만, 대신 ~게 하여 조직에 도움을 주고자 하였습니다.
답변 예시	네, 협업 시 저의 가장 큰 강점은 업무에 구분을 짓지 않는 자세라고 생각합니다. 실제 인턴으로 프로젝트에 참여할 당시에도, 업무 구분 없이 도움이 되는 업무를 도맡아 하며 완수 속도를 높였습니다. 반면, 창의적 아이디어 제시는 어려워, 조직 목표에 맞는 근거를 찾고 계획을 수립해 주며 이를 서포트하고 있습니다.
강조하고 싶은 모습/역량	• 업무를 적극적으로 수행하는 자세, 일을 구분 짓지 않는 협업적 자세 • 꼼꼼한 자세

답변 다시 만들어보기

(정리한 답변에서 KEYWORD만 추출해 미니북에 정리한 후, 키워드 중심으로 암기해보세요!)

답변 1	

답변을 통해 강조하고 싶은 역량		답변에 걸린 시간	초

답변 2	✎
답변을 통해 강조하고 싶은 역량	✎ 　　　　　　　　　　　　　　　 답변에 걸린 시간 　　　　　　 초
나올 수 있는 꼬리/다른 질문	• 강점을 발휘해 문제를 해결했던 경험? 조직에 도움을 주었던 경험이 있는지? • 약점으로 조직에 피해를 주었던 경험이 있는지? • 약점을 어떻게 극복하려고 노력하고 있는지?

조직/Q27	세대 차이를 극복하는 나만의 방법은?		
혼자 답변해보기		답변에 걸린 시간	초

✎

이 질문은 주로 언제, 누구에게?	▶ 모든 지원자 ▶ 개인주의가 강한 90년대 생으로 보이는 지원자	▼ 강의 보러 가기 ▼

면접 답변 POINT	
공통 POINT	• 세대가 차이 나는 상사와 잘 어울릴 수 있는 사람인지를 묻는 질문 • 조직과 상사에 먼저 적극적으로 다가가는 사람인지를 파악하기 위함 • 아르바이트, 인턴 등에서 상사와 잘 어울리기 위해 했던 나의 노력 • 포기하지 않고, 조직과 어울리기 위해 노력하는 사람 • 우려하는 세대 차이 : 세대 차이를 극복하려는 의지 X • 조직 융화에 대한 의지 X, 개인주의적 성향
은행/공기업 POINT	〈상사와의 관계 개선을 위한 나의 노력〉 • 은행/민원인 응대 공기업의 경우, 멀리 봐서 '고령 고객을 잘 응대할 수 있는 방법'으로 답변해도 좋음 • 상사가 세대 차이를 느끼는 이유는 무엇인지 생각해 보고, 극복하려는 나의 노력 • 세대 차이는 전혀 문제가 되지 않을 수준의 '능동적으로 다가가는 자세' • 조직을 우선적으로 생각하는 자세 드러내기 • 여태껏 연락하고 있는 이전 경험의 상사가 있다면, 이 이야기를 보태도 좋다.

답변 템플릿	
두괄식	네, 저는 세대 차이를 극복하기 위해 ~게 했습니다.
답변(경험)	보통 상사분들이 세대 차이를 느끼시는 이유는 ~때문이라고 생각하여, ~게 하며 (조직 적응, 상사에게 다가가) 세대 차이를 극복하려고/조직에 어울리고자 노력하였습니다.
답변 예시	네, 저는 세대 차이를 극복하기 위해 상사의 관심사를 공유하고 업무에 구분을 두지 않았습니다. 대부분 상사 분들의 경우 '요즘 애들'에 대한 생각과 관심사가 공유되지 않은 아쉬움을 많이 느끼신다고 생각하여, 상사 연령대의 관심사를 찾아 조사하고, 업무 시간, 역할 구분 없이 책임을 다해서 임한 결과, '요즘 애들 같지 않다.'라는 이야기를 많이 듣기도 하였습니다.
강조하고 싶은 모습/역량	• 상사와 관계를 유지하려는 자세 • 업무에서 역할 이상을 해내려는 적극적 자세
답변 다시 만들어보기	
(정리한 답변에서 KEYWORD만 추출해 미니북에 정리한 후, 키워드 중심으로 암기해보세요!)	

답변 1	✎		
답변을 통해 강조하고 싶은 역량	✎	답변에 걸린 시간	초
답변 2	✎		

답변을 통해 강조하고 싶은 역량	✎		답변에 걸린 시간	초
나올 수 있는 꼬리/다른 질문	• 실제 아직도 연락하고 있는 상사가 있는지? • 그렇게 다가갈 경우, 상사의 반응은 어떠했는지? • 주변 동료들의 반응은 어땠는지?			

조직/Q28	조직을 위해 헌신한 경험과 주변 반응은?		
혼자 답변해보기		답변에 걸린 시간	초

✎

이 질문은 주로 언제, 누구에게?	▶ '조직'보다는 '개인'이 우선일 것 같은 지원자 ▶ '친화력'을 장점으로 내세우기 어려운 지원자	▼ 강의 보러 가기 ▼

면접 답변 POINT	
공통 POINT	• '남을 위해 헌신했던 경험' 질문에서 '조직을 위해 헌신했던 경험'의 답변을 갖고 오면 되는 질문 • 남들은 하지 않는데 내가 헌신함 → 주변의 부정적 반응, 어떻게 이겨냈나? • 조직 우선 가치 + 조직 내 소통 역량 강조 → 조직 적응, 융화력 강조 • '현실 경험 + 반응 + 대처'까지 답변해야 하는 질문 • 혼자 조직을 위하는 사람이 아니라, '조직과 함께 조직을 위해 나아가는 사람'임을 보여줘야 함
은행 POINT	〈나 혼자 실적 내는 사람이 아니라, 조직과 함께 실적을 만들어가는 사람임을 강조하기〉 • 실적 증대를 위해 헌신했던 경험, 그 노하우를 주변과 공유하는 사람 • 판매 경험 중심으로 생각해 보기 예 경험 : 실적 관련 경험/반응 : 부정적, 노하우 알려달라, 대단하다./대처 : 다른 영업 전략 안내, 노하우 공유 등

공기업 POINT	〈항상 조직이 우선인 사람, 겸손하게 대처〉 • 조직을 위해 남들이 꺼리는 일을 한 경험, 조직을 위해 희생한 경험 • '헌신'을 알리기보다는 묵묵히 해내는 사람 • '굳이 뭐 하러 그렇게까지 해'라고 생각하는 수동적 동료의 협업 유도, 긍정적 반응 유도 　예　경험 : 조직 위해 희생한 경험 　　　반응 : 부정적, 뭐 하러 그렇게까지, 고맙다. 　　　대처 : 겸손히, 편하게 일할 수 있도록 돕기, 지속적으로 내가 헌신을 맡아서 하며 조직의 성장을 유도 등
답변 템플릿	
두괄식	네, (경험) 당시 ~을 위해 ~게 헌신한 경험이 있습니다.
답변(경험)	당시 ~한 (헌신이 필요한, 다들 꺼리거나 굳이 하지 않는) 상황이었지만, ~을 위해 (업무 처리, 실적 증대) 등이 필요하다고 생각하였습니다. 이에, ~게 (헌신)한 결과, 동료들은 ~한 반응을 보였고, ~게 대처한 결과 (성과, 해결)을 이뤄낼 수 있었습니다.
답변 예시	네, 타 기업 인턴 당시, 조직의 주요 보고서를 위해 헌신한 경험이 있습니다. 당시 보고서를 위한 서류 정리가 필요했으나, 자료가 방대해 다들 꺼리는 상황이었습니다. 하지만 이는 필요하다고 생각하여, 점심시간 등 자투리 시간에 자료를 구분하여 정리한 결과, 동료들은 고맙다라는 반응을 보였고, 자료에 대한 내용을 공유해드리며 더 빠르게 보고서를 완수할 수 있었습니다.
강조하고 싶은 모습/역량	• 조직을 위한 헌신적 자세 • 동료들의 시기보다는 감사함을 받음, 조직과 잘 융화되는 사람

답변 다시 만들어보기
(정리한 답변에서 KEYWORD만 추출해 미니북에 정리한 후, 키워드 중심으로 암기해보세요!)

	✎
답변 1	

답변을 통해 강조하고 싶은 역량	✎	답변에 걸린 시간	초

	✎
답변 2	

답변을 통해 강조하고 싶은 역량	✎	답변에 걸린 시간	초

나올 수 있는 꼬리/다른 질문	• 왜 그렇게까지 했었는지? • 주변에 시기, 질투 하는 사람은 없었는지? • 상사의 반응은 어땠는지?

조직/Q29	가장 같이 일하고 싶은 동료의 유형은?		
혼자 답변해보기		답변에 걸린 시간	초

✎

이 질문은 주로 언제, 누구에게?	▶ 모든 지원자 ▶ 조직이 선호하는 이미지와 잘 맞지 않아 보이는 지원자	▼ 강의 보러 가기 ▼

면접 답변 POINT	
공통 POINT	• 동료 : 동등한 입장, 지시를 따라야 하는 상사와는 다름 • 답변을 통해, 협업 시 지원자 자체가 어떤 사람인지를 파악하기 위한 질문 • 개인이 중요시 여기는 가치를 파악할 수 있음 • 성향적 강점을 드러낼 수 있는 질문이기도 함(예 저의 경우 ~한 강점이 있기 때문에, ~한 사람과 함께 일하고 싶습니다) • '가장 같이 일하고 싶지 않은 유형'의 반대 → 나는 그런 사람이다.
은행 POINT	〈영업 환경, 일반적인 협업 환경〉 • 은행 선호 분위기에 따른 답변(협업 환경, 영업 환경, 협업하기 위한 환경, 더 나은 목표 달성을 위한 환경 등) 예 영업 환경 → 함께 실적 달성의 시너지를 낼 수 있는/독려하는 유형 • 은행의 '협업' : 각자의 창구가 모여 하나의 지점을 만든다. • 영업 환경에서 가장 같이 일하기 좋았던 사람, 롤모델이었던 사람

공기업 POINT	〈일반적인 환경, 원칙, 질서, 기본의 중요성, 책임〉 • '조직'이 가장 중요하다./'조직'을 위해 움직이는 사람이다. • '조직'을 위한 사람, '체계가 명확한 곳에서 같이 일하기 좋았던 사람'생각해 보기 　　예 업무 기한을 맞추는 사람, 업무의 질서를 아는 사람, 책임을 다하는 사람 등
답변 템플릿	
두괄식	네, 저는 ~한 동료와의 협업을 가장 선호하는 편입니다.
답변(경험)	• (은행, 공기업, 직무 등)에서 ~한 (역량, 역할, 요소) 등이 가장 중요하기 때문에, • 실제 ~한 경험을 통해, ~한 (사람, 동료, 협업)의 중요성을 알게 되어, ~한 동료와 가장 함께 일하고 싶습니다.
답변 예시	네, 저는 서로의 동기를 부여해 줄 수 있는 동료와 함께 일하고 싶습니다. 실제 타기업 인턴 당시, 인턴으로서 어려운 과제를 받았으나, 서로 독려하며 성공적으로 마무리하고 서로 성장할 수 있었습니다. 이후, '각자'보다는 '함께'서로 동기를 부여하는 동료와 함께 일하고 싶다고 생각하였습니다.
강조하고 싶은 모습/역량	• 어려운 과제도 이겨내는 자세 • 동료와 우호적 관계로 서로 독려하는 협업적 자세

답변 다시 만들어보기
(정리한 답변에서 KEYWORD만 추출해 미니북에 정리한 후, 키워드 중심으로 암기해보세요!)

답변 1	
답변을 통해 강조하고 싶은 역량	답변에 걸린 시간　　　　초

답변 2	✎
답변을 통해 강조하고 싶은 역량	✎	답변에 걸린 시간	초
나올 수 있는 꼬리/다른 질문	• 만약 입사했는데 그런 동료가 없다면 어떻게 할 것인가? • 그럼, 가장 같이 일하고 싶지 않은 동료는? • 가장 같이 일하고 싶은 상사의 유형은?

조직/Q30	상사에게 받았던 부정적 피드백은?

혼자 답변해보기	답변에 걸린 시간	초

✎

이 질문은 주로 언제, 누구에게?	▶ 경험, 경력 등이 있는 지원자 ▶ 지원자 특성이 잘 파악되지 않는 경우	▼ 강의 보러 가기 ▼

면접 답변 POINT

공통 POINT	• '조직에서 주로 어떤 평가를 받았는지'는 '긍정적 평가'를 묻는 질문이라면, 이 질문은 '부정적 평가'를 묻는 질문 • 간접적인 레퍼런스 체크로, 지원자의 업무적 단점을 파악하는 질문 • 업무 수행에 있어서 치명적인 단점은 X • 내가 커버할 수 있는 수준의 피드백으로 언급하기 • 내 성격의 단점과 같은 맥락으로 답변해도 좋음
은행 POINT	〈많게는 3가지 정리해두기, 고객 응대나 계산 문제의 단점 지양〉 • 상사에게 받았던 부정적 피드백 세 가지를 묻기도 함(실제 기출) • 고객 응대, 돈 계산, 꼼꼼함 등의 부족을 언급하지는 말 것 • 은행에서 사용해도 무리 없는 단점 사용하기 • 아무리 생각해도 없다면, 상사가 '~한 내용을 더 가르치려고 했었다.' 부분으로 생각해 보기 • 이후에 내가 어떻게 노력했고, 어떻게 변했는지도 언급할 것

공기업 POINT	〈직무와 관련 없는 업무에서의 피드백도 좋음, 직무에 치명적인 답변 지양〉
	
	• 직무기술서 내 '직무 수행 태도'와 관련 없는 업무에서 피드백 찾기
	
	   [예] 무언가 새로운 분야를 생각해내는 부분이 부족
	
	• '사기업' 근무 경험에서 받았던 피드백이 있다면, 그때 받았던 피드백을 활용해 '공기업 맞춤형 인재'임을 드러낼 것
	
	   [예] 새로운 분야에 대한 도전을 더 했으면 좋겠다.
	
	• '꼼꼼하지 못하다'는 치명적인 단점

답변 템플릿	
두괄식	네, 저는 상사에게 ~한 피드백을 받았었습니다.
답변(경험)	대체적으로 (내 업무 자세)가 ~했기 때문에, 상사로부터 (초반에, ~할 때) ~라는 피드백을 받았었습니다. 하지만 이후 ~게 하며 이를 해결하려고 노력했습니다.
답변 예시	네, 저는 상사에게 '큰 그림을 기획해보아라.'라는 이야기를 들었었습니다. 대체적으로 조직 목표에 따라 계획을 세우고 세세한 업무는 진행했지만, 큰 기획을 해야 할 때 데이터가 없으면 소극적인 면이 있어 이러한 피드백을 받았었습니다. 하지만 이후 일상 업무에서도 작은 장표부터 기획해보며 기획력을 기르고자 하였습니다.
강조하고 싶은 모습/역량	• 기획은 어렵지만, 세세한 계획이나 꼼꼼한 업무는 잘 처리함 • 주어진 업무에서는 기획하려고 노력함
답변 다시 만들어보기 (정리한 답변에서 KEYWORD만 추출해 미니북에 정리한 후, 키워드 중심으로 암기해보세요!)	

답변 1	✎		
답변을 통해 강조하고 싶은 역량	✎	답변에 걸린 시간	초

답변 2	✎

답변을 통해 강조하고 싶은 역량	✎	답변에 걸린 시간	초
나올 수 있는 꼬리/다른 질문	• 그러한 피드백으로 인해 조직에 피해를 주었던 경험은? • 그 피드백을 극복해 성과를 냈던 경험은?		

조직/Q31	조직 내 대인 관계에서 가장 중요한 것은?	
혼자 답변해보기	답변에 걸린 시간	초

✎

이 질문은 주로 언제, 누구에게?	▶ '대인 관계'보다는 '혼자 하는 업무'에 더 능해 보이는 지원자 ▶ '조직'보다는 '개인'일 것 같은 지원자	▼ 강의 보러 가기 ▼

면접 답변 POINT	
공통 POINT	• 조직에 잘 적응하고 어울려서 '오래 다닐 수 있는 사람'을 찾기 위한 질문 • '친구끼리'의 대인관계보다 '직급이 있고, 업무로 엮인 조직 내 대인 관계' 경험으로 답하기 • 화합, 협업의 준비가 된 지원자, 조직을 위해 헌신하고 배려하는 자세의 중요성을 인지하고 있는 지원자 • 실제 조직 내 대인 관계 구축과 회복을 위해 노력해본 사람
은행 POINT	〈나이, 직급에 관계없이 함께 목표를 향해 나아가는 자세〉 • 조직 내 대인 관계 적응 → 영업 노하우 공유 → 함께 영업 목표 달성 • 조직 내 대인 관계 적응 → 원활히 협업, 서로 어려울 때 도와줌 → 퇴사자 감소 • 서로 업무를 알려주고 영업 노하우를 공유하기 위해 어떤 자세가 필요한지 생각해 보기 • 선 긋지 않고, 열린 마음으로 다가가는 자세 • 영업 환경에서 나이, 직급에 관계없이 함께 친해지고, 영업 노하우를 공유하여 조직 발전을 만들었던 경험 • 그 경험 안에서 '내가 한 노력' 찾고, 이 노력을 단어로 만들기(예 배우려는 자세 등)

공기업 POINT	〈희생과 배려, 세대 차이 극복, 열린 마음〉 • 수많은 상사, 다양한 나이와 직급이 함께 '오랫동안 근무하는' 곳이 공기업 • 희생과 배려가 기반으로 갖춰져 있는 지원자 • 상사 및 나이가 많은 사람과의 대인 관계에서 도움을 주고 적극적인 사람 • '맞춰 나가는 자세'와 '이해의 자세'가 가장 중요함 • 여러 상사들과 일했던 경험 속에서, '내가 상사에 맞추고, 원활한 대인 관계를 구축하고 자' 노력했던 경험 찾기 → 단어로 만들기(예 항상 낮은 자세로 있는 것)

답변 템플릿	
두괄식	네, 저는 조직 내 대인 관계에서 ~이 가장 중요하다고 생각합니다.
답변(경험)	조직 내 대인 관계는 조직의 (성장, 화합 등 가치)를 위해 가장 중요하기 때문에, ~한 자세로 ~해야, 함께 (목표, 조직을 위해) 나아갈 수 있기 때문입니다.
답변 예시	네, 저는 조직 내 대인 관계에서 '먼저 다가가는 자세'가 가장 중요하다고 생각합니다. 공기 업에서 관계를 구축할 때, 원활히 협업을 이뤄내 국민의 편의를 도울 수 있다고 생각합니다. 이에, 선 긋지 않고, 모든 직원에게 먼저 다가가 업무를 나누는 적극적 자세로 함께 공익을 위 해 나아가야 한다고 생각합니다.
강조하고 싶은 모습/역량	• 상사, 동료 등에게 먼저 다가가는 적극적 자세 • 업무를 나누지 않는 열린 자세

답변 다시 만들어보기			
(정리한 답변에서 KEYWORD만 추출해 미니북에 정리한 후, 키워드 중심으로 암기해보세요!)			
답변 1	✎		
답변을 통해 강조하고 싶은 역량	✎	답변에 걸린 시간	초

답변 2	✎		
답변을 통해 강조하고 싶은 역량	✎	답변에 걸린 시간	초
나올 수 있는 꼬리/다른 질문	• 그러한 대인 관계로 조직에 도움을 주었던 경험? • 그 (자세, 역량)이 통하지 않았던 경우는? • 만약에 그 (자세, 역량)이 통하지 않는다면, 어떻게 하겠는가?		

조직/Q32	대인 관계에서 가장 어려운 점은?		
혼자 답변해보기		답변에 걸린 시간	초

✎

이 질문은 주로 언제, 누구에게?	▶ '대인 관계'보다는 '혼자 하는 업무'에 더 능해 보이는 지원자 ▶ '조직'보다는 '개인'일 것 같은 지원자	▼ 강의 보러 가기 ▼

면접 답변 POINT

공통 POINT	• 대인 관계에서 가장 어려운 점 = 조직 내 대인 관계 구축에서 어떤 어려움을 겪을지 알 수 있음 • 어려운 점 = 나에게 약한 점, 대인관계 구축에서 어려워하는 점 • 사람을 어떻게 대하는지, 어떤 성향의 사람인지 파악할 수 있는 질문 　📝 농담과 진담의 구분이 어렵다. → 진지한 사람, 조직에 잘 어울릴지 걱정되는 사람 • '조직 내 대인 관계에서 가장 중요한 점'에 대한 반대 상황을 찾아봐도 좋음 　📝 열린 자세가 가장 중요 → 아예 닫힌 마음으로 소통하지 않으려는 사람과 소통할 때 • 어려운 이유 + 관계 구축 시 중요시 여기는 가치 + 극복 노력 찾기
은행/공기업 POINT	〈특정한 사람을 대할 때 or '가장 중요한 것'의 반대〉 • '공감이 어렵다, 선을 지키는 게 어렵다' 등 기본적으로 조직에서 갖춰야 할 것은 답변으로 사용하지 말 것 • 입행, 입사해서 실제 어려울 수 있는 상황은 제외할 것(📝 텃세 : 누군가 텃세 부리는 상황 이 어렵다 와 비슷한 의미의 답변 지양) • 친구들과 있을 때 가장 어려운 상황에서 생각해 보기 • 은행, 공기업 별 '중요한 것'부터 찾고 반대되는 상황 찾기

	답변 템플릿
두괄식	네, 저는 조직 내 대인 관계에서 ~이 가장 중요하다고 생각합니다.
답변(경험)	대인관계에서 (중요한 점)이 가장 중요하다고 생각하기 때문에, ~한 상황이 어렵지만, 이를 ~게 극복하고자 노력하고 있습니다.
답변 예시	네, 저는 대인 관계에서 이유 없이 벽을 칠 때, 가장 어려운 것 같습니다. 대인 관계의 시작은 서로 알아가려는 노력에서 시작된다고 생각하지만, 먼저 이유 없이 벽을 치고 거리를 둘 경우 어려움을 느꼈습니다. 이에, 상대가 불편해하지 않을 수준에서 다가가 조금씩 도움을 나누며 벽을 허물고자 노력하였습니다.
강조하고 싶은 모습/역량	• 항상 사람에게 먼저 다가가는 사람 • 무리하게 친해지려 하지 않고, 천천히 다가가는 사람

답변 다시 만들어보기		
(정리한 답변에서 KEYWORD만 추출해 미니북에 정리한 후, 키워드 중심으로 암기해보세요!)		
답변 1	✎	
답변을 통해 강조하고 싶은 역량	✎	답변에 걸린 시간 초
답변 2	✎	

답변을 통해 강조하고 싶은 역량	✎		답변에 걸린 시간	초
나올 수 있는 꼬리/다른 질문	• 만약 입사/입행 했는데 그런 사람이 있다면 어떻게 하겠는가? • 어려운 사람과 관계를 회복했던 경험이 있는가?			

조직/Q33	다른 사람의 실수를 함께 처리한 경험은?		
혼자 답변해보기		답변에 걸린 시간	초

✎

이 질문은 주로 언제, 누구에게?	▶ '조직'보다는 '개인'일 것 같은 지원자 ▶ '협업'보다는 '혼자 일을 잘 할 것 같은' 지원자	▼ 강의 보러 가기 ▼

면접 답변 POINT	
공통 POINT	• 조직을 위한 지원자의 자세를 보기 위한 질문 • '네 일, 내 일' 구분 짓지 않고, 조직을 위해 실수도 같이 수습하는 '조직 우선적 자세'를 보기 위함 • 조직에 문제가 발생했을 때, 무시하지 않고 먼저 나서서 도와줄 수 있는 사람 • 내가 실수를 같이 처리해 준 이유 정리하기(고객을 위해, 조직을 위해 등)
은행 POINT	〈고객 응대 경험 내에서 소재 찾아보기〉 • 고객 응대 경험 내에서 다른 직원이 오안내를 했거나, 무성의하게 응대해서 고객의 불만 제기 → 이를 함께 수습했던 경험 • 영업 환경에서 다른 직원의 실수(재고 파악 미흡, 불완전 판매 등) → 함께 나서서 수습, 고객 안정 • 이렇게 한 이유 : 고객 불만 해소, 고객을 위해, 조직(지점 등)을 위해 등

공기업 POINT	〈직무 관련 경험 내에서 소재 찾아보기〉 • 행정, 사무 직무 : 조직을 위해, 꼼꼼함을 발휘해 다른 사람의 실수를 수습한 경험 • 타 직무 : 직무 역량에 맞춘 다른 사람의 실수(예 민원인 응대 직무, 다른 직원의 민원인 응대 실수/검토 업무 수행 다른 직원의 검토 미흡 등) • 실수 처리 과정도 단계적, 체계적으로 흘러가는 것이 좋음(예 유관부서 소통 후 ~게 하여, 매뉴얼을 확인해 ~게 하며 등)
<td colspan="1" align="center">**답변 템플릿**</td>	
두괄식	네, 저는 (경험) 당시, (다른 사람)의 실수를 함께 한 경험이 있습니다.
답변(경험)	당시 (실수하지 않고 원래대로 일어났어야 할 상황)이어야 했으나, (다른 사람)의 실수로 ~한 (문제)가 발생했습니다. 이는 (내가 한 이유 예 고객, 조직 등)에 중요한 문제였기에, (내가 함께 처리)하여 ~게 문제를 해결하였습니다.
답변 예시	네, 저는 판매 아르바이트 당시, 다른 직원의 오주문 실수를 함께 처리하였습니다. 당시 재고를 창고로 주문해야 했으나, 다른 직원이 이를 사무실로 주문했습니다. 이로 인해 타점의 재고 공급이 원활치 않아, 이를 해결하기 위해 주말에 출근하여 재고를 분류하고 전 상권으로 당일 배송하여 문제를 해결하였습니다.
강조하고 싶은 모습/역량	• 조직을 위해 주말도 반납하는 자세 • 다른 직원의 실수도 함께 처리해주는 조직 우선적 자세

답변 다시 만들어보기

(정리한 답변에서 KEYWORD만 추출해 미니북에 정리한 후, 키워드 중심으로 암기해보세요!)

답변 1	✎

답변을 통해 강조하고 싶은 역량	✎	답변에 걸린 시간	초

답변 2	✎

답변을 통해 강조하고 싶은 역량	✎	답변에 걸린 시간	초
나올 수 있는 꼬리/다른 질문	• 왜 같이 처리해 주었는지? • (후배일 경우) 재발하지 않도록 혼냈어야 하는 건 아닌지?		

조직/Q34	남에게 피해를 끼쳤던 경험은?		
혼자 답변해보기		답변에 걸린 시간	초

✏️

이 질문은 주로 언제, 누구에게?	▶ 모든 지원자 ▶ 일반적인 인성 파악 질문	▼ 강의 보러 가기 ▼

면접 답변 POINT	
공통 POINT	• 다들 '헌신한 경험, 희생한 경험'만 말하기 때문에, '이 사람이 어떤 사람인지를 파악하기 위한 질문' • 어쩔 수 없이 조직에서는 피해 끼치는 일이 일어남, 이때 어떻게 해결해 나가는지 보기 위한 질문 • 가볍게 일상의 경험을 말해도 좋지만, '조직에서 피해를 끼쳤던'이라고 물을 경우도 대비하기 • 정말 피해를 줬던 경험보다는, '조직을 위해 어떤 일을 하는 과정에서 불가피하게 피해를 주었던 경험'으로 답해도 좋음 • 피해를 주고 이를 해결, 극복하려고 노력했던 내 자세도 필요함

은행/공기업 POINT	〈직무 연관성 높으면 좋지만, 크게 상관없다!〉 • 공격성 질문에는 최대한 안전하게 돌아가는 것이 좋음 　예 나에게 주어진 일을 하는 과정에서 미처 살피지 못한 부분 발생 → 다른 사람이 이를 　　대신 처리 → 방관하지 않고 같이 해결하기 위해 노력함 　예 신입 혹은 인턴 근무 당시, 누가 와도 처리가 어려운 경우 발생 → 본래 내 담당 업무이 　　나, 내가 처리하면 문제가 커질 것 같다고 판단 → 상사나 동료들에게 SOS → 해결 　　과 배움의 자세 • 반드시 들어가야 할 내용 : 조직 발전을 위한 불가피한 상황, 해결하고자 했던 나의 노력

답변 템플릿	
두괄식	네, 저는 (경험) 당시, ~한 (상황)에서 (대상)에게 피해를 끼쳤던 경험이 있습니다.
답변(경험)	당시 (불가피한 상황)이었습니다. 이로 인해 (다른 동료, 대상)에게 (피해)를 끼치게 되어, (극복을 위한 노력)을 하여 ~게 노력하였습니다.
답변 예시	네, 저는 대외활동 당시, 업무가 주어진 상황에서 팀원들에게 피해를 끼쳤던 경험이 있습니다. 당시 제가 모금 행사를 담당하게 되었으나, 주최 기관에서 급작스럽게 추가 업무를 부여하여 모금 행사에 빠지게 되었습니다. 이에 일단 주어진 업무를 수행하되, 온라인과 주말에는 모금 행사를 자발적으로 운영하여 모금 목표 달성에 이바지하였습니다.
강조하고 싶은 모습/역량	• 내 업무를 하지 못했을 때, 조직에 피해를 주었다고 생각함 • 조직 목표를 위해 개인 시간도 할애하는 자세

답변 다시 만들어보기	
(정리한 답변에서 KEYWORD만 추출해 미니북에 정리한 후, 키워드 중심으로 암기해보세요!)	
답변 1	✎

답변을 통해 강조하고 싶은 역량	✎	답변에 걸린 시간	초
답변 2	✎		
답변을 통해 강조하고 싶은 역량	✎	답변에 걸린 시간	초
나올 수 있는 꼬리/다른 질문	• 피해를 끼쳤을 때 조직의 반응이 어땠는지? • 혼자서 처리할 수는 없었는지?		

조직/Q35	남이 포기한 일을 내가 이어서 한 경험은?		
혼자 답변해보기		답변에 걸린 시간	초

✎

이 질문은 주로 언제, 누구에게?	▶ '조직'보다는 '개인'일 것 같은 지원자 ▶ '적극적'보다 '소극적'으로 보이는 지원자	▼ 강의 보러 가기 ▼

면접 답변 POINT

공통 POINT	• 조직, 고객을 위해 포기하지 않고 노력하는 사람임을 보여주는 문항 • 조직에서 다른 사람이 어렵다며 포기한 일을 이어서 한 경험 • '남들이 말리는 일을 추진한 경험은?'의 질문 답변을 활용해도 좋음 • 복잡해서, 시간이 오래 걸려서, 가치가 없어서 등 남들이 포기한 일을 '나의 희생정신'으로 이어서 실천한 경험 찾기 • 조직을 위한 '희생, 헌신적 자세, 책임감 있는 업무 처리 자세'를 보기 위한 질문
은행/공기업 POINT	〈조직에서 특정 이유로 포기한 일을 내가 희생해서 한 경험〉 • 서류, 데이터 정리, 데이터(장표) 제작, 업무 효율화 등 조직에서 '남들이 시도했다가 특정한 이유로 포기했던 일'을 이어서 한 경험 • 필요성을 느끼지만 다들 포기하고 있었던 일을 내가 처리함 • 은행 : + 고객 생각하기(예 남들이 설득하지 못한 고객, 포기함 → 나의 응대력으로 고객 응대) / + 영업 생각하기(예 남들이 팔지 못한다고 포기한 상품 → 나의 영업력으로 판매) • 공기업 : + 매뉴얼, 기준 수립 등(예 특정 이슈에 대한 매뉴얼 필요, 복잡하다며 모두가 포기했지만, 내가 함) / + 수많은 민원인에게 연락해야 하는 등 손이 많이 가는 업무(예 모두가 바쁘다며 포기, 내가 인턴으로서 희생했던 경험)

답변 템플릿	
두괄식	네, 저는 (경험) 당시, (남)이 포기한 (일, 업무)를 이어한 경험이 있습니다.
답변(경험)	당시 (포기했던 일이 꼭 필요했던 이유)를 위해 꼭 (개선, 필요)했으나, ~한 이유로 모두 포기했었습니다. 이에, (내가 이어서 한 이유)해서, ~게 한 결과, ~한 성과를 거둘 수 있었습니다.
답변 예시	네, 저는 인턴 당시, 인턴 동료가 포기했던 장표 제작을 이어서 한 경험이 있습니다. 당시, 다음 해 경영 기획을 위해 다년간 데이터 정리가 필요했으나, 데이터 범위가 넓고 필요 자료 추출이 어려워 모두가 포기했었습니다. 하지만 이는 필요한 작업이라고 생각하여, 지난 기획안과 데일리 장표를 모두 찾아 기준을 세워 처리한 결과, 경영 기획서 작성에 도움이 될 수 있었습니다.
강조하고 싶은 모습/역량	• 어려운 업무도 포기하지 않고 이어가는 자세 • 데이터 활용 능력

답변 다시 만들어보기		
(정리한 답변에서 KEYWORD만 추출해 미니북에 정리한 후, 키워드 중심으로 암기해보세요!)		
답변 1		
답변을 통해 강조하고 싶은 역량		답변에 걸린 시간 _____ 초
답변 2		

답변을 통해 강조하고 싶은 역량	✎	답변에 걸린 시간	초
나올 수 있는 꼬리/다른 질문	• 이어서 하기보다는 다른 직원이 할 수 있게 도와줬어야 하는 건 아닌지? • 본인이 해냈을 때 주변의 반응이 어땠는지		

조직/Q36	협상이나 타협을 했던 경험은?		
혼자 답변해보기		답변에 걸린 시간	초

✎

이 질문은 주로 언제, 누구에게?	▶ '협상, 타협, 융통성'보다는 '혼자 일하는 게' 　편해 보이는 지원자 ▶ '협상, 타협'이 필요한 직무	▼ 강의 보러 가기 ▼

면접 답변 POINT	
공통 POINT	• 지원자의 의사소통 역량을 보기 위한 질문 • 어떤 상황에서, 어떻게 협상하고 타협하는지 확인하는 질문 • '조직'을 위한 협상, 타협 경험 찾기 • '협상/타협 경험 대상 = 실무에서 내가 협상/타협해야 할 대상'일 경우 가장 좋음(예 고객 or 현장 담당자 or 하위 부서 or 조직 간 협상과 타협) • 협상/타협을 했어야 했던 상황 + 상대방의 반응(협상, 타협하지 않으려는) + 나의 협상, 타협 + 결과 • '협상'이 '협박'이 되지 않게 주의하기

은행 POINT	〈고객과의 협상, 타협/조직 내 협상, 타협 경험 찾기〉 • 고객이 무리한 요구를 했을 때 협상했던 경험 : 진상고객 응대 방안 or 고객의 부당한 요구 경험 답변 활용 가능 • 조직과 지점 성장을 위해, 무언가 협상하고 타협했던 경험 : 조직, 지점을 위한 나의 적극적 움직임 보여주기 • 특히 '기업 금융' 등 '협상, 타협'해야 하는 직무에서는 '실제 기업, 소상공인 등 단체와 협상, 타협했던 경험' 찾기 • 도전적인 은행 : 지점의 '실적 성장'을 위해 협상하고 타협했던 경험, 유리한 조건을 갖고와 지점 실적 향상을 도왔던 경험
공기업 POINT	〈조직, 공익을 위한 협상, 타협 경험/현장과의 협상, 타협 경험〉 • 조직의 업무 진행, 목표 달성, 안정화 등을 위해 특정 대상과 협상/타협했던 경험 • 조직이 어려운 위기에 처했을 때, 조직을 구해내기 위해 '헌신적으로 협상, 타협'에 나섰던 경험 • 봉사활동, 공공기관 인턴 등의 경험이 있다면, '공익, 국민의 편의'를 위해 협상, 타협했던 경험(단, 원칙을 바꾸거나 어기며 협상한 경험은 불가) • 현장과 소통해야 하는 직무라면, 다른 부서와 협상하고 타협했던 경험
답변 템플릿	
두괄식	네, 저는 (경험) 당시, (대상)과 (협상/타협)하여 (성과)를 거둔 경험이 있습니다.
답변(경험)	당시 (협상, 타협을 했어야 했던 상황)이었지만, (대상)이 (부정적 반응, 태도)를 보이는 상황이었습니다. 이에 (나의 협상, 타협 과정)하여 ~에 대해 협상/타협한 결과 (성과)를 거둘 수 있었습니다.
답변 예시	네, 저는 대외활동 당시, 기획부서와 소통하여 소속 팀의 불이익을 막은 경험이 있습니다. 당시 수도권 팀이라는 이유로 기획 부서에서는 예산을 적게 배정하여, 팀 운영에 차질이 발생했습니다. 이에, 지방 팀과 소속 팀의 예산 계획서를 비교하여 보여주고, 예산이 사용될 내역 등을 세세히 설명한 결과, 기획부서와 협상하여 기존 배정된 예산을 받기로 하였습니다.

강조하고 싶은 모습/역량	• 팀을 위해 적극적으로 나서는 자세 • 상황을 꼼꼼히 분석하는 자세		
답변 다시 만들어보기 (정리한 답변에서 KEYWORD만 추출해 미니북에 정리한 후, 키워드 중심으로 암기해보세요!)			
답변 1	✎		
답변을 통해 강조하고 싶은 역량	✎	답변에 걸린 시간	초
답변 2	✎		
답변을 통해 강조하고 싶은 역량	✎	답변에 걸린 시간	초
나올 수 있는 꼬리/다른 질문	• 협상, 타협을 원만히 해내는 본인의 노하우는? • 협상, 타협을 제안했을 때 상대의 반응은 어떠했는지		

CHAPTER

04 '원칙'에 대한 질문

I '원칙' 질문에 대한 답변 만들기

은행, 공기업 모두 '신뢰'를 기반으로 운영되기 때문에, 신뢰의 기준인 '원칙'과 관련된 질문이 자주 출제된다. 모든 신입 지원자 역시, '원칙'이 중요하다는 사실을 인지하고 있기 때문에, '원칙을 지켰던 경험'을 중점적으로 찾으려고 한다. 이제는 '원칙을 지키지 않았던 경험, 개선하는 경험'까지 물으니, '원칙'과 관련된 경험을 최대한 다양하게 정리해 두어야 한다. 이에, 원칙과 관련된 내용을 정리할 수 있도록 하였다. 다소 생소할 수 있는 '원칙'과 관련된 경험을 다음과 같이 정리해보자.

예시

구분	내용		
원칙, 왜 중요할까?	▶ 원칙은 오랜 기간 선배들의 업무 노하우이기 때문에 ▶ 원칙 업무의 기반이기 때문에		
구분	경험 1	경험 2	경험 3
원칙이 있었던 단체	• 해외 봉사 활동	• OO 인턴	• 학원 아르바이트
그 안에서 내가 한 일	• 기획 팀장 • 예산 기획	• 데이터 정리 • 민원인 응대	• 학부모 상담 • 원생 배치
일 안에 적용된 원칙	• 예산은 전체 모금액의 80% 못넘음 • 반드시 투명하게 관리되어야 함	• 서류 발급은 신분증 있어야만 가능 • 정리한 데이터는 시간별로 업로드 해야 함	• 학부모 상담은 반드시 반 배치 고사 이후 진행 • 원생은 학년별로 배치

| 원칙이 흔들렸던 상황 | • 봉사 활동 추가, 예산 더 필요했음 | • 고령 어르신이 신분증 없이 서류 발급 요청한 상황(버스 타고 댁까지 두 시간)
• 급작스러운 상황 발생으로 업로드가 어려웠던 상황 | • 학부모가 당장 시험을 앞두고, 배치고사 없이 입학을 요구
• 아이 수준이 월등히 뛰어나니, 고학년 반으로 넘어 달라고 요청 |

구분	내용		
원칙, 왜 중요할까?	✎		
구분	경험 1	경험 2	경험 3
원칙이 있었던 단체	✎	✎	✎
그 안에서 내가 한 일	✎	✎	✎
일 안에 적용된 원칙	✎	✎	✎
원칙이 흔들렸던 상황	✎	✎	✎

원칙/Q1	규칙을 어기지 않고 지켰던 경험은?		
혼자 답변해보기		답변에 걸린 시간	초

✎

이 질문은 주로 언제, 누구에게?	▶ 모든 지원자 ▶ 원칙보다는 융통이 앞설 것 같은 지원자	▼ 강의 보러 가기 ▼

면접 답변 POINT	
공통 POINT	• 남들은 어기지만, 나는 규칙을 준수했던 경험 • 부정적 관습을 깨고 규칙을 지켜냈던 경험 • 규칙을 지키지 않음으로써 이득이 있음에도 불구하고 규칙을 지켜낸 사례 • 규칙을 특히 지키기 어려운 상황이었는데도 규칙을 지켜냈던 사례 • '나는 어떤 일을 하더라도 규칙을 잘 지킨다.'라는 걸 보여주기
은행 POINT	〈공통 POINT+판매 규칙, 이익을 포기한 규칙 준수〉 • 판매 규칙을 준수했던 경험 • 규칙을 어기고 판매한다면 실적 등의 이익이 있었음에도 불구하고, 규칙을 준수한 경험 • '불완전 판매'를 하지 않을 자세 보여주기 　예 A 상품을 판다면 오래된 재고를 처리할 수 있지만, 원칙상 판매가 불가한 상품, 이익 　을 포기하고 판매하지 않고 다른 상품을 판매해 실적 달성

공기업 POINT	⟨공통 POINT + 정보보안, 남을 위한 규칙 준수⟩
	
	• 정보 보안, 업무 내 예산 아끼기 등 규칙을 준수한 경험
	
	• 규칙을 준수해서 '신뢰 확보, 정보 보안, 조직 유지' 등을 이뤄냄
	
	• 공기업은 특히 '원칙'이 중요한 곳, 원칙은 반드시 지킨다는 자세 보여주기
	
	   📋 빠른 업무 처리를 위해 고객 정보 조회가 필요했으나, 이는 사내 정보보안 원칙에 어긋
	
	      남, 필요한 정보를 정리해서 관련 부서에 협업 요청해서 정식으로 원칙을 지켜냄

답변 템플릿	
두괄식	네, 저는 (경험) 당시 ~한 규칙을 준수한 경험이 있습니다.
답변(경험)	당시, 대부분 (규칙 위반)을 하고 있었습니다(규칙을 어길 시 이익이 있을 수 있지만). ~한 이유로 규칙을 지켜야 한다고 생각하여, ~게 규칙을 준수해 (성과)를 이뤄냈습니다.
답변 예시	네, 저는 교육 봉사 활동 당시, 봉사 시간 인정에 대한 규칙을 준수한 경험이 있습니다. 당시, 온라인으로 봉사 시간을 입력하여, 다들 시간을 거짓으로 입력하였습니다. 규칙을 어기고 봉사 시간을 길게 입력할 수 있었지만, 이는 봉사 기관과의 신뢰를 망칠 수 있다고 생각하여, 정직하게 입력한 것은 물론, 이를 방지하는 시스템도 구축하였습니다.
강조하고 싶은 모습/역량	• 정직하게 규칙을 지켜내는 자세 • 혼자만 지키지 않고, 모두가 규칙을 지킬 수 있도록 개선하는 적극성

답변 다시 만들어보기		
(정리한 답변에서 KEYWORD만 추출해 미니북에 정리한 후, 키워드 중심으로 암기해보세요!)		
답변 1	✎	
답변을 통해 강조하고 싶은 역량	✎	답변에 걸린 시간	초

답변 2			
답변을 통해 강조하고 싶은 역량		답변에 걸린 시간	초
나올 수 있는 꼬리/다른 질문	• 혼자서만 규칙을 지킨다면 주변의 반발이 심했을 텐데, 어땠는지? • 왜 혼자서만 규칙을 지켰는지? • 만약 입사/입행해서 원칙을 어긴다면 좋은 평가 받을 수 있는 기회가 있어도, 이를 포기하고 원칙을 따를 것인지?		

원칙/Q2	원칙과 상황 중 더 중요한 것은?		
혼자 답변해보기		답변에 걸린 시간	초

✎

이 질문은 주로 언제, 누구에게?	▶ 융통성보다는 원칙을 1순위로 여길 것 같은 지원자 ▶ 원칙보다는 융통이 앞설 것 같은 지원자	▼ 강의 보러 가기 ▼

면접 답변 POINT

공통 POINT	• '윤리'를 따르겠다. vs '압박, 상황' 등을 따르겠다. 중 택 1을 묻는 문항 • 답은 '윤리'로 보통 정해져 있다. 다만, '윤리'를 따르는 이유가 중요하다. • '자리의 책임'에 대해 얼마나 알고 있는지 묻는 질문 • 원칙을 택할 경우 상황에 대한 꼬리 질문이, 상황을 택할 경우 원칙에 대한 꼬리 질문이 나올 수 있다.
은행 POINT	〈원칙을 따를 시, 따라오는 상황에 대한 질문 생각하기〉 • 원칙/규정이 더 중요한 이유 → 우리는 고객의 소중한 자산을 관리하는 행원이기 때문 • 흔들리지 않는 답변과 장기적인 은행 성장을 위해 더 필요한 것이 무엇인지 생각하기 • 실제 신한은행 RS직 이전 면접 유형에서는, 다음과 같은 꼬리 질문이 나왔음 예 만약 원칙으로 인해 우리 지점이 실적을 달성하지 못한다면?/그 원칙으로 인해 고객이 불만을 표한다면?/지점장님이 괜찮다며 원칙을 무시하라고 한다면? 등

공기업 POINT	〈직무별 원칙 vs 상황 케이스 생각해 보기〉 • 원칙/규정이 더 중요한 이유 → 우리는 국민의 신뢰로 이뤄지는 기업이기 때문 • 내 직무 내에 원칙 vs 상황(예 현장 직무 : 원칙은 재고를 재주문해야 하나, 배송/예산 등의 문제로 주문하지 말고 부품을 그냥 사용해야 하는 경우 등) • 그로 인해 발생할 수 있는 문제(예 국민의 안전 등) → 원칙을 따라야 하는 이유 • 내가 비슷한 상황에서 원칙을 따랐던 경험 생각해 보기

답변 템플릿	
두괄식	네, 저는 원칙과 상황 중 (선택)이 더 중요하다고 생각합니다.
답변(경험)	(선택)은 ~기 때문에, ~한 행원/직무에게 곧 (중요한 것)으로 이어진다고 생각하여 (선택)이 가장 중요하다고 생각합니다.
답변 예시	네, 저는 원칙과 상황 중 원칙이 더 중요하다고 생각합니다. 원칙은 위험을 방지하기 위한 기준이기 때문에, 고객의 자산을 지키는 행원에게는 신뢰와 이어진다고 생각하여 원칙이 가장 중요하다고 생각합니다.
강조하고 싶은 모습/역량	• 원칙을 지켜내는 자세와 원칙의 중요성을 인지하는 자세 • 행원 자리의 무게를 인지하고 있음

답변 다시 만들어보기		
(정리한 답변에서 KEYWORD만 추출해 미니북에 정리한 후, 키워드 중심으로 암기해보세요!)		
답변 1	✎	
답변을 통해 강조하고 싶은 역량	✎	답변에 걸린 시간 초

답변 2	✎		
답변을 통해 강조하고 싶은 역량	✎	답변에 걸린 시간	초
나올 수 있는 꼬리/다른 질문	• 만약 ~한 상황이어도 (원칙/상황)을 따를 것인지? • 만약 (원칙/상황)을 따를 수 없는 상황이라면, 어떻게 할 것인지? • 상사가 (원칙/상황)을 따른다고 한다면?		

원칙/Q3	가장 최근에 한 비양심적 행위는?		
혼자 답변해보기		답변에 걸린 시간	초

✏️

		▼ 강의 보러 가기 ▼
이 질문은 주로 언제, 누구에게?	▶ 모든 지원자 ▶ 원칙에 대한 생각을 알아보기 위한 기본 질문	

면접 답변 POINT	
공통 POINT	• 범법 행위는 금지, 본인 양심상 가장 '비양심적이었던' 행위 • '양심에 찔린다.'라는 표현을 언제 쓰는지 생각해 보기 • '비윤리'와 '비양심'은 다름 • 부모님께 양심이 찔렸던 경험, 친구에게 양심이 찔렸던 경험 • 선의의 거짓말을 했던 경험
은행 POINT	〈고객 대상 비양심적 행위 절대 불가〉 • 은행 = 금융 영업 • 고객 응대, 고객 대상 비양심적 행위는 '비윤리적 행위'가 될 수 있기 때문에 지양할 것 　예 어르신 고객이라 기능을 잘 모르실 것 같아, 오래된 기기 판매 → 불완전 판매에 대한 　　생각으로 이어질 수 있음

공기업 POINT	〈범법 행위 절대 불가, 업무 과정 내에서 비양심 불가〉 • '공기업'은 국민의 신뢰와 세금으로 이뤄지는 곳, 법을 어기는 행위는 절대 불가 • 업무 과정 내 비양심적인 행위는 '직무 비윤리'로 비춰질 수 있음 　예 업무 빠르게 처리하기 위해, 상사 계정으로 임의 결재 진행 → 공기업이 중요시 여기는 　　체계 붕괴, 비윤리적 행위
답변 템플릿	
두괄식	네, 저는 ~했을 때, 가장 비양심적이었던 경험이 있습니다.
답변(경험)	당시 (양심적 행위)를 했어야 했으나, (비양심적일 수밖에 없던 상황)이었습니다. 이에 ~게 (비양심적으로) 행동해서, (대상에게) 부끄러웠던 경험이 있습니다.
답변 예시	네, 저는 C사 신제품 판촉 행사를 진행했을 때, 가장 양심에 찔렸던 경험이 있습니다. A사 상품을 사용하고 있었으나, 급작스럽게 C사 상품 판매에 투입되었습니다. 고객님께서 '왜 C사 판촉을 하면서, A사 상품을 사용하는지'를 물으셔서, '안 그래도 이번 C사 신상품을 예약했다.'며 둘러댔지만, 거짓말을 한 것 같아 굉장히 양심에 찔렸었습니다.
강조하고 싶은 모습/역량	• 빠르게 문제를 해결하는 문제 해결력 • 고객 응대 및 판매 경험
답변 다시 만들어보기	
(정리한 답변에서 KEYWORD만 추출해 미니북에 정리한 후, 키워드 중심으로 암기해보세요!)	

답변 1	✎

답변을 통해 강조하고 싶은 역량	✎	답변에 걸린 시간	초

답변 2	✎		
답변을 통해 강조하고 싶은 역량	✎	답변에 걸린 시간	초
나올 수 있는 꼬리/다른 질문	• 그럼에도 양심적이게 행동해야 했던 건 아닌지? • (비양심적인 행위)를 한 이유가 무엇인지?		

원칙/Q4	남들이 규칙을 어길 때, 나 혼자 지킨 경험은?		
	혼자 답변해보기	답변에 걸린 시간	초

✎

이 질문은 주로 언제, 누구에게?	▶ 모든 지원자 ▶ 원칙보다는 융통이 앞설 것 같은 지원자	▼ 강의 보러 가기 ▼

면접 답변 POINT	
공통 POINT	• 윤리와 원칙 준수의 중요성을 묻기 위한 질문 • '모두가 무단횡단하는 횡단보도에서, 본인은 무단횡단하겠는가?'에 대한 답변 생각해 본 후, '하지 않을' 이유에 대해 생각해 보기 • 불편을 감수하고도 규칙을 준수하는 이유 언급 + 규칙의 중요성 인지 • 업무 상 규칙을 준수했던 경험(개인 정보, 업무 규정 등) • 그로 인한 성과 생각해 보기(고객 신뢰 확보, 컴플레인 0%, 업무 속도 및 효율 증대 등) • '다수가 규칙을 지키지 않는 이유(예 업무 속도)'를 이기는 '규칙 준수 이유(예 고객 신뢰)' 생각해 보기
은행 POINT	〈영업 관련 규칙, 불완전 판매 예방, 규정과 실적을 동시에〉 • 영업 과정에서, '규칙을 지켜서 불완전 판매가 아닌 완전 판매'를 이뤄낸 경험 • '규칙을 준수'해서 '실적이 하락'한 경험은 금지 • 규칙을 지켰음에도(다소 시간이 오래 걸렸더라도) 결국은 장기적으로 고객의 신뢰를 얻거나 실적을 올렸던 경험

공기업 POINT	〈업무 내 규칙 준수 경험, 난 항상 규칙을 지킨다〉 • 직무에서 중요한 요소에 맞춰 규칙 준수 경험 찾기(예 현장 직무 안전) • 정보 보안 등 업무 윤리와 관련된 경험도 좋음 • 공기업은 국민의 신뢰로 이뤄지는 곳, 규칙 준수는 '국민의 신뢰를 지키기 위한 방법'임을 잊지 말기 • 누군가의 신뢰를 얻었던 '규칙 준수 경험'도 좋음
답변 템플릿	
두괄식	네, 저는 (경험) 당시 ~한 (규칙)을 지켜 (성과)를 거둔 경험이 있습니다.
답변(경험)	당시 ~한 이유로 다수가 규칙을 지키지 않는 상황이었습니다. 하지만 (중요한 요소)가 중요하다고 생각하여, ~게 규칙을 준수한 결과 ~한 (성과)를 거둘 수 있었습니다.
답변 예시	네, 저는 필수 서류에 대한 규칙을 지켜 고객 신뢰를 얻은 경험이 있습니다. 당시, 빠른 업무 처리를 위해 원칙인 신분증 제시 없이도 고객 요청을 처리해 주는 상황이었습니다. 하지만, 이는 장기적으로 기관의 신뢰를 떨어뜨릴 수 있다고 판단하여, 대기석에 필수 서류에 대한 안내문을 부착하고 고객님께 쉽게 발급받으실 수 있는 방법에 대해 설명 드리며, 고객의 신뢰를 지킬 수 있었습니다.
강조하고 싶은 모습/역량	• 원칙을 지키려는 자세 • 원칙을 함께 지키고자 창의적 아이디어를 내는 모습
답변 다시 만들어보기 (정리한 답변에서 KEYWORD만 추출해 미니북에 정리한 후, 키워드 중심으로 암기해보세요!)	
답변 1	✎

답변을 통해 강조하고 싶은 역량	✎	답변에 걸린 시간	초

답변 2	✎		
답변을 통해 강조하고 싶은 역량	✎	답변에 걸린 시간	초
나올 수 있는 꼬리/다른 질문	• 원칙을 지킴으로써 업무의 효율이 떨어진 건 아닌지? • 동료들의 불만이 컸을 것 같은데, 어떻게 설득했는지? • 융통성을 발휘해 업무를 해결한 경험은?		

원칙/Q5	효율이 아닌 원칙을 선택한 경험은?		
혼자 답변해보기		답변에 걸린 시간	초

✎

이 질문은 주로 언제, 누구에게?	▶ 모든 지원자 ▶ 원칙보다는 융통이 앞설 것 같은 지원자	▼ 강의 보러 가기 ▼

면접 답변 POINT	
공통 POINT	• 모든 조직에서 '효율'은 굉장히 중요한 요소 • '효율'을 위해 '원칙'을 지키는 자세를 보기 위한 질문 • 단기의 효율이 아닌 장기의 안전, 조직 성장을 바라보는 자세 • '상황 vs 원칙'과 비슷한 질문 → 성과보다 '효율'에 초점이 맞춰진 경험 • 업무 효율이 높아질 수 있는 상황이었으나, '원칙'을 따라서 효율은 낮아졌지만 장기적으로는 조직의 성과를 이뤄낸 경험
은행/공기업 POINT	〈업무 속도, 효율 저하 → 하지만 원칙 따라 선택〉 • 효율대로 하면 업무가 더 빨리 끝날 수 있었으나, 이는 원칙에 어긋났던 경우 • 은행, 공기업 모두 '서류 검토'가 필요한 곳 → 고객, 국민의 신뢰를 위해 이 과정에서 원칙을 준수했던 경험 가능 • (공기업에서 민원인을 응대한다면) 은행, 공기업 모두 고객/민원인 응대 과정에서, '원칙을 무시하고 업무를 처리하면 효율이 높아지는 상황이었으나, 고객과 조직을 위해 원칙대로 처리한' 경험 → 원칙은 준수하되, 이 안에서 속도와 효율을 높이고자 노력하면 좋음

답변 템플릿	
두괄식	네, 저는 (경험) 당시 ~한 효율 대신 원칙을 준수한 경험이 있습니다.
답변(경험)	당시, ~한 (효율)을 택한다면 ~한 (성과)가 있는 상황이었습니다. 하지만 이는 ~한 (원칙)에 어긋나는 일이라고 판단하여, ~게 (원칙을 준수하며 다른 방안을 모색)한 결과 ~한 (성과)를 거둘 수 있었습니다.
답변 예시	네, 사무보조 아르바이트 당시, 서류 검토 과정에서 효율 대신 원칙을 준수한 경험이 있습니다. 당시 현장에서 올라온 재고 검토 서류를 그대로 입력한다면 시간이 단축될 수 있었으나, '담당자 직접 실사'의 원칙을 어기는 일이었습니다. 이에, 현장 구역별로 일정을 정해 원칙대로 직접 나가 재고를 실사한 결과, 재고 오차를 최소화할 수 있었습니다.
강조하고 싶은 모습/역량	• 맡은 바 책임을 다하려는 자세 • 귀찮은 일일 수 있지만, 원칙을 지키려는 자세
답변 다시 만들어보기	
(정리한 답변에서 KEYWORD만 추출해 미니북에 정리한 후, 키워드 중심으로 암기해보세요!)	

답변 1	✎

답변을 통해 강조하고 싶은 역량	✎	답변에 걸린 시간	초

답변 2	✎

답변을 통해 강조하고 싶은 역량	✎	답변에 걸린 시간	초
나올 수 있는 꼬리/다른 질문	• 오히려 효율을 택한다면 조직에 더 도움이 되지 않았을까? • 효율을 택하고 대안을 마련해도 되지 않았는가? • 원칙을 준수함으로써, 손실이 있던 부분은 없었는지?		

원칙/Q6	원칙을 지키지 않았던 경험은?		
혼자 답변해보기		답변에 걸린 시간	초

✎

이 질문은 주로 언제, 누구에게?	▶ 모든 지원자 ▶ '원칙'에 대한 가치관을 알아보는 질문 ▶ 지나치게 원칙을 중시할 것 같은 지원자	▼ 강의 보러 가기 ▼

면접 답변 POINT	
공통 POINT	• 면접장에서 모두가 원칙을 지킨다고 대답 → 어떤 경우에 원칙을 덜 중요하게 여기는 사람인지 파악하기 위해 • '이유 없이 원칙을 지키지 않았던 경험'을 말한다면 리스크가 큼 • 원칙을 준수하지 않은 데에는, 그만한 이유가 따라야 함(급박한 상황, 원칙보다 더 준수해야 할 대상이 있는 경우) • 원칙을 어긴 적이 없다는 답변도 OK, 하지만 '어떤 상황에서도 원칙을 지킨 이유, 나만의 가치관'도 같이 언급해야 함

은행 POINT	〈일반적 상황 or 영업 환경 or 영업, 돈 등과 관계없는 소재〉 • '불완전 판매' 예방을 확인하기 위한 질문, 금융 영업에 있어서 '원칙을 지킬 수 있는 사람인지 아닌지'를 파악하기 위함 • '더 빨리, 더 많이' 판매하기 위해 원칙을 어겼다는 답변은 불가 • 사람을 상대하는 업무 내에서 원칙을 지키지 않았던 경험도 지양(원칙을 어기고 사비로 무언가를 사줬다/원칙을 어기고 고객과 연락했다 등) • 만약 '영업 환경 내 원칙 미준수 경험'을 묻는다면, '고객에게 피해가 되거나 나쁜 선례를 남기지 않는 한'에서 답하기 • 원칙을 항상 준수한다는 답변 or 영업, 돈 등과 관계없는 소재(예 무단횡단)
공기업 POINT	〈'원칙'보다 '더 중요한 것'을 지키기 위한 미준수 사례〉 • 항상 원칙을 지킨다는 답변 좋음 + 항상 준수하는 이유, 가치관 • 내 직무에서 '원칙'보다 더 중요한 것 찾아보기 : 안전, 민원인, 건강 등 • 권한 이외에 무언가 해야 하는 상황이라면, '상사의 동의'는 필수적 • 민원인 응대 직무는 '은행 소재 선별 POINT' 참고하기(사람 대상 원칙 미준수 경험 지양, 나쁜 선례를 남기는 경우 지양) • '더 중요한 것'을 택한 이유와 '나에게 더 중요한 것'을 찾아 정리하기
답변 템플릿	
두괄식	네, 저는 (경험) 당시 (더 중요한 것, 대상)을 위해 원칙을 어긴 경험이 있습니다. / 네, 저는 원칙을 어겼던 경험은 없는 것 같습니다.
답변(경험)	당시, ~한 (상황)이 발생했습니다. 이에 원칙대로 ~게 해야 했으나, (상황)이 더 중요하다고 판단하여, (상사의 동의 등 사전 확인) 이후 ~게 업무를 처리하였습니다./항상 원칙은 ~한 이유로 중요하다고 생각했기 때문에, (작은 원칙, 예시)라도 항상 지키려고 노력하였습니다.
답변 예시	네, 저는 봉사 활동 당시, 아이의 안전을 지키고자 원칙을 어긴 경험이 있습니다. 당시, 아이가 갑자기 기관 외부로 이탈한 상황이 발생했습니다. 원칙상 봉사자는 외부로 나가 아이를 케어할 수 없지만, 긴급 상황이라고 판단하여 메신저로 주최 기관에 보고한 후 아이를 챙겨 왔습니다.

강조하고 싶은 모습/역량	• 사람을 중요시하는 자세
	• 급한 상황에서도 반드시 보고하며 체계를 지키는 자세

답변 다시 만들어보기
(정리한 답변에서 KEYWORD만 추출해 미니북에 정리한 후, 키워드 중심으로 암기해보세요!)

답변 1	✎

답변을 통해 강조하고 싶은 역량	✎	답변에 걸린 시간	초

답변 2	✎

답변을 통해 강조하고 싶은 역량	✎	답변에 걸린 시간	초

나올 수 있는 꼬리/다른 질문	• 그 상황에서도 원칙을 지켰어야 하는 건 아닌지?
	• 원칙 안에서 ~게 하는 방법도 있었을 것 같은데, 어떻게 생각하는지?

원칙/Q7	불합리한 요구를 듣고 대처했던 경험은?		
	혼자 답변해보기	답변에 걸린 시간	초

✎

이 질문은 주로 언제, 누구에게?	▶ 모든 지원자 ▶ 단점이 '거절을 잘 못한다.'일 것 같은 지원자	▼ 강의 보러 가기 ▼

면접 답변 POINT	
공통 POINT	• 불합리 : 이론이나 이치에 합당하지 아니함 • 원칙에 어긋나거나, 정당하지 않은 요구를 '듣고 대처했던' 경험 • 고객이 불합리한 요구의 대상이라면 '고객이 부당한 요구를 한다면, 어떻게 대처할지?'와 같은 질문 • 원칙을 지키면서도, 상대방을 효과적으로 설득하는 자세 보여주기 • 누군가 원칙에 어긋나는 요청을 했으나, 정중히 거절하고 문제를 해결했던 경험 • '안 된다'라는 단순한 거절보다는, '거절의 이유(가치관) or 그 후 나의 대처 방안'같이 언급하기

은행 POINT	〈고객의 불합리한 요구를 생각해 보자〉 • 행원으로서 겪을 수 있는 불합리한 요구 : 신분증 없이 업무 처리 요구, 필요 서류 없이 예외 적인 업무 처리 요구, 대기 순서 새치기 등 • 비슷한 상황 생각해 보기 : 필요 서류 없이 업무 처리 요청, 신분증 없이 미성년자 관람 불가 영화 시청 요구 및 술, 담배 등 구입 요구, 필요 과정 뛰어넘고 업무 처리 요구 등 • 중요한 건 '나의 설득 방식', 고객 기분이 상하지 않게 문제를 해결하는 방법 예 발생할 수 있는 리스크 설명, 바로 적용할 수 있는 대안 제시 등
공기업 POINT	〈고객, 조직, 공공 경험 내 불합리한 요구 생각해 보기〉 • 고객 : 고객 응대 직무의 경우 '신분증 없는 업무 처리 요구, 필수 서류 빼고 임의 처리 요청, 임의 대상자 선정 요청' 등과 비슷한 불합리 요구 사례 찾기 • 조직 : 조직 내에서 원칙에 어긋나는 요구를 들은 경우, '체계 없이 업무 처리 요구, 당면한 업무 무시, 합법적이지 않은 업무 처리 등'에 대한 대처 방안 생각하기 • 공공 경험 내 : 공공기관 인턴 및 공익을 위해 일했던 경험 중, 불합리한 요구를 들은 경우, 이 경우 '국민 세금, 자원, 공공 기관'의 중요성을 인지한 답변하기 • 어떤 상황이든 '원칙, 체계, 조직, 국민 세금, 공익'을 중시하여 답하기
답변 템플릿	
두괄식	네, 저는 (경험) 당시 ~한 불합리한 요구에 대처한 경험이 있습니다.
답변(경험)	당시 (불합리한 요구가 들어온) 상황이었습니다. 하지만, 이는 (불합리한 이유)였기에, (나의 대처 방안) 하여, ~게 문제를 해결하였습니다.
답변 예시	네, 저는 영화관 아르바이트 당시, 신분증 미소지에 대한 불합리한 요구에 대처한 경험이 있습니다. 당시, 가족 단위 고객이 방문해, 아이가 성인이나 신분증을 들고 오지 않았다며 매표를 요청하였습니다. 하지만, 이는 원칙상 합리적이지 않았기에, 불가한 이유를 설명한 후 다른 비슷한 영화를 추천드리며 고객의 요청에 응대하였습니다.
강조하고 싶은 모습/역량	• 고객을 응대했던 경험 • 대안까지 제시하는 적극적인 설득 자세

답변 다시 만들어보기
(정리한 답변에서 KEYWORD만 추출해 미니북에 정리한 후, 키워드 중심으로 암기해보세요!)

답변 1	✎		
답변을 통해 강조하고 싶은 역량	✎	답변에 걸린 시간	초
답변 2	✎		
답변을 통해 강조하고 싶은 역량	✎	답변에 걸린 시간	초
나올 수 있는 꼬리/다른 질문	• 요구를 들어줬다면, ~한 이익이 있었을 텐데, 택하지 않은 이유는? • 대처하는 과정에서 어떤 어려움이 있었는지?		

원칙/Q8	원칙과 상사의 의견이 어긋난다면?		
	혼자 답변해보기	답변에 걸린 시간	초

✎

이 질문은 주로 언제, 누구에게?	▶ 모든 지원자 ▶ 상황 면접이 있는 곳	▼ 강의 보러 가기 ▼

면접 답변 POINT	
공통 POINT	• 원칙대로 일을 해야 하나, 상사가 그와 다르게 문제를 처리하라고 하는 경우, 어떻게 할 것인지 묻는 질문 • '어떻게 상사를 설득하고, 의견을 조율해나가는지'가 중요 • 직무에서 이와 비슷하게 발생할 수 있는 상황 생각해 보고, 상황에 맞춰 답변 구성해보기 예 원칙상 서류를 작성해야 하지만, 상사가 여태까지 서류 작성한 적 없다며 그냥 진행하라고 한다면? • 일반적인 대처 방법을 미리 만들어두면(단계별 해결 방법 예 첫째, 상사에게 보고하고, 둘째 매뉴얼을 검토하고 등) 상황형 질문에 대입 가능 • 원칙이 중요한 이유 + 상사 의견에 대한 존중 표하기(원칙 따르기 전에 상사의 의사 묻기 등)

은행 POINT	〈원칙 vs 실적, 원칙 vs 조직으로 생각해 보기〉 • 고객이 원칙에 어긋나는 사항을 요청, 원칙상 이는 불가하지만 지점장님 or 상사가 '조직 실적'을 위해 그냥 진행하라고 하는 경우에 어떻게 할 것인가 • 원칙상 어긋나는 일을, 상사가 '크게 중요하지 않다며 or 조직 행사가 더 중요하다며' 그냥 원칙을 무시하라고 한다면 어떻게 할 것인가 • 원칙을 따르는 이유 : 은행은 고객이 소중한 자산을 맡기는 곳, 고객의 신뢰가 중요한 곳, 은행은 고객의 신뢰가 기반이 되는 곳이기 때문에~ • 상사 의견 주장의 이유는 '실적, 조직'이기 때문에, 이 경우 '실적과 조직을 위해 내가 ~한 일도 하겠다.'라는 부분을 같이 언급해주기
공기업 POINT	〈보수적(상사 존중) + 공기업 가치(국민을 위해)〉 • 직무상 원칙과 상사의 의견이 충돌할 수 있는 경우를 생각해 보기 　예 현장 : 원칙상 관련 부품을 교체해야 하나, 상사가 이 정도는 사용해도 된다며 교체하지 말자고 한다면? 　예 사무 : 원칙대로 처리해야 하는 업무가 있으나, 상사가 여태까지 굳이 그렇게 하지 않았다며 하지 말자고 한다면? • 원칙을 따라야 함, 단, 그전에 상사 의견에 대한 존중 표하기(예 상사가 그렇게 한 이유 먼저 물어보기, 상사와 대화해보기 등) • 원칙을 지켜야 하는 이유 : 국민의 세금/국민의 신뢰/국민을 위해 • 원칙을 따르는 단계 설정하기(예 상사에게 의견 묻고, 원칙 기반하여 대안을 마련하고) • BEST : 상사가 주장하는 이유(예 업무의 귀찮음, 불편함, 예산 소요) 등을 파악해 장기적인 해결책 마련하기
답변 템플릿	
두괄식	네, 저는 원칙과 상사의 의견이 어긋난다면, ~게 하겠습니다.
답변(경험)	(두괄식처럼 행동하는 이유 예 상사와 대화를 먼저 해보는 이유)이지만, 반대의 경우 (예 원칙을 따르는 이유) 이기 때문에, (대처 방법)하여 ~게 처리하겠습니다.

답변 예시	네, 저는 원칙과 상사의 의견이 어긋날 경우, 원칙을 따르겠습니다. 원칙은 오랜 업무 노하우가 쌓여, 안전한 업무를 위해 최소한으로 지켜져야 할 기준이라고 생각합니다. 하지만, 상사 역시 오랜 업무 노하우가 있기 때문에, 매뉴얼을 검토한 후 상사의 의견의 이유에 대해 듣고 난 후, 활용 가능한 자원을 파악해 최대한 원칙을 준수하도록 하겠습니다.
강조하고 싶은 모습/역량	• 원칙을 중요시 여김 • 상사에 대한 존중 표현

답변 다시 만들어보기
(정리한 답변에서 KEYWORD만 추출해 미니북에 정리한 후, 키워드 중심으로 암기해보세요!)

답변 1	✎		
답변을 통해 강조하고 싶은 역량	✎	답변에 걸린 시간	초
답변 2	✎		
답변을 통해 강조하고 싶은 역량	✎	답변에 걸린 시간	초
나올 수 있는 꼬리/다른 질문	• 실제 원칙과 상사의 의견이 충돌했었던 경험이 있는지? 어떻게 대처했는지? • (원칙을 택할 경우) 상사의 의견이 ~한 면에서 더욱 옳다면, 어떻게 할 것인가? • (상사를 택할 경우) 원칙은 사내에서 기본적으로 지켜져야 할 룰인데, 어기겠다는 의미인지?		

CHAPTER

05 '상황'에 대한 질문

I '상황' 질문에 대한 답변 만들기

사내에서는 수많은 상황이 발생한다. 그리고 이 수많은 상황에 대처할 수 있는 사람인지를 확인하기 위해 '상황형 질문'들을 던지게 된다. 이 상황형 질문 안에서, '이 사람이 조직에 대해 어떤 생각을 갖고 있는 사람인지', '이 사람이 상사와 어떤 관계를 쌓아가는 사람인지', '이 사람의 문제 대처 역량은 어느정도 인지' 등을 파악한다. 즉, 실제 업무 현장에서 발생할 수 있는 상황을 신입 지원자에게 묻고, 어느 정도의 역량을 갖고 있는지를 파악하는 것이다. 최근 질문의 유형이 다양해지며, 어떤 상황이 제시될지 가늠할 수 없다. 이에, 나의 업무 자세와 우선순위를 먼저 정리한 후, 출제되는 질문에 맞춰 답변을 구성해보자.

예 시

구분	내용
업무 처리 시 우선순위	원칙 > (급박할 경우) 상황 > 상사 > 내 실적
업무 내 문제 해결 순서	1. 매뉴얼 검토 2. 처리해야 할 상황 파악하기 3. 상사에게 의견 묻기 4. 해야 할 일 정리한 후 시행

구 분	내 용
업무 처리 시 우선순위	✎
업무 내 문제 해결 순서	✎

상황/Q1	상사와 갈등이 발생한다면?		
혼자 답변해보기		답변에 걸린 시간	초

✎

이 질문은 주로 언제, 누구에게?	▶ 모든 지원자 ▶ 어린 나이의 신입 지원자 ▶ 감정적으로 보이는 지원자	▼ 강의 보러 가기 ▼

면접 답변 POINT	
공통 POINT	• 갈등이 생긴 후, '화나서 일을 제대로 하지 않는 사람'이 아닌, '갈등을 해결해 적극적으로 일하는 사람'을 찾기 위한 질문 • 실제 업무상 갈등이 발생했으나, 현명하게 해결했던 경험 찾기 • 갈등의 원인 : 업무 미숙, 오해 등 • '실제 이랬던 경험'에 대해 정리하기 • 내 경험을 먼저 생각해 본 후, '어떻게 대처할지' 찾아보기 • '대화, 소통, 경청, 공감'과 같은 막연한 단어 대신 '구체적인 행동' 제시하기

은행 POINT	〈공통 POINT를 기반으로 답하기〉 • 행원 : 지점 생활을 하기 때문에, '공동 생활과 협업'의 중요성 인지하기 • 영업 회사, 영업 경험에서 있었던 상사와의 갈등 언급해도 좋음 　예 상사는 발주를 더 넣으라고 하였지만, 나는 현재 재고 확인해보니 더 주문하지 않아도 　　된다고 판단, 의견 차가 있었으나, 추후 프로모션이 있을 거란 사실을 인지하지 못했던 　　나의 오해
공기업 POINT	〈보수적인 곳, '상사는 옳고, 조직은 우선이다'〉 • 공통 POINT와 비슷하지만, 조금 더 '조직의 중요성' 인지하기 • 상사가 옳을 것이다. 나의 잘못이다. → 조직 우선, 조직이 중요하기 때문에 '나를 낮추고 　조직과 융화하기' • '경험'도 '조직을 우선으로 생각하여, 상사와 융화했던 경험' 찾아보기 　예 예산을 A에 사용하자고 하였으나, 상사는 B에 사용하자고 함. A가 더 급한 상황이라 　　고 생각했기에, 상사에게 물어보니 사내 이슈가 있었음, 이에 상사와 함께 B 분야의 　　개선을 위해 방안을 모색함
답변 템플릿	
두괄식	네, 저는 상사와 갈등이 발생한다면, ~게 해결하겠습니다.
답변(경험)	실제 ~한 경험 당시, (원인)으로 인해 상사와 잠시 의견 차가 발생했었습니다. 이에, ~게 (알아보고, 상사와 이야기하여) 갈등을 해결할 수 있었습니다.
답변 예시	네, 저는 상사와 갈등이 발생한다면, 원인을 찾아본 후 상사와 더 나은 방향을 모색하겠습니 다. 실제 인턴 당시에도, 업무 프로세스를 정확히 인지하지 못해 상사와 의견차가 발생했었 습니다. 이에, 상사와의 대화를 통해 의견에 대해 여쭙고, 이에 제가 해야 할 일을 여쭤보며, 상사와 더 나은 방향을 같이 찾아가며 갈등을 해결하였습니다.
강조하고 싶은 모습/역량	• 갈등을 해결하려는 의지 • 상사와 대화하고 더 나은 방향을 찾는 적극적 자세

답변 다시 만들어보기
(정리한 답변에서 KEYWORD만 추출해 미니북에 정리한 후, 키워드 중심으로 암기해보세요!)

답변 1	✎		
답변을 통해 강조하고 싶은 역량	✎	답변에 걸린 시간	초
답변 2	✎		
답변을 통해 강조하고 싶은 역량	✎	답변에 걸린 시간	초
나올 수 있는 꼬리/다른 질문	• 만약 상사의 의견이 틀렸다면, 어떻게 할 것인지? • 상사와 대화할 때, 가장 중요한건 뭐라고 생각하는지? • 실제 구체적인 경험이 있는지?		

상황/Q2	돌발 상황에 대처한 경험은?		
혼자 답변해보기		답변에 걸린 시간	초

✎

이 질문은 주로 언제, 누구에게?	▶ 모든 지원자 ▶ '융통'보다 '계획'이 중요한 지원자 ▶ 쉽게 당황할 것 같은 이미지의 지원자	▼ 강의 보러 가기 ▼

면접 답변 POINT	
공통 POINT	• 내가 지원한 업무에서 발생할 수 있는 '돌발 상황' 예상해 보기 • 그 돌발 상황과 비슷했던 사례 찾고, 그 안에서 내가 어떻게 대처했었는지 생각해 보기 • 급작스러운 상황에도 '당황하지 않고 침착하게 문제를 해결하는 모습'을 보려는 질문 = 나의 문제 해결 역량을 보려는 질문 • 급작스러운 일이 발생할 수 있는 직무에서 주로 출제되는 질문
은행 POINT	〈돌발 상황 → 고객, 계산, 전산 오류 등〉 • 행원에게 발생할 수 있는 급작스러운 상황 : 고객의 급작스러운 요구, 계산의 오류, 전산의 오류 등 • 주로 '영업 경험'에서 발생했던 돌발 상황 대처 경험 찾기 • 적절한 대처로 인한 성과 : 고객의 신뢰 확보, 체계 마련 등

공기업 POINT	〈돌발 상황 → 업무 처리, 직무 관련 업무, 민원인 요구 등〉 • 공기업에서 나타날 수 있는 급작스러운 상황 : 급작스러운 업무 처리 요구, 민원인의 요구, 직무 관련 위기 상황 • 침착하게 상황 정리, 문제 해결했던 경험 • 직무 관련 업무 수행 시 발생했던 경험이면 가장 좋음 • 적절한 대처로 인한 성과 : 체계 마련, 목표 달성, 원활한 협업 진행 등
답변 템플릿	
두괄식	네, 저는 (경험) 당시 ~한 돌발 상황에 대처한 경험이 있습니다.
답변(경험)	당시 급작스럽게 (상황)으로 인해 (문제)가 발생했습니다. 이에, 이를 해결하고자 (대처 능력) 하였고, ~게 (대처)하였습니다. 그 결과, ~한 (해결, 성과)를 이뤄낼 수 있었습니다.
답변 예시	네, 저는 옷 가게 아르바이트 당시, 급작스러운 전산 오류를 대처한 경험이 있습니다. 당시 고객이 전화로 특정 의류를 예약하고 방문하였으나, 당시 전산 오류로 인해 해당 상품은 이미 없는 상황이었습니다. 이에, 먼저 근처 지점에 연락해 상품을 확보할 수 있는지 확인하고, 배송 받을 수 있는 일정과 고객님의 연락처를 받은 후, 배송 가능 일정에 대해 약속드린 결과, 고객님의 신뢰를 받아 추가 매출까지 이뤄낼 수 있었습니다.
강조하고 싶은 모습/역량	• 빠른 문제 해결과 절차를 밟는 상황 대처 능력 • 고객을 설득하여 추가 매출까지 끌어내는 역량

답변 다시 만들어보기			
(정리한 답변에서 KEYWORD만 추출해 미니북에 정리한 후, 키워드 중심으로 암기해보세요!)			
답변 1			
답변을 통해 강조하고 싶은 역량		답변에 걸린 시간	초

답변 2	✎		
답변을 통해 강조하고 싶은 역량	✎	답변에 걸린 시간	초
나올 수 있는 꼬리/다른 질문	• 돌발 상황을 대처하며 어려운 점은 없었는지? • 입사 후, 비슷한 상황이 발생한다면 어떻게 해결할 것인지?		

상황/Q3	실수를 저지른다면, 어떻게 대처할까?		
혼자 답변해보기		답변에 걸린 시간	초

✎

이 질문은 주로 언제, 누구에게?	▶ 모든 지원자 ▶ '융통'보다 '계획'이 중요한 지원자 ▶ 쉽게 당황할 것 같은 이미지의 지원자	▼ 강의 보러 가기 ▼

면접 답변 POINT	
공통 POINT	• 업무를 하며 누구나 실수를 할 수 있지만, 이 실수에서 도망가지 않고 '어떻게 침착히 대처하고 해결하는지'를 보기 위한 질문 • 내가 실제 비슷한 업무에서 실수했던 경험을 생각하고, 어떻게 대처했었는지 구체화하기 • 그 후 예방방안까지 마련한다면 좋음 • 나의 '자발적인 대처'방안이 중요함
은행 POINT	〈판매 실수, 리스크가 적은 실수 생각해 보기〉 • 고객에게 무언가를 잘못 판매했을 때, 혹은 리스크가 적은 정리 관련 업무 생각하고 어떻게 처리했는지 생각해 보기 • 꼼꼼함 관련 경험은 리스크가 있기 때문에, 영업 경험 내에서 생각해 보기 • 같은 실수를 반복하지 않기 위해, 나는 어떻게 했었는지 생각해 보기

공기업 POINT	〈지원 직무와 관련된 실수, 단계별 대처방안 필요〉 • 공기업은 꼼꼼한 사람을 선호, 실수 이후 어떻게 대처했는지도 중요 • 매뉴얼과 규칙의 중요성을 인지하고 활용하기 • 절차에 따라 단계적으로 처리할 것
답변 템플릿	
두괄식	네, 저는 실수에 ~게 대처하는 편입니다.
답변(경험)	실수를 하면, (순서대로 ~게 대처)하고, 이후 같은 실수를 반복하지 않도록 ~게 하고 있습니다.
답변 예시	네, 저는 실수를 한 경우, 문제가 발생하는 부분부터 순차적으로 대처하는 편입니다. 실수를 한 경우, 가장 먼저 문제가 발생할 수 있는 부분을 대처한 후, 처음으로 다시 돌아가 업무를 처리하고 검토 리스트를 만들어 최종 확인하는 편입니다. 또한, 이후에 같은 실수를 반복하지 않도록, 업무 체크 리스트를 만들어 최종 검토 단계를 자발적으로 거치는 편입니다.
강조하고 싶은 모습/역량	• 순차적으로 처리하는 모습 • 위기부터 대처하는 자세
답변 다시 만들어보기 (정리한 답변에서 KEYWORD만 추출해 미니북에 정리한 후, 키워드 중심으로 암기해보세요!)	
답변 1	

답변을 통해 강조하고 싶은 역량		답변에 걸린 시간	초

답변 2	✎
답변을 통해 강조하고 싶은 역량	✎　　　　　　　　　　　　　　　　　　　　　　 답변에 걸린 시간　　　　　　초
나올 수 있는 꼬리/다른 질문	• 실제 큰 실수에 대처했던 경험이 있는지? • 애초부터 실수를 하지 않으면 되었던 건 아닌지? • 그렇게 대처한 이유는 무엇인지?

상황/Q4	상사가 부당한 지시를 내린다면?		
혼자 답변해보기		답변에 걸린 시간	초

✎

이 질문은 주로 언제, 누구에게?	▶ 모든 지원자 ▶ 일반적인 '대처 능력, 조직 역량' 파악하기 위한 질문	▼ 강의 보러 가기 ▼

면접 답변 POINT	
공통 POINT	• '부당한 지시'에 대한 기준 세워보기 　예 개인적, 업무적 vs 규정 or 법에 어긋나는 경우 　= 조직, 고객에게 부당한 지시는 따르면 안 됨 → 왜 따르면 안 되는지에 대한 생각 정리하기 • '조직 > 규정 > 상사와의 관계 > 나' 순으로 우선순위 세우기 • 리스크를 미치는 일이 아닐 경우 → 상사와 대화 • 리스크를 미치는 일의 경우 → 조직, 고객을 위해 보고하고 해결하기

은행 POINT	〈은행 = 고객이 소중한 자산을 믿고 맡기는 곳〉 • 은행에서 '조직에 피해를 끼치는 부당한 지시'는 왜 따르면 안 되는지 생각해 보기(예) 고객이 자산을 맡기는 곳이라, 신뢰가 중요하기 때문 등) • '신한은행 RS직 상황 면접'예시로 생각해 보기 : 규정상 가입시켜주면 안 되지만, 지점장님이 가입시켜주라고 한다면 어떻게 할 것인가? = 가입시켜주면 안 된다. 규정을 어기게 되면 고객과의 신뢰가 무너질 수 있다. 하지만 지점장님이 지점을 위하는 마음을 이해하기 때문에, 다른 방법으로 고객을 설득하겠다. • 적극적인 자세로 추가 영업을 이끌어내는 등의 모습을 보여줘도 좋음
공기업 POINT	〈공기업 = 고객/국민의 신뢰로 이뤄지는 기업〉 • 공기업에서 '조직에 부당한 지시'가 갖고 올 파급력 생각해 볼 것 • 공기업은 국민의 신뢰로 운영되는 곳이기 때문에, 한 번의 규정 위반이 기관의 신뢰 저하로 이어질 수 있음 • 보수적인 집단이기 때문에, 개인적으로 부당한 부분은 어쩔 수 없다고 생각하고 인정하는 편을 권장 • 조직, 신뢰에 영향을 미치는 일 → 해결하고자 노력하는 적극적 자세 보이기
답변 템플릿	
두괄식	네, 저는 상사가 부당한 지시를 내린다면, (기준)으로 먼저 (살펴보겠/판단하겠)습니다.
답변(경험)	(은행, 공기업)은 ~한 곳이기 때문에, 가장 먼저 (기준)에 따라 살펴본 후, A 한 경우에는 ~게 하고, B 한 경우에는 ~게 하겠습니다.
답변 예시	네, 저는 상사가 부당한 지시를 내린다면, 개인과 조직 중 영향을 미치는 부분부터 살펴보겠습니다. OO은 고객의 신뢰로 이뤄지는 곳이기 때문에, 개인적으로 부당할 경우에는 후배이기 때문에 일단 따르나, 조직이나 고객 신뢰에 리스크를 주는 지시라면, 이를 문제로 인식하고 상부에 보고해 해결할 수 있도록 하겠습니다.
강조하고 싶은 모습/역량	• 조직을 위해 헌신하고 상사와 융화될 준비가 되어 있음 • 조직의 중요성 인지

답변 다시 만들어보기	
(정리한 답변에서 KEYWORD만 추출해 미니북에 정리한 후, 키워드 중심으로 암기해보세요!)	

답변1	✎

답변을 통해 강조하고 싶은 역량	✎	답변에 걸린 시간	초

답변2	✎

답변을 통해 강조하고 싶은 역량	✎	답변에 걸린 시간	초

나올 수 있는 꼬리/다른 질문	• 그럼에도 상사가 지속해서 부당한 지시를 요구한다면? • 그렇다면, 만약 상사가 지원자의 성과를 빼앗으려고 할 경우에는 어떻게 할 것인지?

상황/Q5	혼자 해결할 수 없는 문제가 발생한다면, 어떻게 해결할 것인가?	
혼자 답변해보기	답변에 걸린 시간	초

✎

이 질문은 주로 언제, 누구에게?	▶ '대처 능력'을 파악하기 위한 질문 ▶ 계획적 인재여서, '융통, 대처'에 미흡할 것 같은 이미지의 지원자	▼ 강의 보러 가기 ▼

면접 답변 POINT

공통 POINT	• '문제 해결 능력 + 조직 소통 능력'을 보기 위한 질문 • 직무로서 '혼자 해결하지 못하는 일'은 어떤 일일지 생각해 보기 　예 상사의 판단이 필요한 일, 나에게 권한이 없는 일, 조언이 필요한 일 등 • 아르바이트 등 실제 경험, 경력에서 비슷한 일이 발생했을 때, 어떻게 처리했는지 생각해 보기 • 조직 내에서 상사나 동료에게 도움을 청할 때, 어떻게 요청했었는지 생각해 보기 • 자발적으로 혼자서 이를 해내려는 나의 노력도 보여주기
은행 POINT	〈영업 환경에서 발생할 수 있는 '혼자 해결할 수 없는 일'〉 • 수용 범위 이상의 고객 요청이 들어온 상황 • 해본 적 없는 업무를 요구한 경우 • 고객과 관련된 업무라면, '고객에게 먼저 안내 구하기'가 우선되어야 함 　예 고객이 인턴 권한 범위 외의 업무를 요청, 모두가 바쁜 상황, 이에 고객에게 먼저 안내를 구한 후, 상사에게 물어~

공기업 POINT	〈직무 환경에서 발생할 수 있는 '혼자 해결할 수 없는 일'〉 • 특이사항이 발생해 '전문성, 전문 지식'이 필요한 상황 • 권한 외의 업무가 제시되어 처리가 어려운 상황 • 상황 진정 및 정리 후 보고, 정확한 일정 안내 등 피해 보는 사람이 없도록 처리할 것 　　예 A 업무 지식을 활용한 업무가 필요, 하지만 나는 인턴이라 제대로 알지 못함, 먼저 필 　　　요한 지식과 상황이 무엇인지 정리, 관련 담당자에게 보고한 후 가능한 일정 확인, 유 　　　관 부서와의 소통을 통해 업무 일정 조율 등
답변 템플릿	
두괄식	네, 저는 혼자 해결할 수 없는 일이 발생한다면, ~게 (파악/처리) 하겠습니다.
답변(경험)	(이렇게 처리/파악하려는 이유)이기 때문에, 먼저 ~게 한 후, ~게 하며 문제를 해결하도록 하겠습니다. 또한, (자발적 노력)으로 이러한 상황이 반복되지 않도록 하겠습니다.
답변 예시	네, 저는 혼자 해결할 수 없는 일이 발생한다면, 먼저 처리해야 하는 상황부터 파악하겠습니 다. 급하게 당면한 문제부터 해결하다 보면 다른 문제가 발생할 수 있기 때문에, 먼저 파악 해야 할 상황과 업무를 정리하고, 이를 유관 부서 및 담당자에게 문의하여 두 번 일을 처리하 지 않도록 하겠습니다. 또한, 관련 매뉴얼을 정리하여, 이러한 상황에서 당황하지 않도록 정 리 하겠습니다.
강조하고 싶은 모습/역량	• 당황하지 않고 침착하게 문제를 해결하는 차분한 자세 • 그냥 넘기지 않는 꼼꼼한 자세
답변 다시 만들어보기	
(정리한 답변에서 KEYWORD만 추출해 미니북에 정리한 후, 키워드 중심으로 암기해보세요!)	
답변 1	✎

답변을 통해 강조하고 싶은 역량	✎	답변에 걸린 시간	초
답변 2	✎		
답변을 통해 강조하고 싶은 역량	✎	답변에 걸린 시간	초
나올 수 있는 꼬리/다른 질문	• 혼자 해결할 수 없는 일이 발생해 해결했던 경험이 있는지? • 그렇게 처리하려는 이유가 무엇인지? 다른 방법이 더 낫지 않은지?		

상황/Q6	상사가 나에게만 일을 몰아준다면?		
혼자 답변해보기		답변에 걸린 시간	초

✎

이 질문은 주로 언제, 누구에게?	▶ 모든 지원자 ▶ 멘탈이 약해 거절도 어렵고 스트레스를 쉽게 받을 것 같은 이미지의 지원자	▼ 강의 보러 가기 ▼

면접 답변 POINT	
공통 POINT	• '상사와의 갈등'과 같이 극단적인 상황에서 '나의 대처 능력'을 보기 위한 질문 • 실제 비슷했던 상황에서, '나는 어떻게 대처했었는지' 생각해 보기 • 무조건 '하겠다. OK'의 답변보다, '조직을 위해' 어떻게 기준을 세워 움직일지 생각하기 • 업무 속에서 많은 업무 지식을 배울 수 있다는 점 잊지 말고 답변하기
은행/공기업 POINT	〈'나'보다는 '조직'을 생각하는 답변〉 • 업무 안에서 많은 내용을 배울 수 있기 때문에, 상사가 일을 몰아주는 데에는 이유가 있을 것으로 생각(= 내가 부족하거나, 더 배웠으면 하거나) • 내가 소화를 시키지 못해 조직에 피해를 줄 수 있을 경우에는 상사와 대화해보기 • 가능 일정 및 구체적 대안에 대해 말씀드리고, 도움이나 양해를 요청하기(조직의 원활한 업무 처리를 위해) • 내가 대처했던 과정, 내가 대처할 과정 + 조직을 위한 사고 답변하기

답변 템플릿	
두괄식	네, 만약 상사가 저에게만 일을 몰아주신다면, 저는 ~게 하겠습니다.
답변(경험)	아마 상사가 그렇게 일을 주시는 데에는 ~한 (이유)가 있을 것으로 생각합니다. 이에, (조직을 위한 나의 조치) 하여 (조직에 피해가 없도록) 하겠습니다.
답변 예시	네, 저는 만약 상사께서 저에게만 일을 몰아주신다면, 저는 일정에 맞춰 계획을 말씀드리겠습니다. 상사가 저에게만 일을 주시는 데에는, 아직 더 배웠으면 하는 부분이 있거나 조직이 바쁜 상황이기 때문이라고 생각합니다. 이에, 제 담당 업무 일정상 수용 가능한 범위를 확인하고, 소화하지 못해 조직에 피해를 줄 수 있을 경우 상사와 대화를 나눠보겠습니다. 나아가, 미처 하지 못한 부분은 추후에라도 꼭 다뤄보겠다는 약속을 드리도록 하겠습니다.
강조하고 싶은 모습/역량	• 계획적으로 업무를 처리하는 꼼꼼한 자세 • 조직을 우선적으로 생각하는 자세

답변 다시 만들어보기		
(정리한 답변에서 KEYWORD만 추출해 미니북에 정리한 후, 키워드 중심으로 암기해보세요!)		
답변 1	✎	
답변을 통해 강조하고 싶은 역량	✎	답변에 걸린 시간 초
답변 2	✎	

답변을 통해 강조하고 싶은 역량	✎	답변에 걸린 시간	초
나올 수 있는 꼬리/다른 질문	• 그럼에도 불구하고, 지시한 일부터 처리하라고 한다면? • 계속해서 더 많은 일을 주려고 한다면?		

상황/Q7	만약 동료가 잘못된 일이나 선택을 하는 모습을 본다면 어떻게 하겠습니까?		
혼자 답변해보기		답변에 걸린 시간	초

✎

이 질문은 주로 언제, 누구에게?	▶ 단점이 '거절을 잘 못한다.'일 정도로, 의견 전 달에 두려움이 있어 보이는 지원자 ▶ 업무보다 '친목'이 우선일 것 같은 지원자	▼ 강의 보러 가기 ▼

면접 답변 POINT	
공통 POINT	• '업무에 대한 자세 + 의사소통 자세'를 동시에 보기 위한 질문 • '윤리적으로 잘못된 일, 업무 방식이 잘못된 일' 등 잘못의 기준을 세우는 것도 하나의 방법 • 잘못된 일의 원인을 파악하고, 말리려는 자세가 중요

은행 POINT	〈돈에 관한, 영업 환경에서의 잘못된 일을 생각해 보기〉
	• 공통 POINT 소재로 충분하지만, '돈, 영업 환경'에서의 잘못된 일을 생각해 본다면 더욱
	  적합한 소재가 될 수 있음
	• 만약 입행 후, 동료가 고객 돈이나 정보를 갖고 잘못된 일을 하려고 한다면, 본인은 어떻게
	  할지 생각해 보기
	• 조직 활동에서 다른 사람이 고객의 개인 정보 등을 활용해 잘못된 일을 하려고 했던 경험
	  생각해 보기
	• 그때 어떻게 설득했는지 '소통 방식'으로 언급하기

공기업 POINT	〈윤리에 초점 맞춰 생각해 보기〉 • '동료의 잘못된 일이나 선택 = 윤리에 어긋나는 일'로 생각해 보기 • 조직에서 다른 동료가 개인 정보나 윤리에 어긋나는 일을 하려고 할 때, 어떻게 설득했었는지 생각해 보기 • '윤리와 관련된 일', '업무와 관련된 일' 등 기준 나눠서 언급해 주기 • 조직을 우선으로 생각하는 적극적 자세 보여주기
	답변 템플릿
두괄식	네, 저는 만약에 동료가 잘못된 일을 하려고 한다면, ~게 대처하겠습니다.
답변(경험)	(공기업, 은행)에서 자칫 신뢰가 무너진다면, ~한 (문제)가 발생할 수 있기 때문에, (잘못된 일이 ~하다면) ~게 대처하고, (잘못된 일이 ~한 경우라면) ~게 소통하여 해결하겠습니다.
답변 예시	네, 저는 만약에 동료가 잘못된 일을 하려고 한다면, 윤리적으로 어긋나는지 확인한 후 대처하겠습니다. OO에서 잘못된 선택을 할 경우, 조직 신뢰에 문제가 발생할 수 있기 때문에, 잘못된 일이 윤리적으로 어긋나지 않는다면, 다른 방안이 있는지 함께 모색하고, 윤리적으로 어긋난다면, 리스크로 인지해 바로 해결할 수 있도록 상부에 보고하겠습니다.
강조하고 싶은 모습/역량	• 조직 윤리에 대한 중요성 인지 • 함께 문제를 해결하려는 적극적인 태도

답변 다시 만들어보기
(정리한 답변에서 KEYWORD만 추출해 미니북에 정리한 후, 키워드 중심으로 암기해보세요!)

답변 1	✎

답변을 통해 강조하고 싶은 역량	✎	답변에 걸린 시간	초

답변 2	✎
답변을 통해 강조하고 싶은 역량	✎	답변에 걸린 시간	초
나올 수 있는 꼬리/다른 질문	• 실제 동료의 잘못된 선택을 막은 경험이 있는지? • 만약에 말렸는데도 동료가 잘못된 선택을 하려고 한다면, 어떻게 할 것인지?

상황/Q8	위기에 대처하는 나만의 방법은?		
혼자 답변해보기		답변에 걸린 시간	초

✎

이 질문은 주로 언제, 누구에게?	▶ 모든 지원자 ▶ '융통'보다 '계획'이 중요한 지원자 ▶ 쉽게 당황할 것 같은 이미지의 지원자	▼ 강의 보러 가기 ▼

면접 답변 POINT	
공통 POINT	• '단계별로 어떻게 대처할지' 생각해 보기 • 업무별 위기 상황에서 어떻게 문제를 해결할지를 보려는 '문제 해결력' 확인 질문 • 직무에서 업무상 발생할 수 있는 '위기 상황, 문제 상황' 생각해 보기 • 경험 언급 시, '나의 실수로 인한 위기 상황'은 굳이 언급하지 말 것 • 독단적 해결 X, 조직에 문제를 공유해서 해결하는 방안도 생각해 보기
은행/공기업 POINT	〈은행 : 고객 불만, 계산 오류 등의 위기〉, 〈공기업 : 민원인 불만, 업무상 오류 등의 위기〉 • 답변 앞에 '단서/기준'을 붙이는 방법(예 고객/민원인의 불만으로 인한 위기 or 업무상 위기 등) • '돌발 상황 대처 경험'을 기반으로, 대처했던 방법 정리하는 것도 좋음 • 위기 대처의 우선순위 단계별로 정리하기(예 매뉴얼, 상사)

답변 템플릿	
두괄식	네, 저는 (기준에 따라, 우선순위에 따라, n단계로, ~ 방식으로) 위기에 대처하겠습니다.

답변(경험)	가장 먼저, (~한 상황이라면) ~게 처리하겠습니다. 또한, ~한 방안을 살피며~ 마지막으로, ~한 방안에 따라 처리하겠습니다.
답변 예시	네, 저는 3단계로 위기에 대처하겠습니다. 가장 먼저, 이로 인해 피해를 본 대상이 없는지, 문제가 없는지 확인한 후 우선 처리될 수 있도록 하겠습니다. 이후, 상사와 조직에 보고하여 문제 상황에 대해 공유한 후, 매뉴얼에 따라 위기에 대처하겠습니다.
강조하고 싶은 모습/역량	• 먼저 피해를 최소화하려는 자세 • 조직, 매뉴얼에 대한 중요성 인지

답변 다시 만들어보기			
(정리한 답변에서 KEYWORD만 추출해 미니북에 정리한 후, 키워드 중심으로 암기해보세요!)			
답변 1	✎		
답변을 통해 강조하고 싶은 역량	✎	답변에 걸린 시간	초
답변 2	✎		
답변을 통해 강조하고 싶은 역량	✎	답변에 걸린 시간	초
나올 수 있는 꼬리/다른 질문	실제 위기에 대처했던 경험이 있는지?		

상황/Q9	중요한 일과 급한 일 중 어떤 일이 먼저인지?		
	혼자 답변해보기	답변에 걸린 시간	초

✎

이 질문은 주로 언제, 누구에게?	▶ 모든 지원자 ▶ 일반적인 업무 처리 순서를 파악하기 위한 질문	▼ 강의 보러 가기 ▼

면접 답변 POINT	
공통 POINT	• 개인의 업무 처리 가치관, 순서를 파악하기 위한 질문 • 무엇을 선택해도 좋지만, 왜 선택했는지와 처리 방식이 중요함 • 직무 특성과 연결 지어 생각해도 좋음 • 직무에서 발생할 수 있는 '중요한 일'과 '급한 일'이 무엇이 있을지 생각해 보고, 대입하여 생각해서 답해보기

은행/공기업 POINT	**〈답변을 위해 해야 할 일 정리하기〉** • 직무, 기업별 발생할 수 있는 중요한 일과 급한 일 찾기(예 중요한 일-조직 신사업을 위한 보고서 작성/급한 일-고객 민원 발생) • 중요한 일과 급한 일, 무엇을 먼저 처리하는 게 중요한지 정리하기(예 중요한 일-장기적인 고객 만족 실천의 토대 마련, 꼼꼼히 처리하는 것이 중요/급한 일과 중요한 일의 기한이 남아 있음, 기한이 짧은 일부터 처리하고 중요한 일은 공들여서 천천히) • 이후 처리 방식 생각하기(예 중요한 일 선택 : 중요한 일과 급한 일의 일정 확인, 중요한 일 계획안에 있는 부분 처리, 이후 급한 일정 처리, 이후 중요한 일 최종 피드백하며 완성도 증대 등)

답변 템플릿	
두괄식	네, 저는 (중요한 일/급한 일)부터 처리하겠습니다.
답변(경험)	(중요한 일/급한 일)은 ~한 (이유)로 먼저 처리해야 한다고 생각합니다. 이에 (업무 처리 과정 순서대로) ~게 처리하겠습니다.
답변 예시	네, 저는 급한 일부터 처리하겠습니다. 대부분 급한 일은 조직에 문제를 줄 수 있는 급박한 상황이기 때문에, 먼저 중요한 일의 일정을 확인한 후, 일정을 조율하겠습니다. 이후, 급한 일을 모두 처리한 후 중요한 일을 공들여 피드백하며 완성도를 높이겠습니다.
강조하고 싶은 모습/역량	• 급한 일에 대한 가치관이 서있음, 많은 일을 해봤음을 강조 • 중요한 일에 대한 중요성 인지

답변 다시 만들어보기	
(정리한 답변에서 KEYWORD만 추출해 미니북에 정리한 후, 키워드 중심으로 암기해보세요!)	
답변1	✎

답변을 통해 강조하고 싶은 역량	✎		답변에 걸린 시간	초
답변 2	✎			
답변을 통해 강조하고 싶은 역량	✎		답변에 걸린 시간	초
나올 수 있는 꼬리/다른 질문	• ~한 이유로(반대되는 일, 중요/급한) 일이 더 중요한 건 아닌지? • 실제 중요한 일과 급한 일 중 택해서 진행했던 경험이 있는지?			

상황/Q10	한 번도 해본 적 없는 업무를 맡게 된다면, 어떻게 배워나갈지?		
혼자 답변해보기		답변에 걸린 시간	초

✎

이 질문은 주로 언제, 누구에게?	▶ 모든 지원자 ▶ 소극적, 수동적으로 보이는 지원자	▼ 강의 보러 가기 ▼

면접 답변 POINT

공통 POINT	• 업무 적응 **능력**, 처리 능력을 보기 위한 질문 • 입행/입사해서 배우는 업무는 모두 '처음 해보는 업무', 일을 배우려는 적극적 자세를 보기 위한 질문 • 인턴, 아르바이트 등에서 처음 맡았던 업무를 '얼마나 적극적이고 체계적으로' 배워나가고, 빠르게 적응하려고 노력했는지 생각해 보기 • 업무를 배우려는 단계를 2~3단계로 정리해두기
은행 POINT	〈고객은 대기하고, 업무는 해야 하는 복잡한 상황〉 • 고객은 대기하고, 다른 창구의 선배는 너무 바빠서 업무를 알려주기 어려운 상황에서 어떻게 할지 • 고객의 요청은 실수 없이 처리해드려야 하나, 배우기는 어려운 상황 • 고객 자산의 소중함을 알고, 처리해드리려는 적극적 자세 발휘하기 • 막연히 '선배에게 물어보고'는 어려운 상황일 수 있으니, '교육제도 이용, 질문 리스트 정리, 퇴근하고 자발적인 교육 이수와 학습' 등 구체적인 답변 정리하기

공기업 POINT	〈업무를 배우려는 단계적인 노력 제시〉 • 중구난방으로 업무를 배우는 게 아니라, '업무를 배우려는 자신만의 단계, 실제 업무를 배우고자 노력했던 단계'가 있으면 좋음 • 관련 매뉴얼, 업무 일지, 회의록 등 자료를 참고해서 자발적으로 공부하는 자세 • 이에 기반한 '자신만의 매뉴얼 or 책자 마련, 선배 및 상사에게 질문, 피드백을 통한 보완' 등의 적극적 자세 드러내기 • 특수 직무의 경우, '직무의 특수성' 반영하기(예 현장 : 현장에 대한 이해를 쌓고~)
답변 템플릿	
두괄식	네, 저는 한 번도 해본 적 없는 업무를 맡게 된다면, ~게 하겠습니다.
답변(경험)	(직무로서 중요한 것은 (직무)로서 중요하기 때문에, 처음 해보는 업무일지라도 ~해야 한다고 생각합니다. 이에 1단계, ~을 익히고, 2단계 ~게 쌓은 후, 3단계를 통해 ~게 강화하겠습니다.
답변 예시	네, 저는 한 번도 해본 적 없는 업무를 맡게 된다면, 3단계로 노력하며 고객 신뢰를 지키겠습니다. 행원에게 전문성은 고객의 신뢰로 이어지기 때문에, 처음 해보는 업무일지라도 실수가 없어야 한다고 생각합니다. 이에, 가장 먼저 어려운 업무를 리스트로 정리하여 자투리 시간에 상사 분들께 여쭙고, 또한, 이를 매뉴얼로 정리해 끊임없이 학습하겠습니다. 마지막으로, 자발적인 관련 교육 이수를 통해 지식을 쌓아 업무 전문성을 강화하겠습니다.
강조하고 싶은 모습/역량	• 행원 자리에 대한 책임감 • 업무를 순차적으로 배우려는 자세와 인지
답변 다시 만들어보기	
(정리한 답변에서 KEYWORD만 추출해 미니북에 정리한 후, 키워드 중심으로 암기해보세요!)	
답변 1	✎

답변을 통해 강조하고 싶은 역량	✎	답변에 걸린 시간	초
답변 2	✎		
답변을 통해 강조하고 싶은 역량	✎	답변에 걸린 시간	초
나올 수 있는 꼬리/다른 질문	• OO 인턴 경험 있는데, 이때 업무를 처음에 어떻게 배웠는지? • 만약 상사나 동료가 업무를 알려주지 않는다면 어떻게 할 것인지?		

상황/Q11	고객의 이익과 회사의 이익이 상충한다면?		
혼자 답변해보기		답변에 걸린 시간	초

✎

이 질문은 주로 언제, 누구에게?	▶ 모든 지원자 ▶ 일반적인 가치관 파악 질문	▼ 강의 보러 가기 ▼

면접 답변 POINT	
공통 POINT	• 고객, 회사에 대한 개인의 가치관과 대처 역량을 보기 위한 질문 • 질문의 폭이 넓어질 수 있기 때문에, 기준을 세워 답변 정리하기(예 원칙에 어긋나는지 확인하기, 장단기적인 관점에서 확인하기) • 그에 대한 결론으로, '하나의 답' 선택해두기 • 내가 지원하는 기업, 직무 안에서 '고객은 누구고, 회사는 어떤 곳인지' 가치관 정리해보기 • 뚜렷한 목표를 정한 후, 후에 양측의 이익을 모두 고려하는 답변하기(예 고객의 신뢰는 곧 회사의 성장이기 때문에/회사의 성장은 고객의 이익으로 돌아가기 때문에)
은행 POINT	〈'상품'으로 대입해서 생각해 보기〉 • '은행에는 이익이 되지만, 고객에게는 이익이 되지 않는 상품을 판매할 것인가?'로 생각해서 답변해보기 • 은행 이익을 위한 스팟성 상품 vs 진짜 고객에게 필요한 상품 • 고객의 신뢰, 자산의 중요성을 인지하고, 이는 기업의 성장으로 이어진다는 점을 기억하기 • 고객의 이익을 우선시 챙긴다면, 은행의 이익도 같이 챙길 수 있는 방법 언급하기

공기업 POINT	〈'공기업'에 대한 가치관 정리해서 답하기〉 • '공기업이 이익을 내야 하는 이유는?'에 대해 생각해 보기 • 공기업은 애초부터 국민의 편의를 위한 곳, 대부분 고객 요청에 맞춰 업무가 조정되어 있음 • 이러한 상황이 발생할 수 있는 경우를 생각해 보기(예 고객이 원하는 서비스가 있으나, 이를 시행할 시 기업에 손해가 발생하는 상황) • 공기업의 특징 '누구나, 공평하게, 소외 없이' → 답변에 가치관 녹이기 • 하나를 택할 시, 다른 하나가 보완될 수 있도록 하기(예 사회를 위해 회사의 이익을 택하되, 고객 이익을 보완할 수 있는 방법 모색하기)

답변 템플릿	
두괄식	네, 저는 고객과 회사의 이익이 상충할 경우, ~게 하겠습니다.
답변(경험)	(지원한 기업, 고객)은 ~해야 하기 때문에, 고객 or 기업을 택해, (가치관)을 지킨 후, (보완책)을 시행해 ~게 보완하겠습니다./만약 (기준 하나에 부합한 경우) ~게 하며 (직무, 행원으로서 가치)를 지키겠습니다.
답변 예시	네, 저는 고객과 회사의 이익이 상충한다면, '피해를 보는 사람'이 있는지부터 확인하겠습니다. 공기업은 모두가 서비스를 동등하게 이용할 수 있어야 한다고 생각하기 때문에, 고객 요청으로 인해 피해를 보는 사람이 없다면 이를 수용하되, 만약 회사에 손해가 발생해 피해를 보는 사람이 발생한다면 다른 보완책을 마련하겠습니다.
강조하고 싶은 모습/역량	• 공기업에 대한 확고한 가치관 • 고객 지향적 자세

답변 다시 만들어보기	
(정리한 답변에서 KEYWORD만 추출해 미니북에 정리한 후, 키워드 중심으로 암기해보세요!)	
답변 1	✎ 　 　 　

답변을 통해 강조하고 싶은 역량	✎	답변에 걸린 시간	초
답변 2	✎		
답변을 통해 강조하고 싶은 역량	✎	답변에 걸린 시간	초
나올 수 있는 꼬리/다른 질문	• (고객 택했을 경우) 만약 이로 인해 회사에 손해가 발생한다면? • (회사 택했을 경우) 이로 인해 고객의 불만이 제기된다면?		

CHAPTER

06 '고객'에 대한 질문

I '고객'질문에 대한 답변 만들기

고객을 응대해야 하는 행원이나, 민원인을 응대해야 하는 공기업 직무의 경우 '고객'에 대한 질문이 나오게 된다. 세상에는 생각보다 다양한 유형의 고객이 있고, 생각하지도 못한 요청이 즐비하기 때문에, 이러한 상황에서도 충분히 버텨낼 수 있는 사람을 찾고자 하는 것이다. 사람을 응대해보지 않았던 사람이 갑자기 사람을 응대하게 되면, 업무 외에도 사람에 대한 스트레스도 쌓여 업무 수행 효율이 저하될 것이다. 또, 애초부터 사람을 좋아하지 않는다면, 매일 출근하는 그 자체가 스트레스일 것이다. 이에, '얼마나 사람을 만나봤고, 겪어봤고, 거부감이 없는지'를 파악하기 위한 질문들을 하게 된다. 이제 아래 내용을 채워 나가며, 본인의 '고객 응대 경험'을 정리해보자.

예 시

구 분	경험 1	경험 2
고객 응대 경험	카페 아르바이트	공기업 인턴
당시 내가 잘한 일	• 고객 불편함 듣고 메뉴판 개선 • 고객들이 주로 시키는 메뉴 듣고, 세트 메뉴 개발 및 제안	• 대기 시간 효율화를 위해, 업무 별 필요한 서류 정리해서 부착(인근 발급 가능 장소까지 안내)
가장 기억에 남는 고객	• 디카페인만 주문하시던 고객님, 알고 보니 임신하셔서, 그 후로 커피와 비슷하지만 몸에 좋은 다른 메뉴 추천, 감사 표시(세세함) • 기업 고객 단체 주문, 당시 새로 시작한 메뉴 있어, 좋은 홍보 기회가 될 수 있다고 생각해, 설득해 신메뉴로 변경 주문 (설득력)	• 어르신 고객이 업무를 신청하러 오셨으나, 컴퓨터로 처리해야 하는 업무를 잘 하지 못하심, 업무로 바빴지만 편한 곳으로 모신 후 하나하나 도와드리고, 혼자서도 하실 수 있는 방법 적어드림

| 진상 고객
응대 경험 | • 계속 온도가 맞지 않는다며 다시 만들
어달라고 요청하던 주기적 고객, 이유를
묻고 적정한 온도 파악, 제작 시 고객님
께 여쭤보며 적정 온도 맞춰드림, 고객
의 사과 | • 조건이 되지 않는데, 계속해서 사업 신
청을 해달라는 고객. 불가능한 이유에
대해 설명드리고, 대신 받으실 수 있는
다른 방안 안내 |

연습해보기

구 분	경험 1	경험 2
고객 응대 경험		
당시 내가 잘한 일		
가장 기억에 남는 고객		
진상 고객 응대 경험		

Ⅱ 답변 정리하기

고객/Q1	진상 고객을 응대했던 경험은?		
혼자 답변해보기		답변에 걸린 시간	초

✎

이 질문은 주로 언제, 누구에게?	▶ 고객, 민원인 응대 직무 ▶ 마음이 여려 보이는 지원자	▼ 강의 보러 가기 ▼

면접 답변 POINT	
공통 POINT	• '소통, 공감, 경청' 등의 답변도 좋지만, 다소 진부해서 공격 질문이 들어올 수 있음(예 구체적으로 어떻게 소통한 것이냐? 경청만으로 문제가 해결이 되느냐? 등) • 내가 만났던 악성, 진상 고객을 어떻게 '대처'했었는지 생각해 보기 • 상사는 그 악성, 진성 고객/민원인을 어떻게 대처했었는지 생각해 보기 • 항상 '고객, 민원인'을 우선으로 하는 자세가 포함되어 있어야 함
은행 POINT	〈영업, 판매 경험, 상담 경험 등에서 찾기〉 • 물건을 팔았던 경험, 학원 등에서 상담해서 프로그램을 판매했던 경험, 원생을 모집했던 경험, 오피스에서 비대면으로 고객을 응대했던 경험 등 • '전화위복'의 사례가 있어도 좋음(예 처음에 진상이었지만, 추후 추가 구매까지 함) • 고객의 이야기를 듣고 행동하기 • 상품을 판매하는 과정이나 판매하고 나서 발생한 민원을 대처했던 경험

공기업 POINT	〈적극적이며 공손한 자세 언급하기〉 • 본인이 주로 응대하게 될 민원인의 연령대와 특징 등을 파악해, 비슷한 민원인을 응대했던 경험 찾기(예 고연령대, 무언가 신청하러 옴) • 주로 민원인이 요청하는 상황을 이뤄줄 수 없을 때 '진상 고객'의 요청이 발생함 → 이런 경우 어떻게 대처할지 • 적극적인 태도, 추가적인 조사, 신뢰를 주는 자세, 대안 제시 등을 언급
답변 템플릿	
두괄식	네, 저는 (경험) 당시 ~을 요구하는 고객/민원인을 응대했던 경험이 있습니다.
답변(경험)	당시 ~한 상황이었으나, (무리한 요구, 요청)을 하셨습니다. 이에, (고객님의 이야기를 듣고) (나의 대처)하여 문제를 해결하였습니다.
답변 예시	네, 저는 공기업 인턴 당시, 조건이 맞지 않는데도 사업 신청을 요구하셨던 고객님을 응대했던 경험이 있습니다. 당시, 해당 고객님은 정부 정책 사업 신청자 조건이 되지 않으셨으나, 지속해서 이를 요청하셨습니다. 이에, 고객님이 요청하시는 이유, 희망하시는 서비스 등을 듣고 난 후, 신청이 불가한 사유에 대해 다시 설명드린 후, 대신 비슷하게 혜택 받으실 수 있는 사업을 유관 부서에 연락해 알아본 후 안내 드려, 고객님의 감사 인사를 받을 수 있었습니다.
강조하고 싶은 모습/역량	
답변 다시 만들어보기 **(정리한 답변에서 KEYWORD만 추출해 미니북에 정리한 후, 키워드 중심으로 암기해보세요!)**	

답변 1	✎		
답변을 통해 강조하고 싶은 역량	✎	답변에 걸린 시간	초

답변 2	✎		
답변을 통해 강조하고 싶은 역량	✎	답변에 걸린 시간	초
나올 수 있는 꼬리/다른 질문	• 만약 입행/입사해서도 비슷한 고객이 있다면? • 그렇게 했는데도 고객이 계속해서 무리한 요청을 한다면?		

고객/Q2	고객이 부당한 요구를 한다면?		
	혼자 답변해보기	답변에 걸린 시간	초

✏️

▼ 강의 보러 가기 ▼

이 질문은 주로 언제, 누구에게?	▶ 고객, 민원인 응대 직무 ▶ 마음이 여려 보이는 지원자 ▶ 융통보다는 계획이 앞서 보이는 지원자	

면접 답변 POINT

공통 POINT	• 실제 이런 경우가 빈번하기에, '어떻게 유연히 대처하는 사람인지' 확인하기 위한 질문 • 무조건 고객의 요구를 들어주는 것이 아니라, '원칙, 업무 절차'에 맞춰 대처해야 함 • 내 경험에서 1차로 착안하되, 생각나지 않는다면 '직무에서 발생할 수 있는 비슷한 상황을 예상'하여 답을 구상해볼 것
은행 POINT	〈신한은행 RS직 상황면접 질문 찾아보며 답 예상하기〉 • 판매 아르바이트 당시, 고객에게 받았던 터무니없던 요구 생각해 보기 • 은행은 '금융영업직'이기에, 영업과 이어서 대처 방안 생각하기 • 고객 신뢰의 중요성 인지하기(실수에 잘 대처한다면, 이후에도 고객이 될 수 있음)
공기업 POINT	〈보통은 원칙과 절차를 무시하는 요구가 많음, 이에 맞춰 생각하기〉 • 원칙, 절차상 불가한 요구 등을 하는 경우가 많음 • 실제 이를 무시한 요청에 어떻게 응했었는지 생각해 보기 • '원칙과 절차'의 중요성 인지하고 답변해보기 • 요구를 들어줄 수는 없지만, 해결을 위해 적극적으로 노력했던 모습 답하기

답변 템플릿	
두괄식	네, 저는 고객이 부당한 요구를 한다면, ~게 대처하겠습니다.
답변(경험)	(이렇게 대처하는 이유)이기 때문에, (방식)으로 대처하여, (직무에게 중요하나 것)을 지켜내 겠습니다.
답변 예시	네, 저는 고객이 부당한 요구를 한다면, 대안을 제시하며 응대하겠습니다. 고객님께서 바라 시는 바가 있으나, 비슷한 상품/정책을 미처 파악하지 못하실 수 있기 때문에, 차분히 고객의 이야기를 듣고 고객 니즈에 맞는 대안을 제시하며, 고객 만족과 신뢰를 지켜내겠습니다.
강조하고 싶은 모습/역량	• 대안을 제시하는 적극적인 전문성 파악 자세 • 차분한 고객 응대 능력

답변 다시 만들어보기			
(정리한 답변에서 KEYWORD만 추출해 미니북에 정리한 후, 키워드 중심으로 암기해보세요!)			
답변 1	✎		
답변을 통해 강조하고 싶은 역량	✎	답변에 걸린 시간	초
답변 2	✎		
답변을 통해 강조하고 싶은 역량	✎	답변에 걸린 시간	초

나올 수 있는 꼬리/다른 질문	• 실제 부당한 요구에 대처했던 경험이 있는지? • 만약 그렇게 했는데도, 고객이 계속해서 부당한 요구를 한다면?

고객/Q3	고객/민원인 응대 시 나의 장·단점은?		
혼자 답변해보기		답변에 걸린 시간	초

✎

이 질문은 주로 언제, 누구에게?	▶ 고객, 민원인 응대 직무 ▶ 고객 응대 업무를 해보았던 지원자	▼ 강의 보러 가기 ▼

면접 답변 POINT	
공통 POINT	• 면접관이 궁금한 답변은 '장점'보다 '단점' • 실제 고객 응대 시, 어떤 점이 편했고, 어떤 점이 어색하고 아쉬웠는지 생각해 보기 • 장점으로 쓸 수 있는 내용들의 '반대'를 단점으로 정리해보기(예 눈높이에 맞춘 설명 → 고객이 어느 정도 이해했는지 파악하는 데 시간이 걸림) • 많은 장점과 단점을 나열해보고, 나와 가장 가까운 장·단점 찾기
은행 POINT	〈영업 환경에서 세일즈의 장·단점〉 • 무언가 판매해야 하는 상황에서 내 세일즈의 장·단점 • 영업직으로 근무하는 사람의 장·단점 생각해 보기(예 뛰어난 영업력, 뭐가 필요한지 알고 안내 → 일단 팔기 때문에 추후 재고를 파악해서 배송이 늦어짐/꼼꼼하게 재고 및 상품에 대해 이해함, 뭐든 이해시켜줌 → 다 설명하려니 세일즈에 시간이 걸림) • 단점은 '리스크가 적은 단점'으로 • 극복하기 위해 했던 나의 노력도 필요함

공기업 POINT	〈고객 상담, 민원인 상담에서의 내 장·단점〉 • 무언가 판매하기보다는 '설명하고, 발급해야 하는 상담 과정'에서의 경험 • 실제 입사해서 발생할 수 있는 민원인 응대 유형 생각해 보기(例 필요한 부분만 정리해서 상담, 짧은 상담 시간이지만 민원인 만족도 높음 → 추후 민원인 문의 전화/꼼꼼히 정리해서 하나하나 설명해드림 → 상담 시간이 길어짐) • 단점은 '리스크가 적은 단점'으로 • 극복하기 위해 했던 나의 노력도 필요함 • 대부분 어르신 민원인이기에, 어르신 민원인에 대한 어려움은 지양
답변 템플릿	
두괄식	네, 고객(민원인) 응대 시 저의 가장 큰 장점은 (장점)입니다.
답변(경험)	항상 (장점으로 ~게) 해서, ~한 (고객 반응, 성과) 등을 거둘 수 있었습니다. 반면, (이로 인해, 단점)으로 어려울 때도 있습니다. 이를 ~게 해서 극복하고자 노력했습니다.
답변 예시	네, 고객 응대 시 저의 가장 큰 장점은 '고객이 궁금해할 부분을 정확히 설명'한다는 점입니다. 항상 고객과의 대화를 통해 궁금해하실 내용을 꼽아 설명해드리며, 높은 매출을 낼 수 있었습니다. 반면, 이로 인해 고객님이 추가로 궁금하신 부분은 다시 전화 주신다는 점이 있습니다. 이를 극복하고자, 물건 판매 시 추가로 궁금해하실 수 있는 내용을 정리해 제공해드리며 극복하였습니다.
강조하고 싶은 모습/역량	• 뛰어난 판매 역량 • 꼼꼼하게 정리하는 자세
답변 다시 만들어보기 **(정리한 답변에서 KEYWORD만 추출해 미니북에 정리한 후, 키워드 중심으로 암기해보세요!)**	
답변 1	✎

답변을 통해 강조하고 싶은 역량	✎		답변에 걸린 시간	초
답변 2	✎			
답변을 통해 강조하고 싶은 역량	✎		답변에 걸린 시간	초
나올 수 있는 꼬리/다른 질문	• 그 장점으로 성과를 냈던 경험은? • 단점으로 인해 고객 불만족을 불렀던 경험은?			

고객/Q4	고객의 요구를 미리 파악해 응대한 경험은?		
혼자 답변해보기		답변에 걸린 시간	초

✎

이 질문은 주로 언제, 누구에게?	▶ 고객, 민원인 응대 직무 ▶ 고객을 많이 응대해보지 않았을 것 같은 지원자 ▶ '능동'보다 '수동'에 가까운 지원자	▼ 강의 보러 가기 ▼

면접 답변 POINT	
공통 POINT	• 고객 중심적 자세, 꼼꼼한 관찰 + 창의적 실행 모습 • 미리 파악한다. = 고객 응대에 적극적 • 요구를 미리 파악하기 위한 노력 → 업무 전반에 대해 이해, 세심한 관찰 • 고객, 민원인 응대 업무에 대한 부담감이 적고, 이에 적극적으로 참여하는 사람
은행 POINT	〈고객 응대 + 판매에 있어서 요구를 미리 파악한 경험〉 • 고객이 요구할 사안을 미리 파악해 영업 실적을 올린 경험 • 고객에 대한 관찰, 고객에 대한 관심으로 맞춤형 상품을 미리 제안해서 판매 실적을 올린 경험 • 고객 특징 파악한 후, 고객이 불편해할 요소를 제고해 고객 만족도를 높인 경험 • 전체적으로 영업이나 판매와 연결 지어 생각하기

공기업 POINT	〈민원인 대기 시간 축소, 민원인 서류 발급 등〉 • 고객이 불편해하는 요소(대기 시간, 대기 체계 등) 파악해서 미리 맞춤형 응대 제공 • 매뉴얼 정리, 체크리스트 제공 등 꼼꼼한 자세로 불편 응대 • 서류 발급 등 고객의 필요 사항 미리 파악해서 제공(미리 파악 → 대기 좌석 구분, 미리 서류 리스트 안내 등) • '영업 실적, 판매 실적'을 말하는 은행과 달리 '고객 만족, 고객 편의'에 초점 맞춰 답하기
답변 템플릿	
두괄식	네, 저는 ~한 고객의 (불편함/요구)를 미리 파악해 응대한 경험이 있습니다.
답변(경험)	당시 고객이/일하던 곳이 ~한 상황이었습니다. 이에 (불편, 요구) 등을 미리 파악해 ~게 (대처, 준비)한 결과, ~한 (성과, 고객 만족)을 이뤄낼 수 있었습니다.
답변 예시	네, 저는 카페 아르바이트 당시, 직장인 고객의 요구를 미리 파악해 매출을 올린 경험이 있습니다. 당시, 오피스 타운 내 있던 카페여서, 아침에 샌드위치와 커피를 같이 찾는 고객이 많았습니다. 이에, 매번 같이 구매하면 가격적 부담이 클 수 있다고 판단해, 판매 데이터를 확인한 후 매니저님께 제안해 '모닝 세트'를 저렴한 가격에 판매했고, 가격 경쟁력을 확보해 매출을 크게 올릴 수 있었습니다.
강조하고 싶은 모습/역량	• 고객의 행동, 판매 등을 유심히 관찰하는 자세 • 이를 활용해 '기획'해내는 창의적 자세
답변 다시 만들어보기 (정리한 답변에서 KEYWORD만 추출해 미니북에 정리한 후, 키워드 중심으로 암기해보세요!)	
답변 1	✎

답변을 통해 강조하고 싶은 역량	✎	답변에 걸린 시간	초

답변 2	✎
답변을 통해 강조하고 싶은 역량	✎	답변에 걸린 시간	초
나올 수 있는 꼬리/다른 질문	• 당시 고객의 반응은 어떠했는지? • 사전에 파악하는 과정에서 어려웠던 점은 무엇인지?

고객/Q5	고객 만족을 실천했던 경험은?		
	혼자 답변해보기	답변에 걸린 시간	초

✎

이 질문은 주로 언제, 누구에게?	▶ 고객, 민원인 응대 직무 ▶ '능동'보다 '수동'에 가까운 지원자	▼ 강의 보러 가기 ▼

면접 답변 POINT

공통 POINT	• 고객, 민원인 응대에 얼마나 적극적인지 파악하기 위한 질문 • 입행/입사 후 지원자가 고객을 어떻게 응대할지 확인할 수 있음 • 고객 만족 실천 : 단순히 수동적으로 '일'만 한 게 아니라, 고객을 위해 '노력'했던 경험 • 고객을 위해 했던 모든 일 중, 가장 직무와 비슷하거나 자랑할만한 경험 언급하기 • '가장 창의적이었던 경험'의 답변이 '고객'과 관련되었다면, 답변으로 사용 가능 • 고객의 불편을 해소하기 위해 무언가 '액션'을 취했던 경험
은행/공기업 POINT	〈빠른 업무 처리 or Something special〉 • 행원, 민원인 응대 직무 : 고객 요청을 빠르고 정확하게 처리해야 함, 고객 대기 시간 단축 및 빠르고 정확한 처리를 위한 창의적 전략, 불만을 줄였던 경험 등을 고민해보기 • '고객 만족'을 실천했던 특별한 경험도 가능 : 매일 진척 상황 전달, 지속적 고객 관리, 이벤트 확인 및 챙기기 등 • '내가 이만큼 고객을 챙기는 사람이야'의 자세 보여주기

답변 템플릿	
두괄식	네, 저는 (경험) 당시, ~게 고객 만족을 실천한 경험이 있습니다.
답변(경험)	당시 ~한 (상황, 이슈가 있던 상황) 이었습니다. 이에, (고객 불만 해소 등)을 위해 ~게 (내가 한 일)한 결과, ~한 (성과)를 거두며 고객 만족을 실천할 수 있었습니다.
답변 예시	네, 저는 과외 아르바이트 당시, 세밀한 고객 관리로 고객 만족을 실천한 경험이 있습니다. 당시, 부모님께서 직장에 계셔 담당 학생의 진척 상황을 굉장히 궁금해하셨습니다. 이에, 매일 수업 끝난 후 아이의 자세, 진척 상황, 현황 등을 보고서로 정리해 문자로 제공해드린 결과, 학부모님의 신뢰를 얻어 다른 학생도 소개받을 수 있었습니다.
강조하고 싶은 모습/역량	• 흔한 과외 아르바이트에서도 고객 만족에 책임을 다함 • 꼼꼼하게 상황을 정리하는 자세

답변 다시 만들어보기

(정리한 답변에서 KEYWORD만 추출해 미니북에 정리한 후, 키워드 중심으로 암기해보세요!)

답변 1	✎		
답변을 통해 강조하고 싶은 역량	✎	답변에 걸린 시간	초
답변 2	✎		

답변을 통해 강조하고 싶은 역량	✎	답변에 걸린 시간	초
나올 수 있는 꼬리/다른 질문	• 그 경험을 현장에서 어떻게 활용할 것인지? • 고객의 반응은 어떠했는지?		

고객/Q6	부정적이고 불만 상태인 고객을 어떻게 응대할지?		
혼자 답변해보기		답변에 걸린 시간	초

✎

이 질문은 주로 언제, 누구에게?	▶ 고객, 민원인 응대 직무 ▶ 마음이 여려 보이는 지원자	▼ 강의 보러 가기 ▼

면접 답변 POINT	
공통 POINT	• 은행, 기업 업무 처리에 불만이 있는 고객을 어떻게 응대할지 = '고객 응대 및 대처 능력'을 파악하기 위한 질문 • 고객 응대 능숙도를 파악할 수 있음, '나만의 노하우' 찾아서 답변하기 • '싫어, 안 해'만 외치는 고객을 어떻게 응대할지 • '이런 고객 많이 응대해봤고, 문제없습니다.'를 답변을 통해 보여주기 • '고객 응대 장·단점' 질문에서 '장점'을 갖고 와 답변해도 좋음
은행 POINT	〈금융 상품 시, 고객 요청 업무 처리 시 부정적 고객〉 • 업무에 대해 불만을 표하는 고객 & 상품 권유 과정에서 불만 표하는 고객 • 업무 처리에 불만인 상태로 온 고객도 '상품을 가입할 수 있도록'하는 노하우(실제 경험에서 착안해보기) • 영업 및 고객 응대 과정에서, '부정적이고 불만 상태인 고객을 응대해서 상품 판매, 단골 유치까지 성공했던 나의 노하우' 찾기 • 무조건 '들어드린다. 공감해드린다.'보다는 '구체적인 노하우' 찾기

공기업 POINT	〈업무 처리에 대한 부정적인 민원인, 어떻게 설득할지〉 • 처리해야 할 업무 등을 처리하지 않는 민원인, 설득해서 세금을 내게 하거나 필요한 서류를 갖고 오도록 해야 하는 경우, 어떻게 응대할지 • 어떻게 설득해서 업무를 원만하게 처리할지 생각해 보기 • 협조적이지 않은 민원인을 어떻게 응대할지(공기업 인턴 경험, 과외 경험 등 아르바이트 경험 생각해 보기) • '공감, 소통'외에 나만의 노하우 찾기(◯ 포스트잇 기재, 대안 제시 등)
답변 템플릿	
두괄식	네, 저는 불만 상태의 고객에게 ~게 응대하겠습니다.
답변(경험)	실제 (경험) 당시에도 ~한 (노하우)로 (간략한 불만 요약) 상태의 고객을 ~게 응대해 (성과)를 이뤄낸 경험이 있습니다. 이처럼 대부분 불만 상태의 고객은 ~하기 때문에, ~게 해서 (고객 불만 등)을 해소해 드리겠습니다.
답변 예시	네, 저는 불만 상태의 고객과 함께 해결책을 찾으며 응대하겠습니다. 실제 과외 아르바이트 당시에도, 대학생 과외에 대한 불신으로 인해 매번 부정적 의사를 표하셨던 학부모와 함께 목표를 설정하고 커리큘럼을 기획하며 불만을 최소화했습니다. 이처럼 대부분 불만 상태의 고객은 불신과 불안에서 시작한다고 생각하기에, 함께 설득하고 방안을 찾으며 불만을 해소하겠습니다.
강조하고 싶은 모습/역량	• 고객을 설득하고 대화하는 응대 역량 • 맞춰서 로드맵을 기획하는 구체적인 계획력
답변 다시 만들어보기	
(정리한 답변에서 KEYWORD만 추출해 미니북에 정리한 후, 키워드 중심으로 암기해보세요!)	
답변 1	✎

답변을 통해 강조하고 싶은 역량	✏️	답변에 걸린 시간	초
답변 2	✏️		
답변을 통해 강조하고 싶은 역량	✏️	답변에 걸린 시간	초
나올 수 있는 꼬리/다른 질문	• 그렇게 했는데도 고객의 불만이 가라앉지 않는다면? • 실제 ~한 상황에서는 어떻게 할 것인지?		

CHAPTER

07 '기업'에 대한 질문

I '기업' 질문에 대한 답변 만들기

'기업' 카테고리를 맨 마지막으로 배치한 데에는 여러 이유가 있다. 먼저, '경험 면접'이라고 불리는 면접에서는 기업에 대한 정보를 묻지 않기도 하고, '기업'에 대한 많은 조사를 해야 하는 질문이기에 '경험'부터 정리하기를 바랐기 때문이기도 하다. 기업에 대한 질문은, 비단 한 번 정리한다고 되지 않는다. 지원하는 기업, 면접 가는 기업이 바뀔 때마다 답변은 달라져야 한다. 먼저, 아래 표에 맞춰, 면접 전 기업 분석하는 방법에 대해 알아보자.

예시

기업명	OO 공기업	직무		행정 직무
이루고 싶은 목표	OO 사업 전문가			
관련된 회사의 강점	✓ OO 사업 플랫폼 최초 구축 ✓ 관련 센터 신설 및 전문가 영입 ✓ OO 사업 관련 다량의 데이터 확보			
이 기업에 지원한 이유				
솔직히	✓ 예산 관련 경력이 많고, 예산 관련 일을 하고 싶어서 ✓ 안정적으로 일하고 싶어서 ✓ 우리집 주변에 본사가 있어서			
표면적	✓ OO 사업을 중점 시행함, 추후 기업 규모가 커질 것 같음 ✓ A 인턴 하면서, OO 사업의 잠재력을 확인했기 때문에 ✓ 신사업 지속 확장세, 예산이 중요한 역할을 할 것 같아서			

기업명	✎		직 무	✎
이루고 싶은 목표	✎			
관련된 회사의 강점				

이 기업에 지원한 이유	
솔직히	✎
표면적	✎

기업/Q1	자신의 역량을 직무에 어떻게 활용할지?		
혼자 답변해보기		답변에 걸린 시간	초

✎

이 질문은 주로 언제, 누구에게?	▶ 모든 지원자 ▶ 역량이 뚜렷하지 않은 지원자	▼ 강의 보러 가기 ▼

면접 답변 POINT	
공통 POINT	• 역량/전문성 파트로 나눠서 준비하기 • 이 역량을 '어떤 경험을 통해 쌓았고, 어떻게 발휘'했었는지 + 이 기업/직무에 왜 중요한지 정리해두기 • 내가 갖고 있는 역량이 어떤 성과를 불러올지 생각하기 • '전문성'은 '내가 기업에 최종적으로 기여할 수 있는 부분'이어도 좋음 　예 은행/부동산 경험 → 부동산 금융 전문가 성장, 부동산 ~ 부분에 기여 • 이 회사가 '나를 뽑아야 하는 이유'와 비슷하게 답변 정리 가능
은행 POINT	〈은행에서 하는 업무의 전문성 or 고객 상담의 역량〉 • 외환, 부동산, 자산관리 등 은행에서 하는 특정 업무 분야와 관련된 소재도 좋음 • 역량은 '고객 상담 역량'에 초점을 맞춰도 좋음(실제 고객 유치 경험, 단골 다수 확보, 칭찬 카드, 고객 만족 우수 등)을 기반으로 '역량'찾기

공기업 POINT	〈행정직과 그 외 직무, 공익을 위해 일했던 경험 찾기〉 • 실제 공공기관 인턴, 근무했던 경험에서 발굴하면 좋음 • 행정직 : 업무 처리 방식에 대한 역량/직무기술서에 적힌 '직무 수행 내용'과 관련된 전문성 • 행정직 외 : 특수 직무, 실제 직무를 수행했던 경험과 관련된 역량, 관련 교육 이수 경험, 이론 및 지식 습득과 관련된 전문성

답변 템플릿	
두괄식	네, 저는 (역량/전문성)으로 ~한 부분에 기여하겠습니다.
답변(경험)	~한 (업무/직무)를 수행하는 (기업인/직무)에게 (역량/전문성)은 ~한 측면에서 중요하다고 생각합니다. 실제 (경험/교육 이수 등)을 통해 쌓아온 ~한 (역량)을 활용하여, 입사 후 ~한 부분에 기여하겠습니다.
답변 예시	네, 저는 통계에 대한 지식을 활용해 데이터 활용 부분에 기여하겠습니다. 고객 맞춤형 상품을 기획해야 하는 행정 직무에게 통계를 비롯한 데이터 활용 능력은 필수라고 생각합니다. 실제 빅데이터 관련 교육 이수, 통계 수업을 들었던 경험으로, 입사 후 통계를 활용한 CRM 및 상품 기획에 기여하고 싶습니다.
강조하고 싶은 모습/역량	• 디지털 역량, 통계 관련 역량 • 상품 기획 업무를 잘 할 수 있음

답변 다시 만들어보기			
(정리한 답변에서 KEYWORD만 추출해 미니북에 정리한 후, 키워드 중심으로 암기해보세요!)			
답변 1	✎		
답변을 통해 강조하고 싶은 역량	✎	답변에 걸린 시간	초

답변 2	✎

답변을 통해 강조하고 싶은 역량	✎	답변에 걸린 시간	초
나올 수 있는 꼬리/다른 질문	• 만약, 그 역량을 활용한 직무를 맡지 못하게 된다면? • 그 외에 다른 역량은 없는지?		

기업/Q2	꼭, 이 회사여야 하는 이유는?		
혼자 답변해보기		답변에 걸린 시간	초

✎

이 질문은 주로 언제, 누구에게?	▶ 모든 지원자 ▶ 회사, 산업과 관련된 경험이 없는 지원자(묻지 마 지원자인지 확인) ▶ 회사, 산업과 관련된 경험이 많은 지원자(비슷 한 기업들 중 왜 여기)	▼ 강의 보러 가기 ▼

면접 답변 POINT	
공통 POINT	• 평생 일할 사람인지, 퇴사 안 할 사람인지, 우리 회사가 지원자의 직업 선택 기준에 맞는 지 등을 확인하기 위해 • 지원자의 '간절함'을 묻는 질문 • 내가 이 직무, 회사를 택한 이유를 솔직하게/표면적으로 모두 정리해보기 • 지원동기를 제대로 준비했다면, 비슷하게 답변해 주어도 좋음 • 평생 일할 수 있다는 '근거, 경험'을 마련해야 함 • '역량/전문성 어떻게 활용할지'에 대한 질문 답변 활용 가능(예) 통계 역량 → 데이터를 가장 잘 활용할 수 있는 기업)

은행 POINT	〈은행의 특화된 부분 or 업무 성향에서 찾기〉 • 특화 부분 : 나 이 분야 정말 너무 배우고 싶어. 예 내가 비슷한 일을 했었고, 이 분야에서 전문가가 되고 싶어. 체계적으로 배워서 성장하고 싶은데, 너희 은행은 ~하니까, 내가 배우고 싶은 건 너희 은행에서 밖에 배울 수 없거든. • 업무 성향 : 일을 평생 해야 한다면, ~한 곳에서 일하고 싶어. • 경험들을 하면서, 나는 ~한 성향의 일을 할 때, 내가 일하는 것 같다고 느껴지더라. 그래서 은행 중에서도 ~한 성향/특징이 있는 은행에서 일하면, 내가 평생 즐겁게 일할 수 있을 것 같아서 지원했어.

공기업 POINT	〈관련 경험/이 산업 분야에서 공익 실천〉
	
	• 경험 부분 : 내가 이 분야 정말 너무 배우고 싶어.
	
	  예 내가 비슷한 일을 했었고, 이 분야에서 전문가가 되고 싶어. 체계적으로 배워서 성장 하면서도, 일로서 공익을 실천하면 나도 일로서 보람을 느낄 것 같아. 그래서 너희 회사 를 택했어.
	
	• 산업 분야 : 내 전공, 내 경험이 가장 가치 있게 발휘 될 기업
	
	  예 내 전공, 내 경험이 ~한데, ~하면서 나는 이러한 부분을 좀 가치있게 활용할 수 있는 기업에서 일하고 싶었어. 그런데 너희 기업은 ~하니까, 이 전공, 이 경험을 공익으로 실 천할 수 있을 것 같아. 또, 우리 사회에서 이 산업은 ~게 중요하잖아. 여기에 내가 ~한 (역량)을 더한다면, 나도 평생~

답변 템플릿	
두괄식	네, (이유)이기 때문에, 반드시 이 (기업, 은행)이어야 합니다.
답변(경험)	~한 경험을 하며, ~한 (열망/바람)이 생겼고, (기업/은행)이 ~한 측면에서 부합하기 때문에, 이러한 곳이라면 평생 ~할 수 있다고 생각하기 때문입니다.
답변 예시	네, 평생 일을 해야 한다면, 계속해서 도전할 수 있는 곳에서 일하고 싶어, 반드시 이 은행의 일원이 되고 싶습니다. 타 은행 인턴 경험을 하며, 금융인으로서 계속해서 목표를 설정하고, 성장해나가는 일이 중요하다는 것을 알게 되었습니다. 현재 C 은행은 실적만큼 보상이 따르고, A 제도를 통해 행원을 성장시키고 있어, 이러한 곳이라면 평생 금융인으로 성장할수 있다고 생각하기 때문입니다.

강조하고 싶은 모습/역량	• 목표를 정하고 나아가는 자세 • 실적 압박에 스트레스 받기보다는 즐길 준비가 되어있다.

답변 다시 만들어보기
(정리한 답변에서 KEYWORD만 추출해 미니북에 정리한 후, 키워드 중심으로 암기해보세요!)

답변1	✎		
답변을 통해 강조하고 싶은 역량	✎	답변에 걸린 시간	초
답변 2	✎		
답변을 통해 강조하고 싶은 역량	✎	답변에 걸린 시간	초
나올 수 있는 꼬리/다른 질문	• 만약 본인이 말한 업무와 다른 업무를 맡게 되어도 괜찮은지? • 우리 기업의 이미지가 어떠한지? • 다른 기업도 지원했는지?		

기업/Q3	내가 채용되어야 하는 이유는?		
혼자 답변해보기		답변에 걸린 시간	초

✎

이 질문은 주로 언제, 누구에게?	▶ 모든 지원자 ▶ 일반적인 '강점 파악' 질문	▼ 강의 보러 가기 ▼

면접 답변 POINT	
공통 POINT	• 채용해야 하는 이유 = 나만의 차별화 된 강점을 묻는 질문 • 다른 지원자와 차별화 된 강점은 무엇인지, 그 강점을 살려서 성과를 낸 경험이 있는지를 살펴보기 • 내 차별화 된 장점으로, 회사의 어떤 면에 기여할 수 있을지 생각해 보기 • 면접관이 봤을 때, '아 이 사람을 뽑으면 이런 부분에서 우리가 도움을 받을 수 있겠다.'라는 생각이 들 수 있도록 예 차별화 된 강점 → 을 활용해 내가 성과를 냈던 경험 → 이처럼 회사에 이바지하겠다.

은행 POINT	〈목표 달성, 고객 유치, 특정 분야 기여, 지역 관련〉 • 어떻게든 주어진 목표는 달성하는 '목표 달성 관련 강점' • 차별화된 고객 응대 서비스로 고객을 지속 유치할 수 있는 '고객 유치 강점' • 남들과 다른 경험, 자격증으로 특정 분야에 기여할 수 있는 '전문성'(예 디지털 역량/부동 산 분야/기술 분야/글로벌 분야 등) • 지역 고객 유치, 마케팅 등에 이바지할 수 있는 '지역 관련 강점' • 모든 차별화된 강점은 '은행의 차별화된 포인트'와 연결되어야 함 예 기술 분야 → 이 은행은 기술 금융 강점을 가족 있음 → 기술에 대한 이해로 기업 금융 성장에 이바지 가능
공기업 POINT	〈산업 경험, 업무 처리 방식, 직무 전문성, 직무 수행 업무〉 • 비슷한 산업에서 성과를 냈었던, 참여했었던 '산업 관련 경험' • 업무를 깔끔하게 처리할 수 있는 '업무 전문성'(예 공문서 처리, 보고서 작성 등) • 비슷한 직무 경험, 관련 자격증, 전문성을 발휘한 '직무 전문성'(예 협력 업체 관리 경험, 특정 분야 기술 보유 등) • 직무 수행 업무 중 기업 발전에 기여할 수 있는 '직무 수행 업무 강점'(예 SNS 홍보, 영상 제작, 예산 관리 등) • 모든 차별화된 강점은 '이 기업 발전'에 기여할 수 있는 것이어야 함 예 공문서 체계적 처리 경험 → 이 회사는 ~하기 때문에, 내 경험으로 ~게 회사에 기여/ 바이럴 마케팅 관련 경험 → 회사, 산업 SNS 채널 활성화 등
답변 템플릿	
두괄식	네, 다른 분들도 훌륭하시지만, 저는 ~한 강점을 갖고 있기 때문에 채용되어야 한다고 생각 합니다.
답변(경험)	실제 (경험) 당시에도 (강점)을 활용해 (성장, 성과)에 기여한 경험이 있습니다. 이처럼, 입사 후에도 (강점)을 ~게 활용해 ~한 성장에 이바지할 수 있기 때문입니다.

답변 예시	네, 다른 분들도 훌륭하시지만, 저는 상품 홍보 및 온라인 채널 활성화를 이뤄낼 수 있기 때문입니다. 실제 타 은행 대외활동에서, 카드 상품을 홍보하는 영상을 제작해 만 뷰 이상의 성과를 거둔 경험이 있습니다. 이처럼, 입행 후에도 각종 상품과 지점의 홍보를 통해 은행의 실적 증대에 이바지할 수 있기 때문입니다.
강조하고 싶은 모습/역량	• 온라인 마케팅 역량 • 입행해서 온라인에서 상품을 홍보할 수 있음

답변 다시 만들어보기
(정리한 답변에서 KEYWORD만 추출해 미니북에 정리한 후, 키워드 중심으로 암기해보세요!)

답변 1	✎		
답변을 통해 강조하고 싶은 역량	✎	답변에 걸린 시간	초
답변 2	✎		
답변을 통해 강조하고 싶은 역량	✎	답변에 걸린 시간	초
나올 수 있는 꼬리/다른 질문	• 그 강점을 구체적으로 어떻게 발휘할지? • 다른 기업도 지원했는지?		

기업/Q4	우리 회사에 대해 아는 대로 말해보세요.		
혼자 답변해보기		답변에 걸린 시간	초

✎

이 질문은 주로 언제, 누구에게?	▶ 모든 지원자 ▶ 기업에 대한 인지가 미흡해 보이는 경우	▼ 강의 보러 가기 ▼

면접 답변 POINT	
공통 POINT	• 회사에 대해 어느 정도 알아봤는지, 어느 정도 알고 있는지 확인하는 질문 • 그렇다고 아는 내용을 모두 말하면 답변이 길어짐 • 오히려 회사에 대해서는 면접관이 더욱 잘 알고 있음 • 아는 대로 말해보세요 = 우리 회사에서 가장 관심 있는 부분은? • 내 강점 or 지원 동기 or 입사/입행 후 로드맵과 연결 짓기
은행 POINT	〈지원 직무, 외환, 부동산, 자산관리, 글로벌 등〉 • 기본적인 은행 정보 조사는 해두기 • '내가 지원한 분야, 내가 가장 하고 싶은 일, 내 경험과 관련 있는 일'과 관련해 답하기 • 이 분야에서 ~한 일을 하고 있다. ~한 분야에서 강점이다 등

공기업 POINT	〈지원동기, ~ 분야의 전문가와 연결하기〉 • 기본적인 기업 정보 조사는 해두기 • 내가 지원한 동기 → 이 기업의 '특정' 분야 때문에 → 이 기업이 '특정' 분야에서 최근 ~ 을 진행하고 있음 or 특화되어 있음 • 내 경험 → 내가 성장하고 싶은 분야 → 이 기업에서 이 분야 최근 진행 중 or 특화됨
답변 템플릿	
두괄식	네, 저는 (기업)의 (기본적인 정보) 등에 대해서도 알아보았지만, 그중 가장 관심 있게 알아본 분야는 (특정 분야)입니다.
답변(경험)	아무래도 (경험, 자격증 등)을 통해 (특정 분야)에 관심이 있었는데, (기업)을 찾아보며, (기업이 갖고 있는 장점)을 알게 되었습니다.
답변 예시	네, 저는 OO 기업의 신사업 A, 현재 진행 중인 사업 등에 대해서도 알아보았지만, 그중 가장 관심 있게 알아본 분야는 B 분야입니다. 아무래도, 예산 관련 인턴 등을 하며, 예산이 가장 효율적으로 활용되는 B 분야에 관심 있었는데, OO 기업을 찾아보며, B 기업의 경우 플랫폼 구축, 센터 신설 등을 통해 B 분야에 많은 예산을 효율적으로 활용하고 있음을 알게 되었습니다.
강조하고 싶은 모습/역량	• 내가 관심 있는 분야 강조 • 기업에 대한 기본적 조사
답변 다시 만들어보기 (정리한 답변에서 KEYWORD만 추출해 미니북에 정리한 후, 키워드 중심으로 암기해보세요!)	
답변 1	

답변을 통해 강조하고 싶은 역량		답변에 걸린 시간	초

답변 2	✎
답변을 통해 강조하고 싶은 역량	✎

답변에 걸린 시간	초

나올 수 있는 꼬리/다른 질문	• 그 외에 (다른) 분야에 대해 알고 있는지? • 그 분야에 대해 아는 다른 부분은 없는지? • 그 분야에서 본인의 역량을 어떻게 발휘할지?

기업/Q5	지방 근무 가능하신가요?		
혼자 답변해보기		답변에 걸린 시간	초

✎

이 질문은 주로 언제, 누구에게?	▶ 지방 근무를 해야 하는 경우 ▶ 멘탈이 약해 보이거나 친화력이 부족해 보이는 지원자	▼ 강의 보러 가기 ▼

면접 답변 POINT	
공통 POINT	• 어차피 정답은 'YES', 왜 YES 인지가 중요한 질문 • 지방, 타지 발령에도 '괜찮다'는 의지를 근거와 함께 보여주기 • 내 경험에 기반해서 '왜 괜찮은지' 답하기 • 주거 등의 문제가 아니라, '터전을 떠나 연고가 없는 곳에서 살 수 있는지'를 묻는 질문
은행/공기업 POINT	〈지방 근무가 '왜 괜찮은지' 생각해 보기〉 • 타지 발령 시 : 어디서든 사람과 금방 친해진다, 이곳에 살았던 경험이 있다, 친척 일부가 현재 이곳에 거주한다, 거주지에서 이곳까지 시간이 얼마 걸리지 않는다(서울 가는 것 보다 가깝다). 등 • 지방 근무는 원하는 바이다 : 지방에서 더 많은 고객을 만나거나 일을 배울 수 있다. 필요하다고 생각한다. • 계속 자취했었다 : 학교 때문에 자취했다면, 학교 친구들이 있어서 덜 외로웠을 것. 친구가 없는 곳에서 직장 생활이 더욱 어려움. '계속 자취 했었기에 문제없다.'에서 나아가, '금방 친해진다. 본가와 가깝다.' 등 구체적 이유 덧붙이기 • 구체적인 이유를 '내 성향, 경험'에서 찾기

답변 템플릿	
두괄식	네, 저는 ~하기 때문에, 지방 발령도 문제없습니다.
답변(경험)	~한 이유로, 지방에서 근무를 해도 ~게 일할 수 있습니다.
답변 예시	네, 저는 전국 8도에 친구가 있기 때문에, 지방 발령도 문제없습니다. 학부 시절 여러 대외활동을 통해 전국 8도에 많은 친구를 사귈 수 있었습니다. 이에, 어느 지방에 발령이 나더라도 오히려 지방 근무를 통해 업무 지식을 넓히고, 그간 멀어 만나지 못했던 친구들과 만나며 잘 근무할 수 있습니다.
강조하고 싶은 모습/역량	• 외향적, 적극적인 성격, 넓은 인맥 • 지방 근무에 대한 긍정적 생각

답변 다시 만들어보기			
(정리한 답변에서 KEYWORD만 추출해 미니북에 정리한 후, 키워드 중심으로 암기해보세요!)			
답변 1	✎		
답변을 통해 강조하고 싶은 역량	✎	답변에 걸린 시간	초
답변 2	✎		
답변을 통해 강조하고 싶은 역량	✎	답변에 걸린 시간	초

나올 수 있는 꼬리/다른 질문	• 가족이나 친구가 많지 않은데 괜찮은지?
	• 집에 잘 가지 못하는 거리의 지방으로 발령이 난다면?

기업/Q6	우리 기업만을 위해 준비한 것은?		
혼자 답변해보기		답변에 걸린 시간	초

✎

이 질문은 주로 언제, 누구에게?	▶ 모든 지원자 ▶ 경험/경력이 기업/직무와 연관이 적어 보이는 지원자	▼ 강의 보러 가기 ▼

면접 답변 POINT	
공통 POINT	• '직무'를 위해 준비한 것이 아닌 '우리 은행, 기업'을 위해 준비한 것을 묻는 문항 • 먼저 조사해야 할 부분 : 기업의 차별화된 장점, 강점, 내 입사 후 포부(어떤 전문가) • 차별화된 강점에 융화하기 위해, 도움이 되기 위해 어떤 역량/전문성이 필요한지 생각해 보기 • 정말 '우리 기업을 우선순위로 준비했구나.'라는 생각을 줄 수 있게 하기 • '단계별'로 설정해서 답변할 수 있으면 BEST
은행 POINT	〈'은행 + 직무 + 1위', '은행 + 직무 + 강점' 등으로 검색해보기〉 • 기술 금융, 어플, 관계형 금융 등 각 은행에서 추구하는 우수한 분야 탐색하기 • 해당 내용에 맞춰서, 그 분야에 보탬이 되기 위해 내가 한 노력 말하기 　예 스타트업 관련 금융 서비스 진행 은행 → 스타트업 관련 프로젝트 진행 → 자발적인 참 여로 스타트업에 대한 이해를 높임 • 은행 중에 이 은행을 가장 가고 싶었고, ~게 (대외 활동, 공모전 등)에도 참여했다.

공기업 POINT	〈공익, 동일 산업 경험, 중점 사업 검색〉 • 동일 산업 경험 내에서 '지원한 기업의 중점적인 사업, 추구하는 사업'에 기여할 수 있는 업무에 자발적으로 참여한 경험 • 공기업이 업무를 통해 ~한 공익을 실천하고 있는데, 여기에 함께하고자 다른 기업 인턴/근무 시에도 ~한 업무를 통해 공익을 실천했던 경험 • 기업에서 중점적으로 진행하는 사업에 이바지하고자 ~한 전문성 함양했던 경험
	답변 템플릿
두괄식	네, 저는 (은행/기업)에 입행/입사하기 위해 ~한 준비를 했습니다.
답변(경험)	물론, (직무를 위해 준비한 내용, 인턴/역량 등)도 했지만, (조직에서 추구하는 사업, 방향)에 (도움, 보탬)이 되고자 ~한 (경험/전문성)에도 자발적으로 (참여/학습)하며 (은행/기업)에 입행/입사하고자 준비하였습니다.
답변 예시	네, 저는 A 기업에 입사하고자, 직접 현장에서 창업 기업에 대한 이해를 쌓았습니다. 물론, 회계 교육 이수, OO 자격증도 취득했지만, A 기업의 경우 창업 컨설팅 센터를 구축하는 등 창업 기업에 대한 지원 사업을 진행하고 있음을 알게 되어, 직접 교내 창업지원센터에서 근무하며 청년 창업에 대해 이해하였습니다.
강조하고 싶은 모습/역량	관련 분야를 배우고자 현장 경험을 쌓았던 적극성

	답변 다시 만들어보기
	(정리한 답변에서 KEYWORD만 추출해 미니북에 정리한 후, 키워드 중심으로 암기해보세요!)

답변 1	✎		
답변을 통해 강조하고 싶은 역량	✎	답변에 걸린 시간	초

답변 2	✎
답변을 통해 강조하고 싶은 역량	✎ 답변에 걸린 시간 초
나올 수 있는 꼬리/다른 질문	• (역량 분야를 답했다면) 전문성 분야에서 준비한 부분은 없는지? • 그 부분은 다른 기업에서도 활용될 수 있는 역량이 아닌지?

기업/Q7	회사를 선택하는 기준은?		
혼자 답변해보기		답변에 걸린 시간	초

✎

이 질문은 주로 언제, 누구에게?	▶ 모든 지원자 ▶ 일반적인 기업 관련 질문	▼ 강의 보러 가기 ▼

면접 답변 POINT

공통 POINT	• '회사의 성격, 회사가 우려하는 점'을 가장 잘 파악해야 하는 질문 • 어떤 성향의 사람을 선호하고, 어떤 분위기로 회사가 운영되고 있는지 이해하기 • 회사가 신입에게 가장 우려하고 있는 점 해소하며 답해주기(빠른 퇴사 등) • '기준'이 세워진 '근거'는 항상 필요함 • 기준에 맞춰 들어왔으니, '여기가 평생직장이다.'를 드러내기 • '나는 이러한 기준이 있고, 너희 회사는 이러한 점에서 기준에 부합해서 지원했다.' 언급하기
은행 POINT	〈각 은행에서 어떤 사람을 선호하는지 생각하고 답변 만들기〉 • 예 도전적인 사람을 선호하는 은행 : '전문성 향상할 수 있는 곳, 내가 성장할 수 있는 곳' 등 • 별다른 특징이 없는 은행이라면, '은행의 강점'을 찾아서 생각하기 　예 행원의 목표를 뚜렷하게 정하고 난 후, 저는 ~한 (강점)이 있는 은행에서의 근무를 희망하였습니다. • '이미 행원이라는 직무 자체에는 확신이 있지만, 은행 중에서도 너희 은행을 신중히 선택해서 들어왔으니 그만두지 않겠다.'를 언급하기

공기업 POINT	**〈기업 쪼개기, 지방 근무 여부 생각하기〉** • 같은 산업 안에도 여러 공기업이 있음, 지원한 기업이 다른 공기업 대비 갖는 '차이점' 생각해 보기 → 그 '차이' 때문에 비슷한 공기업 가지 않고 이 기업에 지원함 　예 A 업무를 진행한다. → (직무)로서 ~한 업무를 할 수 있는 기업을 희망했습니다. • '공기업에 대한 확신은 있지만, 이왕 평생 하는 일이라면 평생 즐겁게, 가치 있게 일하고 싶다고 생각했고, ~한 기준이 중요하다고 생각했다. → 그 기업이 이곳이다.'의 흐름도 가능 • 산업 관련 일을 해보았다면, '경험을 통해 (이 기업에서 하고 있는) A 업무의 중요성을 깨달아~'라고 활용 가능 • 지방에서 근무한다면 : 오히려 지방에서 근무하고 싶어, 독립하고 싶어 등을 가볍게 넣어 줘도 좋음

답변 템플릿	
두괄식	네, 저는 ~한 기준으로 회사를 선택하는 편입니다.
답변(경험)	(이미 직무에 대한 확신은 있어), 평생 일하려면 ~한 회사에서 일해야 한다고 생각했습니다. 이에 ~한 회사에서 근무를 희망하였습니다.
답변 예시	네, 저는 여러 사람을 만나며 배울 수 있는 회사를 선택하고자 하였습니다. 창업 관련 분야에서 일하고자 하는 확신을 바탕으로, 평생 일하기 위해서는 많은 사람을 만나고 그 과정을 통해 배울 수 있는 곳이 필요하다고 생각하여, 창업자를 만나 컨설팅까지 진행하는 A 회사에서의 근무를 희망하였습니다.
강조하고 싶은 모습/역량	• 관련 분야를 했던 경험 • 현장 경험 속에서 배운 확신

답변 다시 만들어보기			
(정리한 답변에서 KEYWORD만 추출해 미니북에 정리한 후, 키워드 중심으로 암기해보세요!)			
답변 1	✎		
답변을 통해 강조하고 싶은 역량	✎	답변에 걸린 시간	초
답변 2	✎		
답변을 통해 강조하고 싶은 역량	✎	답변에 걸린 시간	초
나올 수 있는 꼬리/다른 질문	• 만약 우리 회사가 그 기준에서 벗어난다면 어떻게 할 것인지? • 그 기준이면 다른 기업도 해당되지 않는지?		

기업/Q8	내가 가장 어려워할 것 같은 업무는?		
혼자 답변해보기		답변에 걸린 시간	초

✏️

이 질문은 주로 언제, 누구에게?	• 모든 지원자 • 일반적인 기업 관련 질문	▼ 강의 보러 가기 ▼

면접 답변 POINT	

공통 POINT	• 성격의 장 · 단점에서 연계하여 답변 가능 　예 내 성격의 단점 → 새로운 분야에서 새로운 아이디어 → 종종 있을 수 있는 기획 직무가 　　어려울 것 같다. → 대신, 근거를 보태며 아이디어의 완성도를 높이겠다. or 작은 업무 　　에서부터 기획을 해보겠다. • '종종 있을 그 일'에 '단점 대신 다른 일로 업무를 돕겠다.' or '보완해서 돕겠다.'
은행/공기업 POINT	〈~ 한 일 or 생소한 업무〉 • '외환, 민원 응대 업무' 이런 식으로 '업무' 자체보다는, '새로운 전략을 도출하는 일', '여러 사람 앞에서 발표하는 일' 등 행동을 구체화 • '내가 어떻게 보완할지'도 같이 정리하기 • '구체적으로 어떤 업무가 어려울 것 같은지?'라고 묻는다면, '내가 접해보지 않은 업무'로 답하기 　예 내 경험 : 회계 업무 → 기획 업무는 해보지 않아서 처음이라 생소할 것 같다. • 대신, 해보지 않은 업무를 어떻게 배워 나갈지도 같이 답해야 함

답변 템플릿	
두괄식	네, 저는 (직무) 업무 중, (특정 업무)가 가장 생소/어색할 것 같습니다.
답변(경험)	~한 업무만 진행했었기에, ~한 업무를 맡게 된다면, ~한 어려움을 겪을 수 있지만, ~게 하며 업무를 배워 나가겠습니다.
답변 예시	네, 저는 행정 직무의 업무 중, 기획 업무가 가장 생소할 것 같습니다. 항상 데이터를 기반으로 업무를 처리하는 회계 업무만 처리했었기에, 데이터 없이 무언가를 기획해야 하는 업무에서는 어려움을 겪을 수 있다고 생각합니다. 하지만, 작은 업무부터 기획하는 연습을 하고 여러 데이터를 사전에 파악하며 근거가 탄탄한 아이디어를 제안하는 인재가 되겠습니다.
강조하고 싶은 모습/역량	• 꼼꼼한 성향 • 부족한 점을 인지하고 극복하려는 노력

답변 다시 만들어보기	
(정리한 답변에서 KEYWORD만 추출해 미니북에 정리한 후, 키워드 중심으로 암기해보세요!)	

답변 1	✎

답변을 통해 강조하고 싶은 역량	✎	답변에 걸린 시간	초

답변 2	✎

답변을 통해 강조하고 싶은 역량	✎		답변에 걸린 시간	초
나올 수 있는 꼬리/다른 질문	• 만약 그 업무를 맡게 된다면, 어떻게 배워 나갈 생각인지? • (어려울 것 같은 업무를 해 본 경험이 없는지? 있다면 구체적으로			

기업/Q9	입행/입사했는데, 회사가 적성에 맞지 않는다면?		
혼자 답변해보기		답변에 걸린 시간	초

✎

이 질문은 주로 언제, 누구에게?	▶ 모든 지원자 ▶ 기업, 직무를 오래 준비한 것 같지 않은 지원자 ▶ 직무에 필요한 역량 중 특정 부분이 미흡할 것 같은 지원자	▼ 강의 보러 가기 ▼

면접 답변 POINT

공통 POINT	• 당연히 '그럼에도 퇴사하지 않고 일하겠다.'의 답이 나와야 하지만, '이유, 근거'가 더 중 요함 • 실제 사례도 있으면 좋지만, 직무와는 관련 없던 경험으로 언급하기 • 취업이 급해, 일단 들어와서 일하다가 맞지 않아 퇴사하는 경우도 많기 때문에 나오는 질문 • 직무에 대한 확신이 가장 좋고, 극한 상황에서도 버틸 수 있다는 의지도 중요함 = 퇴사하 지 않고 적응하겠다는 의지 보여주기
은행 POINT	〈성향이 맞지 않으면 힘든 곳, '성향적 측면' 강조〉 • 보통 은준생은 은행을 길게 준비했기 때문에, 이 경우 '직무에 대한 확신'을 보여주는 것이 가장 좋음 • 직무에 대한 확신 + 성향적으로 너희 은행과 맞다라는 점 강조 • 내 성향으로 어떻게든 버티겠다는 강한 의지 보여주기

공기업 POINT	〈'공기업 성향'에 대한 확신, '기업'에 대한 확신〉 • 경험을 통해 '공기업 근무 체계, 방식'에 대한 확신을 갖고 지원했음을 드러내기 • 공기업은 직무 순환도 가능 → 모든 과정은 업무를 배우는 과정이라고 생각하기 때문에 문제 없음 • 내가 지원한 이유는 '기업, 산업'에 대한 확신 때문 • 맞지 않더라도, 배우는 과정이라고 생각하고 두루 배우겠다는 의지 보여주기
답변 템플릿	
두괄식	네, 저는 입행/입사 후 업무가 맞지 않더라도 ~게 하겠습니다.
답변(경험)	(~한 경험이 있는 것처럼, ~한 성향이기 때문에) ~한 확신이 있습니다. 이에, 입사 후, 맞지 않더라도 ~게 하겠습니다.
답변 예시	네, 저는 입사 후 업무가 적성에 맞지 않더라도, 배우는 과정이라고 생각하며 업무에 임하겠습니다. 실제 처음 학원에서 근무하면서도, 상담 등의 업무가 저에게 맞지 않다고 생각했었으나, 나중에 경영 지원을 하며 이 모든 업무가 피가 되고 살이 된다는 점을 배울 수 있었습니다. 이에 맞지 않더라도 배운다는 생각으로 더욱 적극적으로 임하며 업무에 빠르게 적응하겠습니다.
강조하고 싶은 모습/역량	• 힘든 상황에서도 긍정적 사고로 노력했던 경험 • 어느 상황에서도 배우겠다는 의지
답변 다시 만들어보기	
(정리한 답변에서 KEYWORD만 추출해 미니북에 정리한 후, 키워드 중심으로 암기해보세요!)	

답변1			
답변을 통해 강조하고 싶은 역량		답변에 걸린 시간	초

답변 2	✎
답변을 통해 강조하고 싶은 역량	✎ 답변에 걸린 시간 초
나올 수 있는 꼬리/다른 질문	• 원하던 직무를 했는데도, 적성에 맞지 않는다면? • 어떤 경우에 퇴사를 생각할 것 같은지?

기업/Q10	직무에서 가장 중요한 것은?		
혼자 답변해보기		답변에 걸린 시간	초

✎

이 질문은 주로 언제, 누구에게?	▶ 모든 지원자 ▶ 일반적인 기업 가치관 파악 질문	▼ 강의 보러 가기 ▼

면접 답변 POINT

공통 POINT	• 본인의 직무 이해도를 파악할 수 있는 질문 • '소통, 배려'와 같은 단순한 답변은 지양하는 편이 좋음 • 실제 경험을 통해 '내가 잘 할 수 있는 분야'로 생각한 내용을 답할 것 • '왜' 중요하다고 생각하는지 답변도 중요 • '전문성'을 답변으로 할 예정이라면, 현장 경험과 높은 수준의 지식을 갖고 있을 때만 답하기(그렇지 않을 경우 공격이 들어올 수 있음) • 직무, 기업에서 중요시하는 가치로 답해도 좋다.
은행 POINT	〈행원에게 필요한 역량부터 나열해보기〉 • 고객 응대, 업무 처리, 전문성, 협업 영업력 등 • 이 중 '내가 가장 갖고 있는 역량'을 중점으로 답하기 • 역량이 중요한 이유는 '고객'을 향해 있어야 함 • 영업, 판매, 응대 아르바이트 당시 내가 중요시 여긴 것 생각하기 • '형용사 + 단어'형 답변도 좋음(예 고객 응대 역량 → 고객과 장기적인 관계를 구축하는 것)

공기업 POINT	〈직무기술서 내 '직무 수행 태도' 살펴보기〉 • 실제 비슷한 직무를 수행하며 느꼈던 '중요 요소' 찾아보기 • 중요한 이유는 '국민 신뢰'를 향해 있어야 함 • 직무기술서 내 '직무 수행 태도'에서 '내가 갖추고 있는 태도, 근거가 되는 경험이 있는 태도'를 찾아서 답하기 • 특수 직무의 경우 '전문성'도 좋은 답변 사례가 될 수 있음, 다만 답할 수 있는 '경험, 이력, 자격' 등의 근거가 있어야 함
답변 템플릿	
두괄식	네, 저는 (직무)에서 가장 중요한 것은 (중요)라고 생각합니다.
답변(경험)	(직무)는 ~하기 때문에, 항상 ~한 (자세, 역량 발휘 등)을 통해 (목표 달성, 가치 실현 등)을 이뤄내야 한다고 생각하기 때문입니다.
답변 예시	네, 저는 행원에게 가장 중요한 것은 '관찰력과 통찰력'이라고 생각합니다. 행원은 고객이 요구하는 바를 듣고, 작은 이야기를 관찰해 미래를 설계해야 하기 때문에, 관찰력과 통찰력을 통해 고객 맞춤형 서비스를 제공해야 한다고 생각하기 때문입니다.
강조하고 싶은 모습/역량	고객 응대의 중요성 인지
답변 다시 만들어보기 (정리한 답변에서 KEYWORD만 추출해 미니북에 정리한 후, 키워드 중심으로 암기해보세요!)	
답변 1	✎

답변을 통해 강조하고 싶은 역량	✎	답변에 걸린 시간	초

답변 2	✎
답변을 통해 강조하고 싶은 역량	✎ 　　　　　　　　　　　　　　　　답변에 걸린 시간　　　　초
나올 수 있는 꼬리/다른 질문	직무와 비슷한 업무에서 역량을 발휘해 성과를 낸 경험은?

기업/Q11	업무 수행 시, 가장 중요한 전문 지식은?		
혼자 답변해보기		답변에 걸린 시간	초

✎

이 질문은 주로 언제, 누구에게?	▶ 모든 지원자 ▶ 일반적인 직무 파악 질문	▼ 강의 보러 가기 ▼

면접 답변 POINT

공통 POINT	• 업무 수행에 필요한 전문성, 지식을 파악하고 있는지 • '입행/입사 후 포부'의 계획에 녹일 수 있는 답변 • 직무에 대해 제대로 이해하고 있는지 파악할 수 있는 질문 • 어떤 순서로 자격증을 취득하고, 어떤 공부부터 할지 알고 있는 사람 • 어떤 계획을 갖고 성장해 나갈지 언급하기
은행 POINT	⟨직무 구분 or 통합, 역량을 넘은 전문 지식⟩ • 단순히 '소통, 고객 응대 역량'을 넘어, 은행과 금융권에 대한 관심이 있는지를 파악하는 질문 • 직무 구분 : 지원 직무 내에서 쌓아야 할 지식(예 재무지식, 관련 지표 분석력 등) • 직무 통합 : 전반적으로 고객을 전문적으로 응대하기 위해 쌓아야 할 지식 • 자격증 : 어느 순서로 취득해 나갈지 구체화해서 정리해보기

공기업 POINT	〈직무 기술서 내에 '필요 지식'을 순서 세워 정리하기〉 • 직무 기술서 내 '필요 지식' 부분 확인 → 왜 필요한지 정리 • 그중 가장 필요한 지식 확인한 후, 순서대로 정리하기 • 관련 자격증 확인하고 계획 세워두기 • '직무에서 어떤 업무가 가장 중요하다고 생각하는지'도 답할 수 있음
답변 템플릿	
두괄식	네, 저는 (직무/업무 수행)에 있어서 (전문 지식)이 가장 중요하다고 생각합니다.
답변(경험)	~한 (직무)는 ~한 (업무)를 수행하기/수행해야 하기 때문에, ~한 (전문성)이 가장 중요하다고 생각합니다. 이에 ~한 자격증을 취득하였고, 입사/입행 후에도 ~한 (자격증, 교육 이수 등)을 통해 ~한 지식을 쌓아가겠습니다.
답변 예시	네, 저는 행정 직무 수행에 있어서 '데이터 전문성'이 가장 중요하다고 생각합니다. OO 기업의 행정 직무는 국민의 작은 반응을 파악해 사업으로 기획해야 하기 때문에, 데이터 분석력이 가장 중요하다고 생각합니다. 이에 빅데이터 교육을 이수하였고, 입사 후에는 관련 디지털 역량을 함양하여 빅데이터 분석력을 함양하겠습니다.
강조하고 싶은 모습/역량	• 직무가 하는 일인지 • 디지털 역량에 대한 준비 자세
답변 다시 만들어보기 (정리한 답변에서 KEYWORD만 추출해 미니북에 정리한 후, 키워드 중심으로 암기해보세요!)	
답변 1	
답변을 통해 강조하고 싶은 역량	답변에 걸린 시간 초

답변 2	✎
답변을 통해 강조하고 싶은 역량	✎	답변에 걸린 시간	초
나올 수 있는 꼬리/다른 질문	• 전문 지식을 활용해 성과를 냈던 경험은? • 다른 중요한 전문성은 없는지? • 그럼 가장 중요하다고 생각하는 역량은 무엇인지?

기업/Q12	인턴한 기업이 아닌, 왜 이 곳에 지원했는지?		
혼자 답변해보기		답변에 걸린 시간	초

✎

이 질문은 주로 언제, 누구에게?	▶ 인턴, 계약직 등의 경력이 있는 지원자 ▶ 인턴, 계약직 등으로 근무한 곳이 동일 산업 군 이거나 경쟁 상대인 경우	▼ 강의 보러 가기 ▼

면접 답변 POINT	
공통 POINT	• 인턴한 곳이 아닌 이곳을 지원한 이유 = 차이점 + 지원 동기 • '인턴한 곳도 ~한 면에서 좋았지만'의 부분이 들어가야 함 • 내가 더 배우고, 성장하기 위해 적합한 곳이 '이 기업' • 이 기업의 차별화된 장점이 '나의 성향, 방향'과 연결되는 곳(예 나는 A 분야로 성장하고 싶음, 이 기업이 A 분야 강세 기업 등) • '그럼에도 불구하고 왜 여기?'가 본질적인 질문
은행 POINT	〈각 은행의 장점, 강점 정리해보기(직무 구분된 은행 : 직무 강점 찾기)〉 • 각 은행의 분위기, 선호 성향, 강점 등이 모두 상이함 • 은행의 차별화, 은행의 강점 = 나의 성향, 강점, 성장 방향과 일치 • 단순히 '외환 강세, 농민을 위한 곳, 중소기업을 위한 곳'으로 정리하지 말고, '경험을 통해 ~의 중요성을 알게 되어, ~한 곳에서 성장하고 싶었다.'의 흐름 잡기 • 성향적 측면으로 연결 지어 답해도 좋음(예 안정적인 은행보다 도전적인 은행에서~)

공기업 POINT	〈각 공기업은 각자 다른 일을 하고 있다.〉 • 미세한 차이어도, 각 공기업은 각자 다른 일을 하고 있음 • 그 미세한 차이 = 내가 하고 싶은 일 • '내가 하고 싶은 일'에는 반드시 근거가 있어야 함 = 근거는 '경험'으로 • 조금 더 세부적인, 전문적인, 미세한 차이의 업무를 수행하고 싶어 지원함
답변 템플릿	
두괄식	네, 저는 ~한 (방향, 전문가, 직무)로 성장하고 싶어 (은행/기업)에 지원하게 되었습니다.
답변(경험)	물론 (인턴으로 근무했던 곳)도 ~한 면에서 굉장히 많이 배울 수 있었지만, 실제 ~한 일을 해보며, ~한 (특정 분야, 미세 차이)의 중요성을 깨닫게 되었고, 이를 수행할 수 있는 (기업/은행)에 지원하게 되었습니다.
답변 예시	네, 저는 기술 금융 전문가로 성장하고 싶어 A 은행에 지원하게 되었습니다. 물론 인턴으로 근무했던 B 은행 역시 금융 현장에 대해 배울 수 있어 가치 있었지만, 실제 금융 현장에서 고객을 만나며, 미래 기술 금융의 중요성을 깨닫게 되어, 이를 전문적으로 수행할 수 있는 A 은행에 지원하게 되었습니다.
강조하고 싶은 모습/역량	• 실제 금융 현장 경험 있음 • 경험을 통해 배우고 싶은 분야를 구체화 함
답변 다시 만들어보기 (정리한 답변에서 KEYWORD만 추출해 미니북에 정리한 후, 키워드 중심으로 암기해보세요!)	

답변 1	✎		
답변을 통해 강조하고 싶은 역량	✎	답변에 걸린 시간	초

답변 2	✎

답변을 통해 강조하고 싶은 역량	✎	답변에 걸린 시간	초
나올 수 있는 꼬리/다른 질문	• 인턴한 기업에서 뭘 배웠는지? 어떤 일을 했는지? 어떤 역할이었는지? • 인턴한 기업과 우리 기업의 차이를 말해보아라. • 인턴한 기업과 우리 기업의 공통점이 있다면?		

기업/Q13	4차 산업 혁명에 어떻게 대비하고 있는지?		
혼자 답변해보기		답변에 걸린 시간	초

✎

이 질문은 주로 언제, 누구에게?	▶ 모든 지원자 ▶ 디지털 경험이 없는 지원자	▼ 강의 보러 가기 ▼

면접 답변 POINT	
공통 POINT	• 4차 산업 혁명 = 디지털 역량, 디지털 역량 쌓았는지 묻는 질문 • 각 직무에서 '디지털 역량'이 왜 필요하고, 직무로서 디지털 역량을 어떻게 발휘해야 하는지 생각해 보기 • 소재는 '대학 팀 프로젝트, 작성했던 보고서, 참여했던 공모전' 등을 탐색해볼 것 예 앱 제작 프로젝트 : 앱은 IT 전공자가 제작, 나는 앱 기획했던 경험 → 고객이 필요로할 부분을 디지털로 기획 → 디지털 역량 • 통계, 데이터 관련 수업 : 빅데이터 역량 • 쌓은 역량 + 직무에 왜 중요한지 정리 • '멈춰있지 않고, 미래에 대비해 공부하고 있다.'가 답변의 포인트

은행 POINT	〈행원에게 필요한 디지털 역량, 그 외의 디지털 역량 정리〉
	
	• 행원에게 필요한 디지털 역량 : 고객이 필요한 부분을 파악, 이를 기획할 수 있는 능력 →
	  소비자의 소리를 들어 앱 등으로 기획했던 경험
	• 경영학 수업 : 통계학, 빅데이터 등의 수업 이수
	• 정 없으면, 고객의 소리를 들어 전달했던 or 잘 설명했던 경험 → 흔한 경험이기 때문에 설
	  득력이 낮음

공기업 POINT	〈직무에 필요한 디지털 역량 탐색〉 • 사무직, 행정직 : 행원과 비슷, 고객이 필요한 부분을 파악해 이를 기획하는 역량/경험 • 직무에서 필요한 디지털 역량을 파악하고, 자발적으로 교육을 이수한 경험 • 각 직무에서 '4차 산업 혁명 대비'가 왜 필요한지 이해해두기
답변 템플릿	
두괄식	네, 저는 다가오는 4차 산업 혁명에 대비해 (n가지/~한 것들)을 준비하였습니다.
답변(경험)	~게 변화할 (은행 직무, 기업 직무 등)에 대비하기 위해 or (특정 역량)이 가장 중요하다고 생각하여, (~한 방식)으로 역량을 쌓아왔습니다.
답변 예시	네, 저는 기술 금융 전문가로 성장하고 싶어 A 은행에 지원하게 되었습니다. 물론 인턴으로 근 무했던 B 은행 역시 금융 현장에 대해 배울 수 있어 가치 있었지만, 실제 금융 현장에서 고 객을 만나며, 미래 기술 금융의 중요성을 깨닫게 되어, 이를 전문적으로 수행할 수 있는 A 은 행에 지원하게 되었습니다.
강조하고 싶은 모습/역량	• 실제 금융 현장 경험 있음 • 경험을 통해 배우고 싶은 분야를 구체화함

답변 다시 만들어보기	
(정리한 답변에서 KEYWORD만 추출해 미니북에 정리한 후, 키워드 중심으로 암기해보세요!)	

답변 1	✎		
답변을 통해 강조하고 싶은 역량	✎	답변에 걸린 시간	초
답변 2	✎		
답변을 통해 강조하고 싶은 역량	✎	답변에 걸린 시간	초
나올 수 있는 꼬리/다른 질문	• 인턴한 기업에서 뭘 배웠는지? 어떤 일을 했는지? 어떤 역할이었는지? • 인턴한 기업과 우리 기업의 차이를 말하자면? • 인턴한 기업과 우리 기업의 공통점이 있다면?		

기업/Q14	사기업이 아닌, 굳이 은행/공기업인 이유는?		
	혼자 답변해보기	답변에 걸린 시간	초

✎

이 질문은 주로 언제, 누구에게?	▶ 은행, 공기업 관련 경험만 있는 지원자 ▶ 은행, 공기업 관련 경험이 전무한 지원자	▼ 강의 보러 가기 ▼

면접 답변 POINT	
공통 POINT	• 일반 '취준생'이 아닌'은준생, 공준생'인지 확인하기 위한 질문 • 완전히 '조직과 직무'를 이해했기 때문에, 퇴사하지 않을 생각으로, 평생 일할 생각으로 지원했음을 어필해야 하는 문항 • 은행, 공기업에 맞는 성향인지 확인하기 위한 질문 • 실제 경험을 통해 '업무 방식, 조직 체계'에 대한 확신과 만족을 얻었음을 드러내기 • 이 직무, 은행, 공기업에 대한 확신이 있음을 드러내기
은행 POINT	〈고객 응대 + 사무 업무 + 지속 공부 = 많은 역량 요구〉 • 업무적으로는 '고객 응대, 사무 업무, 지속적인 자격증 취득 및 공부, 경제 흐름에 대한 지속적 이해'가 필요한 직무 • 성향적으로는 '실적 압박, 스트레스, 목표 달성, 지점 내 협업'이 필요함 • 이 중 나에게 가장 적합한 부분들을 택해, '은행을 택한 이유' 말하기 • 혹은, '경제/금융에 대한 관심'+ '업무/성향적 측면'으로 조합하기 • 전문성에 대한 관심 + 업무/성향적 역량 / 자세 or 업무적 역량 + 성향적 역량

공기업 POINT	〈공기업만의 업무 처리 방식, 조직 체계, 공공 가치〉 • 체계적 업무 처리, 확고한 조직 체계, 사기업 대비 낮은 보수 • 이러한 공기업과 나의 업무 성향이 일치함을 드러내기 • '공공 가치 창출'이라는 공기업만의 특수성, 공공 가치 창출에 대한 자부심, 사명감을 느낌 → 실천하고 싶음(근거가 되는 경험) • 사기업, 공기업 등의 근무, 인턴 경험이 있다면 예시로 사용하기 • 명확한 직무 구분이 되어 있는 기업이라면, '직무에 대한 확신 + 공공을 위해 실천하고 싶은 마음(경험과 함께)' • 사기업보다 낮을 수 있는 보수, 그럼에도 버틸 수 있는 '성향적 일치'와 '공공 가치 창출'에 대한 인지
답변 템플릿	
두괄식	네, 저는 (은행/공기업)이 A한 측면과 B한 측면에서 저에게 적합하다고 생각해 지원하였습니다
답변(경험)	(경험)을 통해, ~한 (업무 과정, 체계 등)이 저의 ~한 성향과 일치하다고 생각하였습니다. 이에, 이러한 측면을 (평생 공부해야 하는, 공공 가치를 창출해야 하는 등)한 (직무)에서 가장 발휘하고 싶어 지원하였습니다.
답변 예시	네, 저는 공기업이 체계적이고 공익을 위한다는 점에서 저에게 가장 적합하다고 생각하였습니다. 실제 타 공기업 인턴을 통해 체계적이고 조직적인 업무 체계가 저의 계획적 성향과 일치한다고 생각하였습니다. 이에, 이러한 측면을 보다 넓은 범위의 사회를 위해 사용한다면, 평생 가치 있게 일할 것 같아 지원하게 되었습니다.
강조하고 싶은 모습/역량	• 공기업이 선호하는 계획적 성향 • 루틴한 업무에도 질리지 않고 오래 일할 수 있음

답변 다시 만들어보기
(정리한 답변에서 KEYWORD만 추출해 미니북에 정리한 후, 키워드 중심으로 암기해보세요!)

답변 1	✎		
답변을 통해 강조하고 싶은 역량	✎	답변에 걸린 시간	초
답변 2	✎		
답변을 통해 강조하고 싶은 역량	✎	답변에 걸린 시간	초
나올 수 있는 꼬리/다른 질문	(은행/공기업의 어려움)한 어려움이 있는데 괜찮은지?		

기업/Q15	다른 분야 준비했던 것 같은데, 왜 여기?		
혼자 답변해보기		답변에 걸린 시간	초

✎

		▼ 강의 보러 가기 ▼
이 질문은 주로 언제, 누구에게?	▶ 은준생, 공준생이 아니었던 것 같은 지원자 ▶ 기업/직무 관련 경험이 적은 지원자	

면접 답변 POINT	
공통 POINT	• 최근 취업난으로 인해, '일반 사기업, 특정 기업, 공기업, 은행' 등을 전문적으로 준비하다가, 갑자기 방향을 틀어 '합격한 곳'의 면접을 보러 가는 경우가 많음 • 대부분 이력, 경력, 자기소개서 등에 이러한 부분이 드러나기 때문에, 이에 대한 질문을 준비해야 함 • 산업 → 직무/직무 → 산업으로 폭을 좁혀 나가는 것도 하나의 방법(예 금융권 → 행원/전기직 → 철도) • 혹은, 이전에 준비했던 분야 → 직무가 되기 위해 준비했던 과정으로 소화하기 • 이전에 준비했던 분야와 지원한 기업의 공통점 찾기 • 이전에 준비했던 분야의 '좋은 점, 배웠던 점' 등을 발굴해서 언급해 주기

은행 POINT	〈이전 경험과의 공통점 + 직접 도움 주고 싶어서, 대면 응대하고 싶어서 등〉 • 이전 경험, 경력의 특징 발굴하고 '입행 후 목표'와 연결하기(예 자영업자 관련 경험 → 자영업자를 위한 WM, 기업 금융) → 직접적으로, 대면으로 도움을 드리는 사람이 되고 싶어서 • 전혀 공통점을 찾을 수 없는 경우에는, '금융과 경제에 대한 관심' 풀어내기(예 교육 관련 경험이 많다면, 교육에 관심 있다. 하지만 금융 경제에 대한 관심이 지속해서 있었고, 금융권에 관심이 있었다(근거 필요), 그중에서도 사람을 만나고 알려주는 행원에 관심을 갖게 되어~) • 직접적으로 도움을 주고 싶어서/금융권에 대한 관심으로/A 금융 분야에 관심이 있어서 이쪽 준비했었지만, B한 경험을 통해 직접적으로 대상에게 도움을 주는 행원이 되고 싶어~
공기업 POINT	〈직무 중심으로 공기업 산업 파고들기〉 • 사무 : 홍보, 마케팅 등 특정 직무 과정이 있다면 → ~한 분야에 관심 있다. → 이 직무에 대한 관심을 직업으로서 평생 실천할 수 있는 곳을 찾았다. → 이 기업이다. • 기타 직무 : 다른 분야에도 관심이 있었다. → ~한 (경험)을 통해 (지원 직무, 기업)에 대한 중요성 인지 → 평생 해야 하는 일이라면~ • 공기업이 갖고 있는 '공익적 특수성 활용하기', '역량을 평생 발휘할 수 있는 곳을 찾아 지원했다.'의 흐름 기억하기
답변 템플릿	
두괄식	네, 저는 ~한 (전문가)로서 성장하고자 ~에 지원하였습니다.
답변(경험)	물론, (이전 경험, 경력들)을 하며, ~한 점을 배울 수 있어 굉장히 가치 있었습니다. 하지만, ~한 (경험)을 통해 ~의 중요성을 깨닫게 되며, 이를 실천하고자 (직무, 기업)에 지원하게 되었습니다.
답변 예시	네, 저는 교통 분야의 건축 전문가로서 성장하고자 OO 기업에 지원하였습니다. 물론, 건축 사무소에서 건축가로 일하는 경험도 굉장히 가치 있었습니다. 하지만, 도로, 철도 등의 유지 보수 사업의 일원으로 참여하며, 사람의 생명과 직결되고 이동을 만드는 교통 분야에 관심을 갖게 되어 ~에 지원하게 되었습니다.
강조하고 싶은 모습/역량	직무를 활용한 다른 경험 있음

답변 다시 만들어보기
(정리한 답변에서 KEYWORD만 추출해 미니북에 정리한 후, 키워드 중심으로 암기해보세요!)

답변 1	✎

답변을 통해 강조하고 싶은 역량	✎	답변에 걸린 시간	초

답변 2	✎

답변을 통해 강조하고 싶은 역량	✎	답변에 걸린 시간	초

나올 수 있는 꼬리/다른 질문	• 다른 기업 어디 지원했는지? • 만약에 더 좋은 조건으로, 이전 경력을 살릴 수 있는 기업에서 스카우트가 들어온다면 넘어 갈 것인지?

기업/Q16	내 직무 역량 중 가장 부족한 역량은?		
	혼자 답변해보기	답변에 걸린 시간	초

✎

		▼ 강의 보러 가기 ▼
이 질문은 주로 언제, 누구에게?	▶ 모든 지원자 ▶ 일반적인 직무 파악 질문	

면접 답변 POINT	
공통 POINT	• 직무에 필요한 역량을 알고 있고, 그중 부족한 역량까지 알고 있는 '직무 이해도'를 묻는 질문 • 각 직무에 타격 있는 역량을 제외하고 생각하기 • 전문성, 지식 등 : 겸손의 답변, 기반 지식은 있으나 실무 경험이 없어 실무 지식이나 전문성 이 부족하다. • 신입 수준에서는 아직 필요하지 않은 역량 : '추후 배우겠다.'의 흐름 • 내 성격의 단점을 '역량'으로 연결해서 답하기(예 창의력 → 기획력) • 이 부족한 부분을 어떻게 극복하고자 노력했고, 어떻게 극복할 계획인지 생각해두기

은행 POINT	〈'영업력, 고객 응대, 꼼꼼함, 수에 대한 이해' 등에 대한 답변 지양〉 • 영업력, 고객 응대, 꼼꼼함 등은 '행원이 반드시 갖추어야 할 역량' → 이에 대한 언급은 치명적 • 답변 예시 : 소통 및 설득, 판매 기획력, 관찰력, 통찰력, 상품 분석 역량, 기획력, 창의력 등등 • 가장 내 단점과 가깝거나, 신입 행원에게는 아직 필요하지 않은 역량 찾기(기획력, 창의력 등) • 혹은 디지털, 전문 지식 언급(정말 부족하다 X → 어느 정도 기반 경험 or 지식은 있지만, 전문성이 부족함) • 직무가 구분되어 있다면, 직무에서 더 배우고 싶은 부분으로 언급해도 좋음(이 직무 분야의 경험, 지식이 아직 부족해서 더 배워보고 싶다)
공기업 POINT	〈'꼼꼼함, 계획적, 원칙 준수, 체계적 업무 처리' 등 답변 지양〉 • 꼼꼼함, 계획적, 원칙 준수, 체계성 등은 '공기업인이 반드시 갖추어야 할 역량' → 이에 대한 언급은 치명적 • 각 직무의 '직무 기술서' 참고, 그중 '내 단점과 가장 비슷하거나 직무와 거리가 먼 역량' 찾기 • 미래 공기업인/직무에게 필요한 지식으로 언급 가능(예 디지털 역량, 직무별 미래 기술 등) → 앞으로 배워나가겠다. 배우고 싶다 등 • 조직에 피해를 주지 않는 선에서 '부족한 역량' 찾기 (예 '정확한 업무 처리 부족'과 같은 역량은 조직에 피해를 줄 수 있음 • 창의력, 기획력, 도전정신, 리더십 등 사기업에서 선호하는 역량으로 언급해도 됨

답변 템플릿	
두괄식	네, 저에게 가장 부족한 역량은 (역량)이라고 생각합니다.
답변(경험)	(단점과 반대되는 장점, 업무 처리)하지만, (단점을 발휘한 업무)의 (역량)은 조금 부족하여, ~게 극복하고자 노력하였습니다(~게 극복하겠습니다).
답변 예시	네, 저에게 가장 부족한 역량은 '창의력'이라고 생각합니다. 물론 주어진 일에 대해서는 꼼꼼하게 업무를 처리하지만, 새로운 전략을 기획하기 위한 창의력은 다소 어려운 부분이 있어, 작은 장표부터 새롭게 구성하는 연습을 통해 보완하고자 하였습니다.

강조하고 싶은 모습/역량	• 꼼꼼한 역량 • 내가 부족한 역량을 인지하고 극복하려는 자세		
답변 다시 만들어보기 (정리한 답변에서 KEYWORD만 추출해 미니북에 정리한 후, 키워드 중심으로 암기해보세요!)			
답변 1	✎		
답변을 통해 강조하고 싶은 역량	✎	답변에 걸린 시간	초
답변 2	✎		
답변을 통해 강조하고 싶은 역량	✎	답변에 걸린 시간	초
나올 수 있는 꼬리/다른 질문	• 부족한 역량으로 인해 조직에 피해를 주었던 경험은? • 그 역량을 어떻게 보완할 것인지?		

좋은 책을 만드는 길, 독자님과 함께 하겠습니다.

면접관이 5초만 들어도 합격시키고 싶은 면접 답변 100문 100답 **[공기업 · 은행편]**

초판5쇄 발행	2024년 06월 05일 (인쇄 2024년 05월 29일)
초 판 발 행	2021년 03월 05일 (인쇄 2021년 02월 26일)
발 행 인	박영일
책 임 편 집	이해욱
저 자	서미연(면쌤)
편 집 진 행	김준일 · 이경민
표지디자인	김지수
편집디자인	임아람 · 하한우
발 행 처	(주)시대고시기획
출 판 등 록	제10-1521호
주 소	서울시 마포구 큰우물로 75 [도화동 538 성지 B/D] 9F
전 화	1600-3600
팩 스	02-701-8823
홈 페 이 지	www.sdedu.co.kr

I S B N	979-11-254-9394-5 (13320)
정 가	20,000원

※ 이 책은 저작권법의 보호를 받는 저작물이므로 동영상 제작 및 무단전재와 배포를 금합니다.
※ 잘못된 책은 구입하신 서점에서 바꾸어 드립니다.

면접장에 들고 가는

나만의 답변
미니북

랜덤 연습 QR코드

100개의 질문이 랜덤으로 섞여있습니다. 면접 들어가기 전, 랜덤으로 QR코드를 인식해서 '실전처럼' 연습해 주세요!

랜덤 연습의 장점

- 어떤 질문이 나올지 알 수 없는 실전 면접처럼 연습할 수 있어요.
- 랜덤으로 연습하다 보니, 어떤 카테고리 경험이 덜 정리되었는지 파악할 수 있어요.

랜덤 연습 활용 방법

- 랜덤으로 QR 코드를 인식합니다.
- 질문에 따라 답변해봅니다.
- 40초 내에 답변이 정리되지 않거나, 바로 생각나지 않는다면 〈PART 03 정리 암기 노트〉로 넘어가 답변을 다시 살펴봅니다.
- 특히 답변이 나오지 않는 카테고리의 경우, 〈PART 02 카테고리별 랜덤 QR코드〉로 넘어가 모든 카테고리 질문을 연습해봅니다.

4

PART
02 카테고리 별 랜덤 QR코드

카테고리별로 QR코드가 제시되어 있습니다. 기업의 특성에 따라 특정 카테고리만 연습하고 싶은 경우, QR코드를 인식해서 카테고리별 답변을 정리해 주세요(예를 들어, '고객 응대' 직무의 경우, '고객 카테고리' 찾아서 연습해보기)

카테고리별 연습의 장점
- 내가 원하거나 부족한 카테고리의 질문만 랜덤으로 연습해 볼 수 있어요.
- 하나의 카테고리만 쭉 연습하니, 어떤 질문에도 돌려 쓸 수 있는 나만의 만능 소재를 카테고리별로 정리할 수 있어요.

카테고리별 연습 활용 방법
- 부족하거나 다시 연습하고 싶은 카테고리를 선택합니다.
- 랜덤으로 QR 코드를 인식해, 질문에 따라 답변해봅니다.
- 40초 내에 답변이 정리되지 않거나, 바로 생각나지 않는다면 〈PART 03 정리 암기 노트〉로 넘어가 답변을 다시 살펴봅니다.
- 카테고리별 연습이 완료된 후, 랜덤으로 연습해보고 싶다면 〈PART 01 랜덤 연습 QR코드〉로 넘어가 실전처럼 연습해봅니다.

Chapter 1 자신

Chapter 2 가장

Chapter 4 원칙

Chapter 6 고객

PART
03 암기용 키워드 정리

자신/Q1	주변에서 뭐라고 불리는지?

40초 연습하러 가기

두괄식

- 네, 저는 주로 (별명/불리는 말)로 불리고 있습니다.
- 네, 저는 별명은 따로 없지만, 주로 ~라고 불리고 있습니다.

답변(경험)

(외적/행동적인 부분이 있다면) 아무래도, (외적인 모습이 ~와 닮아서, ~해서, 항상 ~게 행동하기도) 하고, 항상 (별명에 담긴 의미처럼 행동)하기 때문에, (별명, 불리는 말)로 불리고 있습니다.

암기용 키워드 정리하기

자신/Q2	자신만의 스트레스 해소법은?	40초 연습하러 가기
	두괄식	

네, 저는 주로 ~한 방식으로 스트레스를 해소하는 편입니다.

답변(경험)

- (방식)을 하다보면 ~하기 때문에, 스트레스가 해소되는 기분이 들어, 주로 이 (방식)으로 스트레스를 해소하고 있습니다.
- 처음에는 (체력 기르기 등 다른 장점)으로 인해 시작했지만, 현재는 (방식)을 하면서 ~하기 때문에, 주로 이 (방식)으로 스트레스를 해소하고 있습니다.

암기용 키워드 정리하기

자신/Q3	존경하는 인물이 있다면?	40초 연습하러 가기
	두괄식	

네, 저는 (인물)을 가장 존경합니다.

답변(경험)

(인물)은 항상 ~게 하며, (가치)를 실천해왔습니다. 이에, (항상 ~한 삶을 살아가는 (인물)을) ~한 측면에서, 가장 롤모델로 삼고 있습니다.

암기용 키워드 정리하기

자신/Q4	나만의 차별화 된 경험은?	40초 연습하러 가기

두괄식

- 네, 저는 (경험)을 했던 경험이 있습니다.
- 네, 저는 ~ 당시, ~의 성과를 이뤄낸 경험이 있습니다.

답변(경험)

당시 ~한 (상황)에서 ~한 (성과)를 낸 경험이 있습니다. 이때, ~(강조하고 싶은 점)하다는 점에서 가장 (기억에 남았습니다./차별화된 경험으로 기억되고 있습니다.)

암기용 키워드 정리하기

자신/Q5	구체적으로 계획을 세우고 목표를 달성한 경험은?	40초 연습하러 가기

두괄식

네, 저는 (경험) 당시, 계획을 세워 (목표)를 이뤄낸 경험이 있습니다.

답변(경험)

당시, ~한 (상황)이었습니다. ~을 위해 (목표)를 이뤄야 한다고 생각하여, ~한 (순서, 기준, 분류)에 따라 계획을 세워 이행한 결과, (목표, 성과)를 이뤄낼 수 있었습니다.

암기용 키워드 정리하기

자신/Q6	취업을 위해 노력하고 있는 일은?	40초 연습하러 가기

두괄식

- 네, 저는 취업을 위해 ~을 하고 있습니다.
- 네, 저는 (은행/공기업) 취업을 위해 ~을 하고 있습니다.

답변(경험)

- (당연히 해야 할 것들/NCS, 신문 읽기, 필기 등)은 물론,
- 이 외에도(체력 관리, 사람과의 만남 등)을 해야 취준 생활을 ~게 버틸 수 있을 것 같아, ~한 활동도 하고 있습니다.
- 이 외에도 ~을 알기 위해 (신문 읽기/스크랩 등 습관)을 들이며, ~에 대한 시야를 넓혀왔습니다.

암기용 키워드 정리하기

자신/Q7	기대했던 목표보다 더 높은 성과를 얻었던 경험은?	40초 연습하러 가기

두괄식

- 네, 저는 (경험) 당시, 기대 이상의 성과를 거뒀던 경험이 있습니다.
- 네, 저는 (경험) 당시, ~한 (노력/자세)로 (성과, 수치)라는 기대 이상의 성과를 거뒀던 경험이 있습니다.

답변(경험)

당시 ~한 (상황)에서 (~한 이유로, 처음 목표치) 만큼의 목표를 예상하였습니다. 이를 위해, ~게 (노력, 영업 노하우, 공기업스러운 업무 자세)로 노력한 결과, (성과)를 거두며 기대 이상의 성과를 거둘 수 있었습니다.

암기용 키워드 정리하기

자신/Q8	성격의 장점과 단점은?	40초 연습하러 가기

두괄식

네, 제 성격의 장점은 (장점)입니다.

답변(경험)

항상 ~한 (장점)으로 ~게 하고 있습니다. 반면 종종 (단점) 하다는 단점이 있어, 이를 ~게 극복하고자 하였습니다.

암기용 키워드 정리하기

자신/Q9	어려움을 극복하는 나만의 방법은?	40초 연습하러 가기

두괄식

- 네, 저는 ~한 방법으로 어려운 상황을 이겨내고 있습니다.
- 네, 저는 어려운 상황에서 주로 ~하고 있습니다.

답변(경험)

- (방식)대로 하면 ~게 극복이 되기 때문에, ~한 (마음, 의지, 자세)를 갖고 ~게 노력하는 편입니다.
- 저에게 주로 어려운 상황은 ~한 상황이기 때문에, 이 경우 ~게 하며 ~게 이겨내려고 노력하는 편입니다.

암기용 키워드 정리하기

자신/Q10	꼼꼼하게 무언가를 처리해서 성과를 낸 경험은?	40초 연습하러 가기

두괄식

- 네, 저는 (경험) 당시 꼼꼼하게 업무를 처리해 (성과)를 낸 경험이 있습니다.
- 네, 저는 (경험) 당시 or 대체적으로 업무를 꼼꼼히 처리해 (별명, 역할)이 된 경험이 있습니다.

답변(경험)

- 당시 조직이 ~한 (상황) 이었습니다. 이에, (꼼꼼하게) 업무를 처리한 결과, ~한 (성과)를 거둘 수 있었으며, 조직에서도 ~한 (평가, 역할)을 받을 수 있었습니다.
- 항상 업무를 처리할 때, ~게 (꼼꼼히) 업무를 처리하기 때문에, 조직에서 (역할, 평가, 별명)을 받곤 했습니다.

암기용 키워드 정리하기

자신/Q11	융통성을 발휘해서 문제를 해결한 경험은?	40초 연습하러 가기

두괄식

- 네, 저는 (경험) 당시 융통성을 발휘해 문제를 해결한 경험이 있습니다.
- 네, 저는 (경험) 당시, ~한 융통성으로 ~한 (성과)를 이뤄낸 경험이 있습니다.

답변(경험)

당시 (목표를 달성해야 했으나 자원이 부족한/자원이 부족하나 요구가 들어온 등 ~한) 상황이었습니다. 이에 (융통성을 ~게 발휘)한 과정을 통해 융통성을 발휘한 결과, ~한 (성과, 목표 달성)을 이뤄낼 수 있었습니다.

암기용 키워드 정리하기

자신/Q12	내가 '또 다른 성향'을 갖고 있다고 느꼈던 사례는?	40초 연습하러 가기

두괄식

- 네, 저는 (경험)을 통해 (또 다른 성향)이 있다고 느낀 경험이 있습니다.
- 네, 저는 (또 다른 성향)이 있다고 느꼈던 경험이 있습니다.

답변(경험)

(경험) 당시, ~한 (성향을 발휘한 업무)를 통해 (성과)를 낸 경험이 있습니다. 이 당시 (조직, 고객 등)을 위해 ~한 (역할, 활동, 모습)을 보고, 저 스스로 (또 다른 성향)이 있음을 깨닫게 되었습니다.

암기용 키워드 정리하기

자신/Q13	업무를 동시에 처리하는 나만의 순서는?	40초 연습하러 가기

두괄식

네, 저는 업무를 동시에 처리해야 할 때~

답변(경험)

(가장 먼저, ~한 (업무)부터 처리한 후, ~한 (업무)를 처리하는 편입니다. 그다음 ~한 업무를 처리하며, (이 순서대로 일을 처리하는 이유 : 업무 완성도를 높이고자) 하는 편입니다.

암기용 키워드 정리하기

자신/Q14	인생에서 가장 잘한 선택과 후회하는 선택은?	40초 연습하러 가기

두괄식

- 네, 제가 가장 잘한 선택은 (잘한 선택)이라고 생각합니다.
- 네, 저는 (잘한 선택) 선택을 가장 잘 했다고 생각합니다.

답변(경험)

이를 통해 (배운 점, 자세) 등을 배울 수 있었기 때문입니다. 반면, (후회 선택)은 아쉬움으로 남아있습니다. (아쉬움을 느낀 이유)였다고 생각하여, 이후에는 항상 (극복을 위한 노력)하여 ~하고자 노력하였습니다./생각하였지만, 이를 통해 (배운 점) 을 배울 수 있었습니다.

암기용 키워드 정리하기

자신/Q15	일을 하며, 스스로 성장했다고 느꼈던 경험은?	40초 연습하러 가기

두괄식

- 네, 저는 (경험) 당시, 제가 성장했다고 느낄 수 있었습니다.
- 네, 저는 (경험) 당시, (~한 평가, ~한 말, ~한 역할 등 증거)를 들으며/맡게 되며 성장했다고 느꼈던 경험이 있습니다.

답변(경험)

(근무, 활동) 당시, 처음에는 (성장할 수 없었던 이유)한 상황이었습니다. 하지만, ~을 위해 (노력)한 결과, (성장의 증거)하며 성장했음을 느낄 수 있었습니다.

암기용 키워드 정리하기

자신/Q16	직무 외에 몰두했던 경험은?	40초 연습하러 가기

두괄식

- 네, 저는 직무 외에 ~에 몰두했습니다./하고 있습니다.
- 네, 저는 (몰두의 목적)을 위해 ~에 몰두했었습니다.

답변(경험)

(경험을 시작한 이유)로 시작해, (몰두한 과정)하며 몰두했습니다(+ 진척되었다면 : 그 결과, 현재 '결과물, 성과'도 거둘 수 있었습니다).

암기용 키워드 정리하기

가장/Q1	살면서 가장 도전적이었던 경험은?	40초 연습하러 가기

두괄식

- 네, 살면서 가장 도전적이었던 경험은 (경험) 때입니다.
- 네, 저는 (경험) 당시 도전적으로 (업무)에 임하여, (성과)를 낸 경험이 있습니다.

답변(경험)

당시, ~한 (상황)이었습니다. 이에, (노력한 과정, 열정 과정)하게 도전하여, (목표 달성, 성과 달성)을 이뤄낼 수 있었습니다

암기용 키워드 정리하기

가장/Q2	살면서 가장 창의적이었던 경험은?	40초 연습하러 가기

두괄식
• 네, 살면서 가장 창의적이었던 경험은 (경험) 때입니다.
• 네, 저는 (경험) 당시 창의적으로 (업무)에 임하여 (성과)를 낸 경험이 있습니다.

답변(경험)
당시, ~한 (상황/목표)이었습니다. 이에, ~게 (창의력을 발휘)한 결과, (목표 달성, 성과 달성)을 이뤄낼 수 있었습니다.

암기용 키워드 정리하기

가장/Q3	살면서 가장 실패했던 경험은?	40초 연습하러 가기

두괄식
• 네, 제가 가장 실패했던 경험은 (경험) 때입니다.
• 네, 저는 (경험) 당시, (목표 달성)에 실패했던 경험이 있습니다.

답변(경험)
당시, (경험을 한 이유 or 실패라고 생각하는 이유)를 위해/여서, (경험)에 참여하여, ~이라는 (목표)를 설정하였습니다. 하지만, (실패한 이유)로 인해 (미흡한 목표 달성, 목표 달성 실패)하게 되었습니다(이후, 아쉬운 점을 ~게 보완하였습니다).

암기용 키워드 정리하기

가장/Q4	살면서 가장 힘들었던 경험은?	40초 연습하러 가기

두괄식

- 네, 제가 가장 힘들었던 경험은 (경험) 때입니다.
- 네, 저는 (경험) 당시, (목표 달성)에 실패하며 ~에 대한 (어려움)을 겪은 경험이 있습니다.

답변(경험)

당시, (경험을 한 이유)를 위해, (경험)에 참여하여, ~이라는 (목표)를 설정하였습니다. 하지만, (실패한 이유)로 인해 (미흡한 목표 달성, 목표 달성 실패)하게 되어, 이로 인해 ~한 (확신 동요, 혼란 등)을 겪게 되며 힘들었습니다.

암기용 키워드 정리하기

가장/Q5	본인의 삶에서 추구하는 가장 중요한 가치는?	40초 연습하러 가기

두괄식

네, 제가 가장 추구하는 가치는 (가치)입니다.

답변(경험)

(~한 삶의 목표를 갖고 있기 때문에/~을 가장 중요하게 생각하기 때문에/~한 이유이기 때문에), (가치)를 가장 추구하며 ~게 (살고자/하고자) 노력하고 있습니다.

암기용 키워드 정리하기

가장/Q6	인생에서 가장 행복했던 경험은?	40초 연습하러 가기

두괄식

- 네, 저는 ~한 때에 가장 행복했습니다.
- 네, 제가 가장 행복했던 때는 ~때입니다.

답변(경험)

- ~한 (상황)에서 (행복했던 일)을 통해 (행복한 이유)였기 때문에, 가장 행복한 기억으로 남아 있습니다.
- ~한 (상황)에서 (내 자세, 가치관)으로 ~게 한 결과, (행복했던 일)이 있었기 때문에, ~한 (행복한 이유)로 가장 행복했습니다.

암기용 키워드 정리하기

가장/Q7	인생에서 가장 열심히 했던 경험은?	40초 연습하러 가기

두괄식

- 네, 저는 ~한 일을 가장 열심히 했던 것 같습니다.
- 네, 저는 (경험) 당시 ~게 (열심히) 하여 ~한 (성과)를 낸 경험이 있습니다.

답변(경험)

~한 (목표를 갖고, 상황에서) (열심히 한 이유)라는 생각 아래, ~게 열심히 한 결과, ~한 (성과)를 거둘 수 있었습니다.

암기용 키워드 정리하기

조직/Q1	조직에서 갈등을 해결했던 경험은?	40초 연습하러 가기

두괄식

- 네, 저는 (경험) 당시, 갈등을 해결했던 경험이 있습니다.
- 네, 저는 (경험) 당시, (방식)으로 갈등을 해결해 (성과)를 낸 경험이 있습니다.

답변(경험)

당시 (원인)으로 인해 (갈등)이 발생한 상황이었습니다. 이를 해결하기 위해, (갈등을 해결하기 위해 노력)한 결과, (갈등)을 해결하고 (성과)를 달성할 수 있었습니다.

암기용 키워드 정리하기

조직/Q2	조직에서 주도적으로 성과를 냈던 경험은?	40초 연습하러 가기

두괄식

- 네, 저는 (경험) 당시, 주도적으로 성과를 낸 경험이 있습니다.
- 네, 저는 (경험) 당시, 주도적으로 ~게 하여 ~한 성과를 낸 경험이 있습니다.

답변(경험)

당시 ~한 (상황)으로, ~게 한다면 (조직에 더 나은 성과)가 있을 것으로 생각되었습니다. 이에, (주도적으로 노력)한 결과, (조직의 발전, 성과)를 이뤄낼 수 있었습니다.

암기용 키워드 정리하기

조직/Q3	본인만의 갈등 해결 방법은?	40초 연습하러 가기

두괄식

네, 저는 조직에서 주로 ~게 갈등을 해결하는 편입니다.

답변(경험)

- 대부분 조직 갈등은 (원인) 때문이라고 생각하기 때문에, 이를 해결하기 위해 (방법)하는 편입니다.
- 실제 (경험) 당시에도, ~게 갈등을 해결하여 (성과)를 달성한 경험이 있습니다. 이처럼 저는 주로 ~게 갈등을 해결하는 편입니다.

암기용 키워드 정리하기

조직/Q4	남을 설득해본 경험은?	40초 연습하러 가기

두괄식

- 네, 저는 (경험) 당시 타인을 설득한 경험이 있습니다.
- 네, 저는 (경험) 당시 (대상/타인)을 설득하여 (목표 달성, 성과, 설득)을 이뤄낸 경험이 있습니다.

답변(경험)

당시 ~한 상황이었으나, 대상이 ~한 (의견을 주장하여, 고민하고 있어) 설득이 필요한 상황이었습니다. 이에, (나만의 노하우, 설득 과정)을 통해 ~게 (대상)을 설득하였고, 그 결과 (성과, 설득)을 이뤄낼 수 있었습니다.

암기용 키워드 정리하기

조직/Q5	조직 활동에서 가장 어려웠던 점은?	40초 연습하러 가기

두괄식

- 네, 저는 조직 활동을 하며, 주로 ~한 점이 가장 힘들었습니다.
- 네, 저는 주로 조직에서 ~할 때 가장 힘들었던 것 같습니다.

답변(경험)

(힘들었던 부분)으로 인해 ~한 (문제점, 스스로의 문제점)이 있었습니다. 이에, 항상 조직에서 일할 때에는 (극복하고자 한 일, 내가 한 일)을 겪으며 이를 극복하고자 하였습니다.

암기용 키워드 정리하기

조직/Q6	조직에서 주로 어떤 역할 맡는지?	40초 연습하러 가기

두괄식

- 네, 저는 주로 조직에서 ~한 역할을 맡고 있습니다.
- 네, 저는 주로 조직에서 ~한 역할로서 조직의 ~을 돕고 있습니다.

답변(경험)

(팀의 목표, 성장/원활한 업무 수행 등)을 위해 항상 ~게 업무를 수행해왔습니다. 실제, 여러 (경험, 활동)에서도 항상 ~한 역할을 맡으며, ~한 (조직 발전)에 도움을 주었습니다.

암기용 키워드 정리하기

조직/Q7	본인은 리더와 팔로워 중 어디에 가까운지?

40초 연습하러 가기

두괄식

네, 저는 주로 ~한 (리더/팔로워)의 역할을 맡고 있습니다.

답변(경험)

조직의 (발전/업무 효율 활성화/협업 등)을 위해 주로 ~한 역할을 하며, (리더/팔로워)로서 조직이 ~게 될 수 있도록 이바지하고 있습니다.

암기용 키워드 정리하기

조직/Q8	의사소통 과정에서 가장 중요한 것은?

40초 연습하러 가기

두괄식

- 네, 의사소통에서 가장 중요한 건 (중요)라고 생각합니다.
- 네, 저는 (중요)가 (고객 응대 시/업무 내) 의사소통에서 가장 중요하다고 생각합니다.

답변(경험)

- 왜냐하면, (중요)를 지킬 때, ~한 (효과, 기대효과, 장점)이 있기 때문입니다.
- 왜냐하면, (중요)를 지키지 않을 때, ~한 (문제)가 발생할 수 있기 때문입니다.

암기용 키워드 정리하기

조직/Q9	조직 활동에서 가장 중요한 것은?	40초 연습하러 가기

두괄식

- 네, 저는 조직 활동에서 가장 중요한 건 (중요)라고 생각합니다.
- 네, 저는 (중요)가 ~한 조직 형성에 가장 중요하다고 생각합니다.

답변(경험)

(조직, 은행, 공기업)은 ~해야 하기 때문에, 항상 ~한 (중요 자세)를 갖출 때, ~한 (성과를 도출할 수/ 리스크를 예방할 수) 있기 때문입니다.

암기용 키워드 정리하기

조직/Q10	가장 같이 일하고 싶지 않은 유형은?	40초 연습하러 가기

두괄식

네, 저는 주로 ~한 사람과 함께 일할 때, 가장 어려웠던 것 같습니다.

답변(경험)

조직은 (내가 생각하는 조직에 대한 가치)해야 한다고 생각하기 때문에, 항상 ~한 (자세)를 갖춰야 한다고 생각합니다. 하지만, (같이 일하기 싫은 사람의 유형)과 함께 일을 하게 된다면, ~한 (리스크)가 발생할 수 있기 때문에, 같이 일하기 가장 어려운 것 같습니다.

암기용 키워드 정리하기

조직/Q11	남을 위해 손해를 감수하며 희생했던 경험은?	40초 연습하러 가기

두괄식
• 네, 저는 (경험) 당시 ~한 (희생)을 했던 경험이 있습니다. • 네, 저는 (경험) 당시 ~한 (희생)을 통해 (조직의 성과, 성장)에 이바지한 경험이 있습니다.

답변(경험)
당시 (조직)이 ~한 (상황)이었기에, ~한 (업무, 일, 양보 등)이 필요했습니다. 하지만, 다들 (어려운 상황)이었기에, 비록 (내가 희생하는 이유 예 이미 맡은 바 일을 다 함)한 상황이었지만, (조직, 다른 팀원 등 대상, 내가 희생한 이유)을 위해 (희생)하였고, (성과)를 낼 수 있었습니다.

암기용 키워드 정리하기

- -

조직/Q12	남에게 큰 도움을 주었던 경험은?	40초 연습하러 가기

두괄식
네, 저는 (경험) 당시 (대상)에게 ~한 도움을 준 경험이 있습니다.

답변(경험)
당시 ~한 (상황) 이었습니다. 이에, (내가 한 일, 내 역할)을 하여 ~한 (도움)을 주었고, (대상)은 이를 통해 ~한 (성과, 이익, 혜택, 위험 방지)를 거둘 수 있었습니다.

암기용 키워드 정리하기

조직/Q13	팀플 무임승차자, 어떻게 대처하지?	40초 연습하러 가기

두괄식

네, 만약 팀 프로젝트에 협조적이지 않은 팀원이 있다면, 저는 ~게 해결하겠습니다.

답변(경험)

대부분 비협조적인 원인은 (원인)이라고 생각합니다. 실제 저 역시 다양한 프로젝트를 하며 ~한 팀원을 만났었고, ~게 대처하였었습니다. 이처럼 팀원이 비협조적이라면, ~게 하여 팀 프로젝트 참여를 (독려/완수/진행/협조) 구하겠습니다.

암기용 키워드 정리하기

조직/Q14	이상적인 상사는 어떤 유형일까?	40초 연습하러 가기

두괄식

- 네, 저는 ~한 유형의 상사가 가장 이상적이라고 생각합니다.
- 네, 저는 ~한 유형의 상사와 함께 일할 때, 가장 (성과를 냈던 것/조직에 적극적으로 참여했던 것) 같습니다.

답변(경험)

(이유/조직에 대한 가치관 언급)이기 때문에, ~한 상사와 일할 때, 가장 (시너지, 성과)를 낼 수 있기 때문입니다.

암기용 키워드 정리하기

조직/Q15	무언가를 개선하기 위해 노력했던 경험은?	40초 연습하러 가기

두괄식

- 네, 저는 (경험) 당시 ~을 개선하기 위해 노력한 경험이 있습니다.
- 네, 저는 (경험) 당시 ~을 개선하여 (성과를 낸, ~을 지켜낸) 경험이 있습니다.

답변(경험)

당시 ~한 (개선되지 않은 상황)이 있어, ~한 (문제, 어려움)이 있었습니다. 이를 해결하고자 (자발적으로, 단계적으로 노력, 실천)하여 ~게 개선한 결과, ~한 성과를 이뤄낼 수 있었습니다.

암기용 키워드 정리하기

조직/Q16	매뉴얼을 만들었던 경험은?	40초 연습하러 가기

두괄식

네, 저는 (경험) 당시 ~의 매뉴얼을 구축한 경험이 있습니다.

답변(경험)

당시 ~의 매뉴얼이 없이 업무가 진행되던 상황이었습니다. (매뉴얼이 필요한 이유) 였기에, 매뉴얼 구축이 반드시 필요하다고 판단하여, (매뉴얼을 만든 과정)을 통해 매뉴얼을 만들었고, (이로 인한 성과, 아직까지 이용 등)있습니다.

암기용 키워드 정리하기

조직/Q17	남들이 말리는 일을 추진했던 경험은?	40초 연습하러 가기

두괄식

네, 저는 (경험) 당시, ~의 만류에도 ~을 이뤄낸 경험이 있습니다.

답변(경험)

당시 ~한 (목표, 상황)이었으나, (만류하는 이유)의 상황이었습니다. 이에 (주변의 만류)가 있었으나 (해야 하는 이유) 라고 생각하여, ~게 (노력)하였고 ~한 (성과)를 이뤄낼 수 있었습니다.

암기용 키워드 정리하기

조직/Q18	직장 생활에서 가장 중요한 덕목은?	40초 연습하러 가기

두괄식

네, 저는 (직장/은행/공단 등) 생활에서 가장 중요한 덕목은 (덕목)이라고 생각합니다.

답변(경험)

실제 (비슷한 기업)에서 근무해보며/지원한 (은행/기업)은 ~하기 때문에, (덕목)이 없는 회사 생활은 ~한 문제가 생 긴다는 점을 알게 되었습니다. 이에 (지원한 기업, 기업의 지향점 등)을 위해서는, ~한 (덕목)을 추구해야 한다고 생각 합니다.

암기용 키워드 정리하기

조직/Q19	조직 활동에 적응하는 나만의 노하우는?	40초 연습하러 가기

두괄식

네, 저는 ~한 방식으로 조직에 적응하고자 노력하는 편입니다.

답변(경험)

조직 생활에서는 ~이 중요하다고 생각하기 때문에/(노하우)대로 한다면 ~한 효과가 있기 때문에, 항상 (노하우)처럼 생활하며 조직에 적응하고자 노력하고 있습니다.

암기용 키워드 정리하기

조직/Q20	신입이거나 인턴임에도 조직에서 성과를 냈던 경험은?	40초 연습하러 가기

두괄식

네, 저는 (소속) 당시 (위치)임에도, ~한 (성과를 낸/조직에 기여를 한) 경험이 있습니다.

답변(경험)

당시 조직이 ~한 (상황/이슈)였습니다. 이에 (위치)였으나 (조직, 고객 등)을 위해 ~게 (노력)한 결과 (성과, 문제 해결, 조직에 도움)을 이뤄낼 수 있었습니다.

암기용 키워드 정리하기

조직/Q21	남들이 하기 싫어하는 일을 한 경험은?	40초 연습하러 가기

두괄식

네, 저는 (경험) 당시 (남들이 모두 꺼리는 일)을 ~게 하여 (성과)를 낸 경험이 있습니다.

답변(경험)

당시 ~한 이유로 모두가 (업무)를 하고 싶어 하지 않았습니다. 저 역시 한다면 ~한 부분에서 (손해, 희생)이 있겠지만,
(조직의 실적, 성과 등)을 위해 ~게 한 결과, ~한 성과를/조직에 이바지를 할 수 있었습니다.

암기용 키워드 정리하기

조직/Q22	신입 사원이 갖춰야 할 덕목은?	40초 연습하러 가기

두괄식

네, 신입 사원(행원)으로서 갖춰야 할 덕목은 (덕목)이라고 생각합니다.

답변(경험)

신입 사원(행원)은 ~하기 때문에, ~을 위해 항상 (덕목)에 따라 ~게 (조직/업무)에 적응해야 한다고 생각하기 때문
입니다.

암기용 키워드 정리하기

조직/Q23	리더십을 발휘해본 경험은?	40초 연습하러 가기

40초 연습하러 가기

두괄식

네, 저는 (경험) 당시, ~한 리더십을 발휘하여 (조직 성과)를 낸 경험이 있습니다./~에 도움을 준 경험이 있습니다.

답변(경험)

당시 (조직/다른 팀원)이 ~한 상황이었기에, ~게 (리더십을 발휘)하여 ~게 도움을 주며 ~한 (성과)를 끌어낼 수 있었습니다.

암기용 키워드 정리하기

조직/Q24	누군가와 신뢰를 회복한 경험은?	40초 연습하러 가기

40초 연습하러 가기

두괄식

네, 저는 (경험) 당시, ~한 (대상)과 신뢰를 회복한 경험이 있습니다.

답변(경험)

당시 (오해, 문제, 원인)으로 인해 (대상)과 거리가 멀어졌습니다. 이에, 이를 극복하고자 ~게 노력한 결과, 신뢰를 회복하고 (조직 성장)도 이룰 수 있었습니다.

암기용 키워드 정리하기

조직/Q25	조직에서 주로 어떤 평가를 받았는지?	40초 연습하러 가기

두괄식

네, 저는 조직에서 주로 ~한 (평가)를 받았습니다.

답변(경험)

항상 (조직, 업무 등)에서 ~했기 때문에, (상사, 동료)로부터 ~라고 불렸습니다.

암기용 키워드 정리하기

조직/Q26	협업 시 나의 강점과 약점은?	40초 연습하러 가기

두괄식

네, 협업 시 저의 가장 큰 강점은 (강점)이라고 생각합니다.

답변(경험)

실제 ~한 (조직)에서도 (강점)을 발휘해, ~게 기여했었기 때문입니다. 반면 (약점)한다는 약점이 있지만, 대신 ~게 하여 조직에 도움을 주고자 하였습니다.

암기용 키워드 정리하기

조직/Q27	세대 차이를 극복하는 나만의 방법은?	40초 연습하러 가기

두괄식
네, 저는 세대 차이를 극복하기 위해 ~게 했습니다.

답변(경험)
보통 상사분들이 세대 차이를 느끼시는 이유는 ~때문이라고 생각하여, ~게 하며 (조직 적응, 상사에게 다가가) 세대 차이를 극복하려고/조직에 어울리고자 노력하였습니다.

암기용 키워드 정리하기

. . . .

조직/Q28	조직을 위해 헌신한 경험과 주변 반응은?	40초 연습하러 가기

두괄식
네, (경험) 당시 ~을 위해 ~게 헌신한 경험이 있습니다.

답변(경험)
당시 ~한 (헌신이 필요한, 다들 꺼리거나 굳이 하지 않는) 상황이었지만, ~을 위해 (업무 처리, 실적 증대) 등이 필요하다고 생각하였습니다. 이에 ,~게 (헌신)한 결과, 동료들은 ~한 반응을 보였고, ~게 대처한 결과 (성과, 해결)을 이뤄낼 수 있었습니다.

암기용 키워드 정리하기

조직/Q29	가장 같이 일하고 싶은 동료의 유형은?	40초 연습하러 가기

두괄식

네, 저는 ~한 동료와의 협업을 가장 선호하는 편입니다.

답변(경험)

- (은행, 공기업, 직무 등)에서 ~한 (역량, 역할, 요소) 등이 가장 중요하기 때문에,

- 실제 ~한 경험을 통해, ~한 (사람, 동료, 협업)의 중요성을 알게 되어, ~한 동료와 가장 함께 일하고 싶습니다.

암기용 키워드 정리하기

조직/Q30	상사에게 받았던 부정적 피드백은?	40초 연습하러 가기

두괄식

네, 저는 상사에게 ~한 피드백을 받았었습니다.

답변(경험)

대체적으로 (내 업무 자세)가 ~했기 때문에, 상사로부터 (초반에, ~할 때) ~라는 피드백을 받았었습니다. 하지만 이후 ~게 하며 이를 해결하려고 노력했습니다.

암기용 키워드 정리하기

조직/Q31	조직 내 대인 관계에서 가장 중요한 것은?	40초 연습하러 가기

두괄식
네, 저는 조직 내 대인 관계에서 ~이 가장 중요하다고 생각합니다.

답변(경험)
조직 내 대인 관계는 조직의 (성장, 화합 등 가치)를 위해 가장 중요하기 때문에, ~한 자세로 ~해야, 함께 (목표, 조직을 위해) 나아갈 수 있기 때문입니다.

암기용 키워드 정리하기

조직/Q32	대인 관계에서 가장 어려운 점은?	40초 연습하러 가기

두괄식
네, 저는 대인 관계에서 ~이 가장 어려운 것 같습니다.

답변(경험)
대인 관계에서 (중요한 점)이 가장 중요하다고 생각하기 때문에, ~한 상황이 어렵지만, 이를 ~게 극복하고자 노력하고 있습니다.

암기용 키워드 정리하기

조직/Q33	다른 사람의 실수를 함께 처리한 경험은?	40초 연습하러 가기

두괄식

네, 저는 (경험) 당시, (다른 사람)의 실수를 함께 한 경험이 있습니다.

답변(경험)

당시 (실수하지 않고 원래대로 일어났어야 할 상황)이어야 했으나, (다른 사람)의 실수로 ~한 (문제)가 발생했습니다.

이는 (내가 한 이유 고객, 조직 등)에 중요한 문제였기에, (내가 함께 처리)하여 ~게 문제를 해결하였습니다.

암기용 키워드 정리하기

조직/Q34	남에게 피해를 끼쳤던 경험은?	40초 연습하러 가기

두괄식

네, 저는 (경험) 당시, ~한 (상황)에서 (대상)에게 피해를 끼쳤던 경험이 있습니다.

답변(경험)

당시 (불가피한 상황)이었습니다. 이로 인해 (다른 동료, 대상)에게 (피해)를 끼치게 되어, (극복을 위한 노력)을 하여 ~

게 노력하였습니다.

암기용 키워드 정리하기

조직/Q35	남이 포기한 일을 내가 이어서 한 경험은?	40초 연습하러 가기

두괄식

네, 저는 (경험) 당시, (남)이 포기한 (일, 업무)를 이어한 경험이 있습니다.

답변(경험)

당시 (포기했던 일이 꼭 필요했던 이유)를 위해 꼭 (개선, 필요)했으나, ~한 이유로 모두 포기했었습니다. 이에, (내가 이어서 한 이유)해서, ~게 한 결과, ~한 성과를 거둘 수 있었습니다.

암기용 키워드 정리하기

조직/Q36	협상이나 타협을 했던 경험은?	40초 연습하러 가기

두괄식

네, 저는 (경험) 당시, (대상)과 (협상/타협)하여 (성과)를 거둔 경험이 있습니다.

답변(경험)

당시 (협상, 타협을 했어야 했던 상황)이었지만, (대상)이 (부정적 반응, 태도)를 보이는 상황이었습니다. 이에 (나의 협상, 타협 과정)하여 ~에 대해 협상/타협한 결과 (성과)를 거둘 수 있었습니다.

암기용 키워드 정리하기

원칙/Q1	규칙을 어기지 않고 지켰던 경험은?	40초 연습하러 가기
두괄식		

네, 저는 (경험) 당시 ~한 규칙을 준수한 경험이 있습니다.

답변(경험)

당시, 대부분 (규칙 위반)을 하고 있었습니다(규칙을 어길 시 이익이 있을 수 있지만). ~한 이유로 규칙을 지켜야 한다고 생각하여, ~게 규칙을 준수해 (성과)를 이뤄냈습니다.

암기용 키워드 정리하기

원칙/Q2	원칙과 상황 중 더 중요한 것은?	40초 연습하러 가기
두괄식		

네, 저는 원칙과 상황 중 (선택)이 더 중요하다고 생각합니다.

답변(경험)

(선택)은 ~기 때문에, ~한 행원/직무에게 곧 (중요한 것)으로 이어진다고 생각하여 (선택)이 가장 중요하다고 생각합니다.

암기용 키워드 정리하기

원칙/Q3	가장 최근에 한 비양심적 행위는?	40초 연습하러 가기

두괄식

네, 저는 ~했을 때, 가장 비양심적이었던 경험이 있습니다.

답변(경험)

당시 (양심적 행위)를 했어야 했으나, (비양심적일 수밖에 없던 상황)이었습니다. 이에 ~게 (비양심적으로) 행동해서, (대상에게) 부끄러웠던 경험이 있습니다.

암기용 키워드 정리하기

원칙/Q4	남들이 규칙을 어길 때, 나 혼자 지킨 경험은?	40초 연습하러 가기

두괄식

네, 저는 (경험) 당시 ~한 (규칙)을 지켜 (성과)를 거둔 경험이 있습니다.

답변(경험)

당시 ~한 이유로 다수가 규칙을 지키지 않는 상황이었습니다. 하지만 (중요한 요소)가 중요하다고 생각하여, ~게 규칙을 준수한 결과 ~한 (성과)를 거둘 수 있었습니다.

암기용 키워드 정리하기

원칙/Q5	효율이 아닌 원칙을 선택한 경험은?	40초 연습하러 가기

두괄식

네, 저는 (경험) 당시 ~한 효율 대신 원칙을 준수한 경험이 있습니다.

답변(경험)

당시, ~한 (효율)을 택한다면 ~한 (성과)가 있는 상황이었습니다. 하지만 이는 ~한 (원칙)에 어긋나는 일이라고 판단하여, ~게 (원칙을 준수하며 다른 방안을 모색)한 결과 ~한 (성과)를 거둘 수 있었습니다.

암기용 키워드 정리하기

원칙/Q6	원칙을 지키지 않았던 경험은?	40초 연습하러 가기

두괄식

- 네, 저는 (경험) 당시 (더 중요한 것, 대상)을 위해 원칙을 어긴 경험이 있습니다.
- 네, 저는 원칙을 어겼던 경험은 없는 것 같습니다.

답변(경험)

- 당시, ~한 (상황)이 발생했습니다. 이에 원칙대로 ~게 해야 했으나, (상황)이 더 중요하다고 판단하여, (상사의 동의 등 사전 확인) 이후 ~게 업무를 처리하였습니다.
- 항상 원칙은 ~한 이유로 중요하다고 생각했기 때문에, (작은 원칙, 예시)라도 항상 지키려고 노력하였습니다.

암기용 키워드 정리하기

원칙/Q7	불합리한 요구를 듣고 대처했던 경험은?	40초 연습하러 가기

두괄식

네, 저는 (경험) 당시 ~한 불합리한 요구에 대처한 경험이 있습니다.

답변(경험)

당시 (불합리한 요구가 들어온) 상황이었습니다. 하지만, 이는 (불합리한 이유)였기에, (나의 대처 방안) 하여, ~게 문제를 해결하였습니다.

암기용 키워드 정리하기

원칙/Q8	원칙과 상사의 의견이 어긋난다면?	40초 연습하러 가기

두괄식

네, 저는 원칙과 상사의 의견이 어긋난다면, ~게 하겠습니다.

답변(경험)

(두괄식처럼 행동하는 이유 예 상사와 대화를 먼저 해보는 이유)이지만, 반대의 경우 (예 원칙을 따르는 이유) 이기 때문에, (대처 방법)하여 ~게 처리하겠습니다.

암기용 키워드 정리하기

상황/Q1	상사와 갈등이 발생한다면?	40초 연습하러 가기

두괄식

네, 저는 상사와 갈등이 발생한다면, ~게 해결하겠습니다.

답변(경험)

실제 ~한 경험 당시, (원인)으로 인해 상사와 잠시 의견 차가 발생했었습니다. 이에, ~게 (알아보고, 상사와 이야기 하여) 갈등을 해결할 수 있었습니다.

암기용 키워드 정리하기

상황/Q2	돌발 상황에 대처한 경험은?	40초 연습하러 가기

두괄식

네, 저는 (경험) 당시 ~한 돌발 상황에 대처한 경험이 있습니다.

답변(경험)

당시 급작스럽게 (상황)으로 인해 (문제)가 발생했습니다. 이에, 이를 해결하고자 (대처 능력) 하였고, ~게 (대처)하였 습니다. 그 결과, ~한 (해결, 성과)를 이뤄낼 수 있었습니다.

암기용 키워드 정리하기

상황/Q3	실수를 저지른다면, 어떻게 대처할까?	40초 연습하러 가기

두괄식

네, 저는 실수에 ~게 대처하는 편입니다.

답변(경험)

실수를 하면, (순서대로 ~게 대처)하고, 이후 같은 실수를 반복하지 않도록 ~게 하고 있습니다.

암기용 키워드 정리하기

상황/Q4	상사가 부당한 지시를 내린다면?	40초 연습하러 가기

두괄식

네, 저는 상사가 부당한 지시를 내린다면, (기준)으로 먼저 (살펴보겠/판단하겠)습니다.

답변(경험)

(은행, 공기업)은 ~한 곳이기 때문에, 가장 먼저 (기준)에 따라 살펴본 후, A 한 경우에는 ~게 하고, B 한 경우에는 ~게 하겠습니다.

암기용 키워드 정리하기

상황/Q5	혼자 해결할 수 없는 문제가 발생한다면, 어떻게 해결할 것인가?	40초 연습하러 가기

두괄식

네, 저는 혼자 해결할 수 없는 일이 발생한다면, ~게 (파악/처리)하겠습니다.

답변(경험)

(이렇게 처리/파악하려는 이유)이기 때문에, 먼저 ~게 한 후, ~게 하며 문제를 해결하도록 하겠습니다. 또한, (자발적 노력)으로 이러한 상황이 반복되지 않도록 하겠습니다.

암기용 키워드 정리하기

상황/Q6	상사가 나에게만 일을 몰아준다면?	40초 연습하러 가기

두괄식

네, 만약 상사가 저에게만 일을 몰아주신다면, 저는 ~게 하겠습니다.

답변(경험)

아마 상사가 그렇게 일을 주시는 데에는 ~한 (이유)가 있을 것으로 생각합니다. 이에, (조직을 위한 나의 조치)하여 (조직에 피해가 없도록) 하겠습니다.

암기용 키워드 정리하기

상황/Q7	만약 동료가 잘못된 일이나 선택을 하는 모습을 본다면 어떻게 하겠습니까?	40초 연습하러 가기

두괄식
네, 저는 만약에 동료가 잘못된 일을 하려고 한다면, ~게 대처하겠습니다.

답변(경험)
(공기업, 은행)에서 자칫 신뢰가 무너진다면, ~한 (문제)가 발생할 수 있기 때문에, (잘못된 일이 ~하다면) ~게 대처하고, (잘못된 일이 ~한 경우라면) ~게 소통하여 해결하겠습니다.

암기용 키워드 정리하기

상황/Q8	위기에 대처하는 나만의 방법은?	40초 연습하러 가기

두괄식
네, 저는 (기준에 따라, 우선순위에 따라, n단계로, ~ 방식으로) 위기에 대처하겠습니다.

답변(경험)
가장 먼저, (~한 상황이라면) ~게 처리하겠습니다. 또한, ~한 방안을 살피며~ 마지막으로, ~한 방안에 따라 처리하겠습니다.

암기용 키워드 정리하기

상황/Q9	중요한 일과 급한 일 중 어떤 일이 먼저인지?	40초 연습하러 가기

40초 연습하러 가기

두괄식

네, 저는 (중요한 일/급한 일)부터 처리하겠습니다.

답변(경험)

(중요한 일/급한 일)은 ~한 (이유)로 먼저 처리해야 한다고 생각합니다. 이에 (업무 처리 과정 순서대로) ~게 처리하겠습니다.

암기용 키워드 정리하기

상황/Q10	한 번도 해본 적 없는 업무를 맡게 된다면, 어떻게 배워나갈지?	40초 연습하러 가기

두괄식

네, 저는 한 번도 해본 적 없는 업무를 맡게 된다면, ~게 하겠습니다.

답변(경험)

(직무로서 중요한 것)은 (직무)로서 중요하기 때문에, 처음 해보는 업무일지라도 ~해야 한다고 생각합니다. 이에 1단계, ~을 익히고, 2단계 ~게 쌓은 후, 3단계를 통해 ~게 강화하겠습니다.

암기용 키워드 정리하기

상황/Q11	고객의 이익과 회사의 이익이 상충한다면?	40초 연습하러 가기

40초 연습하러 가기

두괄식

네, 저는 고객과 회사의 이익이 상충할 경우, ~게 하겠습니다.

답변(경험)

- (지원한 기업, 고객)은 ~해야 하기 때문에, 고객 or 기업을 택해, (가치관)을 지킨 후, (보완책)을 시행해 ~게 보완 하겠습니다.
- 만약 (기준 하나에 부합한 경우) ~게 하며 (직무, 행원으로서 가치)를 지키겠습니다.

암기용 키워드 정리하기

고객/Q1	진상 고객을 응대했던 경험은?	40초 연습하러 가기

40초 연습하러 가기

두괄식

네, 저는 (경험) 당시 ~을 요구하는 고객/민원인을 응대했던 경험이 있습니다.

답변(경험)

당시 ~한 상황이었으나, (무리한 요구, 요청)을 하셨습니다. 이에, (고객님의 이야기를 듣고) (나의 대처)하여 문제를 해결하였습니다.

암기용 키워드 정리하기

고객/Q2	고객이 부당한 요구를 한다면?	40초 연습하러 가기

두괄식

네, 저는 고객이 부당한 요구를 한다면, ~게 대처하겠습니다.

답변(경험)

(이렇게 대처하는 이유)이기 때문에, (방식)으로 대처하여, (직무에게 중요하나 것)을 지켜내겠습니다.

암기용 키워드 정리하기

고객/Q3	고객/민원인 응대 시 나의 장·단점은?	40초 연습하러 가기

두괄식

네, 고객(민원인) 응대 시 저의 가장 큰 장점은 (장점)입니다.

답변(경험)

항상 (장점으로 ~게) 해서, ~한 (고객 반응, 성과) 등을 거둘 수 있었습니다. 반면, (이로 인해, 단점)으로 어려울 때도 있습니다. 이를 ~게 해서 극복하고자 노력했습니다.

암기용 키워드 정리하기

고객/Q4	고객의 요구를 미리 파악해 응대한 경험은?	40초 연습하러 가기

두괄식

네, 저는 ~한 고객의 (불편함/요구)를 미리 파악해 응대한 경험이 있습니다.

답변(경험)

당시 고객이/일하던 곳이 ~한 상황이었습니다. 이에 (불편, 요구) 등을 미리 파악해 ~게 (대처, 준비)한 결과, ~한 (성과, 고객 만족)을 이뤄낼 수 있었습니다.

암기용 키워드 정리하기

- -

고객/Q5	고객 만족을 실천했던 경험은?	40초 연습하러 가기

두괄식

네, 저는 (경험) 당시, ~게 고객 만족을 실천한 경험이 있습니다.

답변(경험)

당시 ~한 (상황, 이슈가 있던 상황) 이었습니다. 이에, (고객 불만 해소 등)을 위해 ~게 (내가 한 일)한 결과, ~한 (성과)를 거두며 고객 만족을 실천할 수 있었습니다.

암기용 키워드 정리하기

고객/Q6	부정적이고 불만 상태인 고객을 어떻게 응대할지?	40초 연습하러 가기

두괄식

네, 저는 불만 상태의 고객에게 ~게 응대하겠습니다.

답변(경험)

실제 (경험) 당시에도 ~한 (노하우)로 (간략한 불만 요약) 상태의 고객을 ~게 응대해 (성과)를 이뤄낸 경험이 있습니다. 이처럼 대부분 불만 상태의 고객은 ~하기 때문에, ~게 해서 (고객 불만 등)을 해소해 드리겠습니다.

암기용 키워드 정리하기

기업/Q1	자신의 역량을 직무에 어떻게 활용할지?	40초 연습하러 가기

두괄식

네, 저는 (역량/전문성)으로 ~한 부분에 기여하겠습니다.

답변(경험)

~한 (업무/직무)를 수행하는 (기업인/직무)에게 (역량/전문성)은 ~한 측면에서 중요하다고 생각합니다. 실제 (경험/교육 이수 등)을 통해 쌓아온 ~한 (역량)을 활용하여, 입사 후 ~한 부분에 기여하겠습니다.

암기용 키워드 정리하기

기업/Q2	꼭, 이 회사여야 하는 이유는?	40초 연습하러 가기

두괄식
네, (이유)이기 때문에, 반드시 이 (기업, 은행)이어야 합니다.

답변(경험)
~한 경험을 하며, ~한 (열망/바람)이 생겼고, (기업/은행)이 ~한 측면에서 부합하기 때문에, 이러한 곳이라면 평생 ~ 할 수 있다고 생각하기 때문입니다.

암기용 키워드 정리하기

기업/Q3	내가 채용되어야 하는 이유는?	40초 연습하러 가기

두괄식
네, 다른 분들도 훌륭하시지만, 저는 ~한 강점을 갖고 있기 때문에 채용되어야 한다고 생각합니다.

답변(경험)
실제 (경험) 당시에도 (강점)을 활용해 (성장, 성과)에 기여한 경험이 있습니다. 이처럼, 입사 후에도 (강점)을 ~게 활용해 ~한 성장에 이바지할 수 있기 때문입니다.

암기용 키워드 정리하기

기업/Q4	우리 회사에 대해 아는 대로 말해보세요.	40초 연습하러 가기

40초 연습하러 가기

두괄식

네, 저는 (기업)의 (기본적인 정보) 등에 대해서도 알아보았지만, 그중 가장 관심 있게 알아본 분야는 (특정 분야)입니다.

답변(경험)

아무래도 (경험, 자격증 등)을 통해 (특정 분야)에 관심이 있었는데, (기업)을 찾아보며, (기업이 갖고 있는 장점)을 알게 되었습니다.

암기용 키워드 정리하기

기업/Q5	지방 근무 가능하신가요?	40초 연습하러 가기

40초 연습하러 가기

두괄식

네, 저는 ~하기 때문에, 지방 발령도 문제없습니다.

답변(경험)

~한 이유로, 지방에서 근무를 해도 ~게 일할 수 있습니다.

암기용 키워드 정리하기

기업/Q6	우리 기업만을 위해 준비한 것은?	40초 연습하러 가기

두괄식

네, 저는 (은행/기업)에 입행/입사하기 위해 ~한 준비를 했습니다.

답변(경험)

물론, (직무를 위해 준비한 내용, 인턴/역량 등)도 했지만, (조직에서 추구하는 사업, 방향)에 (도움, 보탬)이 되고자 ~한 (경험/전문성)에도 자발적으로 (참여/학습)하며 (은행/기업)에 입행/입사하고자 준비하였습니다.

암기용 키워드 정리하기

기업/Q7	회사를 선택하는 기준은?	40초 연습하러 가기

두괄식

네, 저는 ~한 기준으로 회사를 선택하는 편입니다.

답변(경험)

(이미 직무에 대한 확신은 있어), 평생 일하려면 ~한 회사에서 일해야 한다고 생각했습니다. 이에 ~한 회사에서 근무를 희망하였습니다.

암기용 키워드 정리하기

기업/Q8	내가 가장 어려워할 것 같은 업무는?	40초 연습하러 가기

두괄식

네, 저는 (직무) 업무 중, (특정 업무)가 가장 생소/어색할 것 같습니다.

답변(경험)

~한 업무만 진행했었기에, ~한 업무를 맡게 된다면, ~한 어려움을 겪을 수 있지만, ~게 하며 업무를 배워 나가겠습니다.

암기용 키워드 정리하기

기업/Q9	입행/입사 했는데, 회사가 적성에 맞지 않는다면?	40초 연습하러 가기

두괄식

네, 저는 입행/입사 후 업무가 맞지 않더라도 ~게 하겠습니다.

답변(경험)

(~한 경험이 있는 것처럼, ~한 성향이기 때문에) ~한 확신이 있습니다. 이에, 입사 후 맞지 않더라도 ~게 하겠습니다.

암기용 키워드 정리하기

기업/Q10	직무에서 가장 중요한 것은?	40초 연습하러 가기

두괄식

네, 저는 (직무) 업무 중, (특정 업무)가 가장 생소/어색할 것 같습니다.

답변(경험)

~한 업무만 진행했었기에, ~한 업무를 맡게 된다면, ~한 어려움을 겪을 수 있지만, ~게 하며 업무를 배워 나가겠습니다.

암기용 키워드 정리하기

기업/Q11	업무 수행 시, 가장 중요한 전문 지식은?	40초 연습하러 가기

두괄식

네, 저는 (직무/업무 수행)에 있어서 (전문 지식)이 가장 중요하다고 생각합니다.

답변(경험)

~한 (직무)는 ~한 (업무)를 수행하기/수행해야 하기 때문에, ~한 (전문성)이 가장 중요하다고 생각합니다. 이에 ~한 자격증을 취득하였고, 입사/입행 후에도 ~한 (자격증, 교육 이수 등)을 통해 ~한 지식을 쌓아가겠습니다.

암기용 키워드 정리하기

기업/Q12	인턴한 기업이 아닌, 왜 이 곳에 지원했는지?	40초 연습하러 가기

두괄식

네, 저는 ~한 (방향, 전문가, 직무)로 성장하고 싶어 (은행/기업)에 지원하게 되었습니다.

답변(경험)

물론 (인턴으로 근무했던 곳)도 ~한 면에서 굉장히 많이 배울 수 있었지만, 실제 ~한 일을 해보며, ~한 (특정 분야, 미세 차이)의 중요성을 깨닫게 되었고, 이를 수행할 수 있는 (기업/은행)에 지원하게 되었습니다.

암기용 키워드 정리하기

기업/Q13	4차 산업 혁명에 어떻게 대비하고 있는지?	40초 연습하러 가기

두괄식

네, 저는 다가오는 4차 산업 혁명에 대비해 (n가지/~한 것들)을 준비하였습니다.

답변(경험)

~게 변화할 (은행, 직무, 기업, 직무 등)에 대비하기 위해 or (특정 역량)이 가장 중요하다고 생각하여, (~한 방식)으로 역량을 쌓아왔습니다.

암기용 키워드 정리하기

기업/Q14	사기업이 아닌, 굳이 은행/공기업인 이유는?	40초 연습하러 가기

두괄식

네, 저는 (은행/공기업)이 A한 측면과 B한 측면에서 저에게 적합하다고 생각해 지원하였습니다.

답변(경험)

(경험)을 통해, ~한 (업무 과정, 체계 등)이 저의 ~한 성향과 일치하다고 생각하였습니다. 이에, 이러한 측면을 (평생 공부해야 하는, 공공 가치를 창출해야 하는 등)한 (직무)에서 가장 발휘하고 싶어 지원하였습니다.

암기용 키워드 정리하기

기업/Q15	다른 분야 준비했던 것 같은데, 왜 여기?	40초 연습하러 가기

두괄식

네, 저는 ~한 (전문가)로서 성장하고자 ~에 지원하였습니다.

답변(경험)

물론, (이전 경험, 경력들)을 하며, ~한 점을 배울 수 있어 굉장히 가치 있었습니다. 하지만, ~한 (경험)을 통해 ~의 중요성을 깨닫게 되며, 이를 실천하고자 (직무, 기업)에 지원하게 되었습니다.

암기용 키워드 정리하기

기업/Q16	내 직무 역량 중 가장 부족한 역량은?	40초 연습하러 가기

두괄식

네, 저에게 가장 부족한 역량은 (역량)이라고 생각합니다.

답변(경험)

(단점과 반대되는 장점, 업무 처리)하지만, (단점을 발휘한 업무)의 (역량)은 조금 부족하여, ~게 극복하고자 노력하였습니다(~게 극복하겠습니다).

암기용 키워드 정리하기